电网企业大数据
分析与应用

夏星航 主 编
徐朝阳 吴 健 副主编

中国电力出版社
CHINA ELECTRIC POWER PRESS

内 容 提 要

本书立足于大数据分析基础知识和电网企业数据应用实际，介绍大数据概述、电网大数据研究及应用背景等内容；详细讲解电网企业日常业务开展中涉及的主流数据分析技术与应用工具，内容包含技术基础、统计分析、机器学习、可视化技术等；介绍近年来电网企业开展数据分析应用的典型实践案例，内容覆盖电网生产、营销、财务、物资、调控、发展等专业领域。

本书由浅入深、图文并茂，理论结合实际，可作为数据分析技术基础培训教材和电力企业员工大数据学习辅导用书，也可供广大数据技术爱好者学习参考。

图书在版编目（CIP）数据

电网企业大数据分析与应用 / 夏星航主编. —北京：中国电力出版社，2020.9
ISBN 978-7-5198-4776-0

Ⅰ.①电… Ⅱ.①夏… Ⅲ.①数据处理—应用—电力工业—工业企业管理—研究 Ⅳ.① F426.61-39

中国版本图书馆 CIP 数据核字（2020）第 121066 号

出版发行：中国电力出版社
地　　址：北京市东城区北京站西街 19 号（邮政编码 100005）
网　　址：http://www.cepp.sgcc.com.cn
责任编辑：刘丽平　王蔓莉
责任校对：黄　蓓　李　楠
装帧设计：张俊霞　郝晓燕
责任印制：石　雷

印　　刷：北京博海升彩色印刷有限公司
版　　次：2020 年 9 月第一版
印　　次：2020 年 9 月北京第一次印刷
开　　本：787 毫米 ×1092 毫米　16 开本
印　　张：15.75
字　　数：329 千字
印　　数：0001—1500 册
定　　价：85.00 元

编委会

前 言

随着新一轮科技革命和产业变革的兴起，物联网、大数据、云计算、人工智能等数字技术日新月异，以数据资源为重要生产要素、以全要素数字化转型为重要推动力的数字经济正在成为经济发展的新引擎。在数字经济浪潮中，越来越多的企业开始走上数字化转型之路。近年来，电网企业不断加大技术投入，积极开展智能电网建设。目前，已实现用户、变压器、线路等基础档案数据和电测量数据的全采集，积累了海量的用户和设备数据资源，为行业大数据分析提供了扎实的数据基础。国家电网有限公司提出实施大数据战略，建设具有中国特色国际领先的能源互联网企业。南方电网公司明确提出“数字南网”建设要求，将数字化作为公司发展战略路径之一。在2020年新型冠状病毒性肺炎疫情防控阻击战中，电网企业通过应用企业复工复产电力指数、物资供应链上下游协同度分析等大数据产品，以数字化手段战“疫”，助力疫情防控和社会生产全面恢复，有效保障了企业生产经营有序开展。

本书基于电网企业转型需要，系统阐述了电网企业日常数据分析所需的常用技术和典型案例，是长期从事信息化和数据分析工作骨干人员多年工作经验的积累与总结。第1章为大数据概述，主要介绍大数据产生背景、大数据发展现状与趋势；第2章为电网大数据研究及应用，主要介绍电网数字化发展历程、电力大数据概念、电网大数据应用现状及展望；第3章介绍电网企业在用的各类工具，包括SPSS、Python、Tableau等常用分析软件的基本原理；第4章讲解统计分析基本方法和原理，同时介绍两个基于SPSS统计分析实现；第5章讲解机器学习的基本类型原理，同时介绍了基于Python回归、聚类等方法在电力业务分析中的具体实现；第6章讲解可视化分析技术具体方法，同时介绍基于Python的可视化实现和基于Tableau的可视化实现；第7章主要介绍相关应用案例，本书精选电网企业历年开展数据分析应用的8个具体实践案例，内容覆盖电网企业内部各个专业。

本书在编写过程中，参阅借鉴了不少有关人员的研究成果及实际案例，在此对他们的辛勤工作和贡献表示深深的谢意。

限于编者水平，书中难免存在疏漏和不足之处，恳请读者批评指正。

编 者

2020年8月

目　录

1　大数据概述

大数据（Big Data）又称为巨量数据，是指传统数据处理应用软件难以处理的（大或复杂的）数据集。大数据必须通过计算机对数据进行预处理、统计、分析、比对、解析、预测等方法处理后才能得到客观结果。

1.1 大数据产生背景

大数据可以定义为来自各种来源的大量非结构化或结构化数据。从学术角度而言，大数据的出现促进了广泛的研究，从而使大数据处理方法快速发展。大数据并没有使用统计学的抽样方法，它只是观察和追踪发生的事情。随着大数据由巨型数据集组成，这些数据集的大小常超出人类在可接受时间内的收集、审编、管理和处理能力。高性能计算技术的进步、智能手机和微博等发布数据的便捷性、政府对公共数据高透明度的要求，大数据分析在现代科学技术研究中越来越得到重视。

自 20 世纪 80 年代起，现代科技可存储数据的容量每 40 个月增加一倍。据市场调研机构国际数据公司发布《数据时代 2025》报告显示，全球每年产生的数据将从 2018 年的 33ZB 增长到 2025 年的 175ZB，相当于每天产生 491EB 的数据。现代科学技术在合理时间内分析处理的数据集大小单位为艾字节（EB）。而按照市场调研机构 IDC 预计，未来全球数据总量年增长率将维持在 50% 左右。大数据几乎无法使用现有数据库管理系统进行处理，而必须使用在数十、数百甚至数千台服务器上同时并行运行的软件进行处理，计算机集群是其中一种常用方式。

数据集快速增长主要来自信息持续从网络购物等查询交易信息、金融交易数据、交通安全视频、医学检测数据及图像，以及车载感测设备的移动设备、高空感测科技（遥感）、软件记录、相机、麦克风、无线射频识别和无线感测网络等各种来源被广泛收集。

2012 年，高德纳定义大数据：“大数据是大量、高速、多变的信息资产，它需要新型的处理方式去促成更强的决策能力、洞察力与最优化处理。”这展示了大数据具有以下 4 个特征（简称 4V）：

量大（Volume）：数据量非常大；

速快（Velocity）：快速的数据输入输出操作；
多变（Variety）：具有多种多样的数据；
低值（Veracity）：单位价值密度低。

1.2 大数据发展现状与趋势

随着移动互联网、物联网、云计算、人工智能等产业的深入发展，大数据国家战略加速落地。数据显示，2016 年全球大数据的市场规模已经达到了 453 亿美元。2017 年，中国大数据产业市场规模达到 4700 亿元（大数据产业指以数据生产、采集、存储、加工、分析、服务为主的相关活动，包括数据资源建设、大数据软硬件产品的开发、销售和租赁活动，以及相关信息技术服务），同比增长 30.6%；2018 年，大数据产业市场规模约为 5300 亿元，同比增长 15%。2019 年我国大数据产业市场规模超过 8000 亿元。大量机构预测，未来几年年均增长率约为 15.47%，2023 年将达到 11200 亿元，如图 1–1 所示。按照赛迪智库的预测，未来 2~3 年的市场规模的增长率将保持在 35% 左右。目前，政务、工业、电力、金融、交通、医疗等诸多领域正在大力拥抱大数据，相关大数据应用在我国层出不穷。

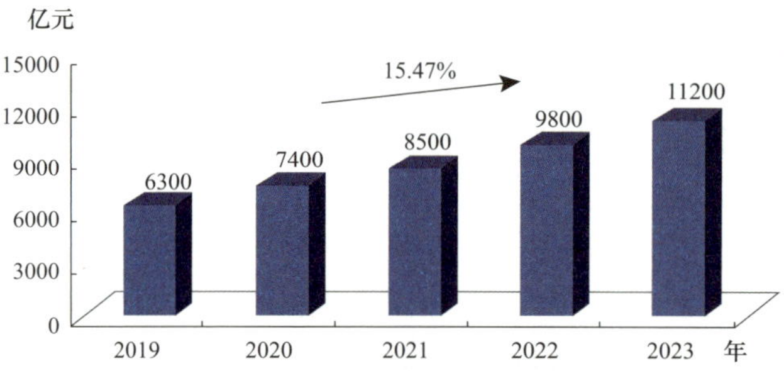

图 1–1　中国大数据产业市场规模

2019 年，最令人瞩目的大数据应用领头行业是金融和健康医疗，其次为互联网电子商务、城镇化智慧城市、制造业工业大数据等。取得应用和技术突破的数据类型重要性依次为金融企业内部数据及商业交互数据、医疗检测数据、企业及设备调控数据、城市数据、视频数据、语音数据、图形图像、互联网公开数据等。

综合我国社会发展及科学技术发展趋势，预测大数据发展趋势如下：

趋势 1：数据开发与共享。2015 年国务院发布的《促进大数据发展行动纲要》（国发〔2015〕50 号文）中提出 2017 年底前形成跨部门数据资源共享共用格局，2018 年底前建成国家政府数据统一开放平台，率先在信用、交通、医疗、卫生等重要领域实现公共数据资源合理适度向社会开放。在 2017 年 7 月及 11 月发布的《国务院关于印发新一代人工智能发展规划的通知》（国发〔2017〕35 号文）及《国务院关于深化“互联网 + 先进制造业”发展工业互联网的指导意见》（国发〔2016〕28 号文）中都再度提及数据的开放和共享。

趋势 2：数据安全。随着 2017 年 6 月《中华人民共和国网络安全法》正式实施，个人信息安全与隐私保护问题、数据权属及应用的法律问题、人工智能、区块链等新兴产业中的数据安全等问题成为业内人士关注的热点。据《中国大数据法治发展报告（2017）》统计，近年政府推进的大数据政策中，25% 均与信息安全相关，大数据领域的安全法治问题已经越来越受到关注。2018 年 5 月 1 日正式实施的《信息安全技术个人信息安全规范》包括个人信息及其相关术语基本定义，个人信息安全基本原则，个人信息收集、保存、使用以及处理等流转环节以及个人信息安全事件处置和组织管理要求等。

趋势 3：技术融合下的应用时代。2017 年发布的《新一代人工智能发展规划》（国发〔2017〕35 号文）、《关于积极推进供应链创新与应用的指导意见》（国办发〔2017〕84 号文）、《高端智能再制造行动计划（2018—2020 年）》（工信部〔2017〕265 号文）等文件在提出新的发展要求的同时，也强调了大数据技术对不同产业发展推动作用。

趋势 4：区域化协同共进。在协调区域发展方面，上海、江苏、浙江和安徽三省一市经信委联合印发《长三角区域信息化合作"十三五"规划（2016—2020 年）》（沪经信外〔2017〕770 号），旨在加快推进长三角信息化和信息经济发展合作；京津冀三地共同发布了《京津冀大数据综合试验区建设方案概要》，为 2017~2020 年的发展指出了风向。

趋势 5：行业标准化。在《国家标准化体系建设发展规划（2016—2020 年）》（国办发〔2015〕89 号文）中，新一代信息技术标准化工程、智能制造和装备升级标准化工程已被列为主要任务，涉及物联网、云计算、大数据、工业云等相关行业标准的制定。

1.3 大数据应用及影响

大数据的应用非常广泛，这些应用包括大科学、无线射频识别、感测设备网络、天文学、大气学、交通运输、基因组学、生物学、大社会数据分析、互联网文件处理、制作互联网搜索引擎索引、通信记录明细、军事侦察、金融大数据、医疗大数据、社交网络、通勤时间预测、医疗记录、照片图像和影像封存、大规模的电子商务等，给各行业带来了翻天覆地的变化。

大数据为新一轮人工智能发展提供了大量可用数据支持，使深度学习等人工智能算法在带 GPU 的计算服务器和大数据的支持下得到了广泛的应用。近年来人工智能技术也得到了充分的发展，人工智能在近十年世界科技发展和社会进步中扮演了非常重要的角色，为抢抓人工智能发展的重大战略机遇，构筑人工智能全面发展的先发优势，世界各国（特别是中美）高度重视人工智能产业发展规划。2016 年，美国白宫国家科学技术委员会发布了全国人工智能研究与发展战略计划，为人工智能制定了政策路线图；《日本再兴战略 2016》将 2017 年确定为日本人工智能元年，将通过大力发展人工智能，逐步解决人口老化、劳动力短缺、医疗及养老等社会问题。2017 年，日本发布《下一代人工智能推进战略》，明确了人工智能发展的技术重点，并推动人工智能技术向强人工智能和超级人工智能的方向延伸。2017 年，中国发布《新一代人工智能发展规划》，加快我国建设创新型国家和世界科技强国；2017 年 9 月俄罗斯总统普京表示，在人工智能领域占领制高点的国家将能掌控世界。2018 年 3 月，欧洲政治战略中心发布《人工智能时代：确立以人为本的欧洲战略》支撑欧盟进一步营造人工智能的有利发展环境及确认发展路径。2018 年 4 月，欧盟委员会提交了《欧盟人工智能》报告，构建起人工智能投资框架，提出通过消除数字鸿沟积极应对经济社会变革；2018 年 5 月，日本公布《新产业构造蓝图》，将视角由技术研发转向应用与产业化，提出利用人工智能及物联网等技术，普及自动驾驶汽车及建立新医疗系统；2018 年中，印度出台《人工智能国家战略》，充分利用人工智能这一变革性技术，寻求一个适用于发展中国家的人工智能战略部署；2018 年，俄罗斯制定俄罗斯人工智能发展计划。2019 年 2 月，美国发布《美国人工智能倡议》，布局人工智能及产业发展。综上可知，人工智能产业发展不但得到世界各国的战略性重视，同时也预示着未来数年人工智能产业将长期持续深度高速发展。

2017 年底《浙江省新一代人工智能发展规划》发布，内容涉及智能医疗、智能金融、智能商务等领域，提出要加快人工智能技术攻关和深度应用。以杭州城西科创大走廊、国家和省级高新技术园区、高新技术特色小镇等为载体，加快人工智能专业园区布局，形成以杭州、宁波为核心，各地特色化发展的格局。根据该规划，到 2022 年，全省布局建设 5 个研发平台并推动成为国家级人工智能创新平台，集聚 1000 名高端研发人才、10000 名工程技术人才、100000 名高技能人才，成为全国重要的人工智能高层次人才创新创业的集聚地。形成人工智能核心产业规模 500 亿元以上，带动相关产业规模 5000 亿元以上。浙江省是率先紧跟国家人工智能产业发展规划的省市之一，为浙江人工智能产业领先全国打下基础。特别是 2006 年 Hinton 教授等提出深度学习，谷歌公司基于深度学习技术研发的 AlphaGo 围棋软件两次打败了人类顶级围棋高手，以及后来研发的 AlphaGo Master 和零知识起步的 AlphaGo Zero 表现惊艳，推动科技界和产业界大力追逐新一轮人工智能。人工智能充分发展为大数据的发展提供了强有力的技术支持。

在新兴的共享经济领域，摩拜单车宣布与百度云合作，利用"天工"智能物联网平台技术，为用户提供更精准的单车定位。摩拜还能够实时掌握单车的数量、位置、状态、各区间的流量状况等信息，以优化用户的使用体验。

在政务领域，腾讯云与深圳市政府、上海市政府等开展合作，围绕云计算、大数据、LBS、安全、支付等核心能力，不仅提高了政府决策的科学性和准确性，还推进了民生领域的"互联网 +"应用，为群众提供更加丰富便捷的公共服务。

近年的政府工作报告更强调了大数据在传统制造业变革中的作用。报告指出加快大数据、云计算、物联网应用，以新技术新业态新模式，推动传统产业生产、管理和营销模式变革。工业领域是大数据与传统产业融合发展的主战场。根据统计，到2020年，超过500亿个装置将通过数字方式连接，其中大部分将应用在工业领域。无数负责感知、监测的传感器相互连接，产生大量的数据信息。对这些工业大数据的智能化挖掘、分析、处理，将大幅度提高工业生产效率和效益。

随着《中国制造2025》《国务院关于深化制造业与互联网融合发展的指导意见》（国发〔2016〕28号文）《信息化和工业化融合发展规划（2016—2020年）》等重大战略的落地实施，我国将开展工业大数据技术、产品、平台和解决方案的研发和产业化，进一步深化工业云、大数据等技术在工业领域的集成应用，推动工业与互联网融合发展并最终实现智能制造，促进工业发展动能转换、转型升级，推进我国从制造大国向制造强国迈进。从概念到应用、从幼稚到成熟、从新兴产业到释放价值……虽然仍处于起步发展阶段，但我国大数据应用已经全面铺开。

大数据时代的来临带来无数的机遇，但是与此同时个人或机构的隐私权也极有可能受到冲击，大数据包含各种个人信息数据，现有的隐私保护法律或政策无力解决这些新出现的问题。有人提出，大数据时代，个人是否拥有"被遗忘权"值得关注。被遗忘权即是否有权利要求数据商不保留自己的某些信息。大数据时代信息被某些互联网巨头所控制，但是数据商收集任何数据未必都获得用户的许可，其对数据的控制权不具有合法性。2014年5月13日欧盟法院就"被遗忘权"一案作出裁定，判决谷歌应根据用户请求删除不完整的、无关紧要的、不相关的数据以保证数据不出现在搜索结果中。这说明在大数据时代，加强对用户个人权利的尊重才是时势所趋的潮流。

当前大数据发展具有如下的不利因素：

（1）数据开放共享进程较慢。在我国，尽管相关的政策已经明确了我国政府公共数据开放与共享的时间表，但到目前为止，我国的数据开放与共享才刚刚起步，还处于地方政府尝试探索阶段。就拿我国已建设的地方性政府数据开放平台来看，也还存在总体数量少、地域差异大、资源建设与利用情况差、数据管理薄弱、服务不完善等问题。由于目前数据资源开放共享程度低，数据孤岛现象也十分严重，许多企业为了让用户依赖自己的产品，不愿意将收集到的数据共享给其他人。同时，数据质量不高，数据资源流通不畅，管理能力弱等原因也导致数据价值难以被有效挖掘利用。总的来说，和国外发达国家相比，我国的数据开放运动才刚刚起步，无论是开放的深度还是开放的广度都还有待进一步加强。

（2）数据安全面临威胁。大数据技术的发展赋予了大数据安全区别于传统数据安全的特殊性。在大数据时代新形势下，数据安全、隐私安全乃至大数据平台安全等均面临新威胁与新风险，做好大数据安全保障工作面临严峻挑战。大数据时代数据安全面临的主要挑战有：①数据基础设施频受攻击，数据丢失及泄露风险加大；②新型网络威胁层出不穷，倒逼数据保护技术革新；③数据交易地下产业链活动猖獗，治理仍需长期展开；④数据跨境流动成为关注热点，监管机制面临挑战；⑤数据资源需求强烈，开放共享与安全保护矛盾凸显。

（3）法律制度不完善。相对于发达国家，中国大数据技术起步晚了很多年。虽然相关政策指明政府要以数据提供者的身份参与到大数据技术发展中来，但目前各级政府和相关部门能够提供的大数据技术、产业健康发展的法律法规支撑体系较少。数据所有权、隐私权等相关法律法规和信息安全、开放共享等标准规范不健全，尚未建立起兼顾安全与发展的数据开放、管理和信息安全保障体系。当前存在的数据黑市交易猖獗，不利于正规大数据企业的生存,相应的区块链技术的应用或可有效打击数据非法流通问题，但由于区块链技术的应用还在起步阶段，还无法真正发挥出实力去解决黑市交易问题。

（4）大数据人才紧缺。近几年，我国大数据产业发展逐渐加快，但专业人才短缺也逐渐成了大数据产业发展的绊脚石。虽然国家政府及相关部门正在积极推进大数据人才建设，许多高校和企业也在积极培养大数据产业相关的专业人才，但是人才的培养毕竟需要时间的积累，从大数据迅猛发展对相关人才的需求来看，未来很长一段时间，大数据人才都面临严重缺口。大数据基础研究、产品研发和业务应用、大数据平台运维与开发、数据分析、数据安全等专业人才供求矛盾十分突出，尤其是既具备扎实理论基础又有业务实践经验的大数据人才奇缺，能够将两者结合到一起运用到公司经营的综合型人才更少，这也是当前大数据应用少的重要原因。

2 电网大数据

2.1 电网数字化发展历程

2.1.1 电网智能化

电力系统是人类制造的最庞大、最复杂的系统之一，是 20 世纪人类取得的最辉煌的工程成就之一。但是进入 21 世纪之后，随着社会的发展与进步，传统电网越来越难以满足人们的需求，主要体现在以下三个方面：

（1）高供电可靠性和电能质量。随着科技和经济的发展，用户对电能质量和供电可靠性的需求越来越高。美国加州大停电后的统计研究表明，大停电事故发生的频率越来越高，损失越来越大。调查表明，每年美国企业因电力中断和电能质量问题所耗掉的成本超过 1000 亿美元，相当于用户每花一美元买电，同时还得付 30 美分的停电损失。其中，仅扰动和断电（即不计大停电）每年的损失就达 790 亿美元。

（2）提高电网效率。据统计，传统电网发电设备利用效率达到 90% 以上，配电设备利用率达到 75% 以上的时间只有 5%，大部分时间内设备都达不到有效利用；而随着用电需求的大幅增加，电源短缺、电能输配容量不足的矛盾日益凸显，输电阻塞的影响日渐突出。北美电网每年的输电阻塞成本高达 30 亿美元。

（3）节能环保。电力生产是温室气体排放的大户，面临节约资源和环境保护的压力，因此必须向低碳电力发展。节能减排的潜力很大，但是可再生能源的随机性和间歇性对电力系统的稳定运行和调度带来了巨大的挑战。在此背景下，智能电网的发展成了 21 世纪科学技术和经济社会发展的必然要求，与此同时，通信技术、计算机技术、电力电子技术和传感技术的发展使智能电网的建设成为可能。

节能减排、清洁能源、可持续发展是当前人们关注的焦点。在国家宏观政策、用户以及科学技术发展等因素共同驱动下，如何建造能源使用的创新体系，如何以信息技术彻底改造现有的能源利用体系，最大限度地开发电网体系能源效率等问题成为人们关注的焦点：

（1）随着近年来大规模新建电网的陆续投产，2007 年我国出现电力过剩现象，但是这种过剩现象具有典型特殊性，是区域性电力过剩与区域性电力短缺共存的，而且随季节波动。

（2）2008 年中国全社会用电量 34268 亿 kWh，输电、配电和用户端损耗约为 9%，即每年线路损耗约为 3000 亿 kWh。由于需求侧变化难测、管理手段不足造成电网调度难以实现优化、节能和安全。

（3）可再生和分布式能源将大规模介入电网，传统的电网潮流将发生变化，即从原先的单向流动变为双向流动，电网发展方式以及电力企业的运营管理也将随之变化。

为解决电网发展的瓶颈问题，美国以及欧洲做出了积极的探索，他们期望通过一个数字化信息网络系统将能源资源开发、输送、储存、转换（发电）、输电、配电、供电、售电、服务以及蓄能与能源终端用户的各种电器设备和其他用能设施连接在一起，通过智能化控制实现精确供能、对应供能、互助供能和互补供能，将能源利用效率和能源供应安全提高到全新的水平，将污染与温室气体排放降低到环境可以接受的程度，使用户成本和投资效益达到一种合理的状态。基于上述愿景，在北美和欧洲已经形成了强大的研究群体，开展智能电网的研究。

中国式智能电网将以特高压电网为主干网架，利用先进的传感测量技术、通信技术、信息技术、计算机技术和控制技术与物理电网，构建以信息化、数字化、自动化、互动化为特征的自主创新、国际领先、充分满足用户对电力的需求和优化资源配置、确保电力供应的安全性、兼具可靠性和经济性、满足环保约束、保证电能质量、适应电力市场化发展，实现对用户可靠、经济、清洁、互动的电力供应和增值服务而形成的新型电网，即智能电网。智能电网特征将包括在技术上实现信息化（市场信息、电网信息、用户信息与宽带通信形成的信息平台）、数字化（数字化电网、数字化电表与数字化用电设备）、自动化（大电网安全稳定控制，变电站自动化与用户用电系统智能控制）、互动化（电网、发电与用户以信息为基础的互动），同时在管理上实现集团化、集约化、精益化、标准化。中国能源问题专家武建东明确提出中国电网亟须实施互动电网革命性改造。中国将从实际出发积极探索符介中国国情的智能电网发展道路。根据国家电网有限公司公布，将分三个阶段推动坚强智能电网的建设。

发展智能电网的关键技术如下：

（1）灵活的网络拓扑。灵活的可重构的配电网络拓扑结构，是未来智能电网的基础。它需要在系统故障时，通过网络重构，把故障影响局限在最小范围，并迅速恢复对其他部分的供电。

配电网拓扑的新概念：①环形的低压配电，有利于重构；②直流环形母线，有利于用户服务；③分布式能源的集成，故意的安全孤岛和灵活的微网；④双向潮流，电路间的功率交换等。

（2）基于开放体系并高度集成的通信系统。系统的每一部分都可双向通信，以便实现对系统中每一个成员的实时监测、控制和信息交换。

智能电网需要具有实时监视和分析系统目前状态的能力，既包括识别故障早期征兆的预测能力，也包括对已经发生的扰动做出响应的能力。而在系统中安放大量的监视传感器并把它们连接到一个安全的通信网上去，是达到快速评估的关键。这个集成的能量与通信体系包括分布式计算环境，需覆盖从发电机到末端电力负荷的全部范围。

（3）高级计量体系和需求侧管理。采用高级计量体系和需求侧管理，实现对诸如远程监测、分时电价和用户侧管理等更快速和准确的系统响应。高级计量体系由位于电力公司内的计量数据管理系统、安装在用户端的智能电能表和连接它们的通信系统组成。这些智能电能表具有双向通信功能，支持远程设置、接通或断离、双向计量、定时或随机计量读取。同时，有的也可以作为通向用户室内网络的网关，起到用户端口的作用，提供给用户实时电价和用电信息，并实现对用户室内用电装置的负荷控制，达到需求侧管理的目的。这些智能电能表要实现带有时标的多种计量，成为分布在网络上的系统传感器和量测点。因此，高级计量体系不仅能提供遍及系统的通信网络设施，也能提供系统范围的量测和可观性，被视为是实现智能电网的第一步。

（4）高级电力电子设备、超导和储能技术。电力电子技术和产品是未来配电系统的主要组成部分，包括智能电子装置、多功能固态开关和配网用的柔性输电系统装置等。未来电网将可使用新的系统控制逻辑，使它们协同运行，以便实现多重电力电子装置的集成控制，实现电网最大的可用传输能力。

（5）高级的运行人员决策辅助系统。该系统主要包括智能调度技术、广域防护系统、应急指挥系统以及高级的配电自动化系统。智能调度的关键技术主要涉及以下六点：①系统快速仿真与模拟技术；②智能预警技术；③优化调度技术；④预防控制技术、事故处理和事故恢复技术；⑤智能数据挖掘技术；⑥调度决策可视化技术。

目前，国内在智能电网方面，主要对数字化变电站、智能调度系统等方面展开了相关研究。

（1）数字化变电站。数字化变电站是指由电子式互感器、智能化开关等智能化一次设备、网络化二次设备分层构建，建立在 IEC 61850 通信协议基础上、能够实现变电站内智能电气设备间信息共享和互操作的现代化变电站，其基本特征为设备智能化、通信网络化、模型和通信协议统一化、运行管理自动化等。初步统计国家电网有限公司系统已有数百座数字化变电站投入运行。在数字化变电站研究和应用领域取得的成果，使得在变电站一次设备、变电站通信网多等方面具有了一定建设智能电网的条件，对我国智能电网发展起到了重大推动作用。

（2）智能调度。智能调度技术采用调度数据集成技术，有效整合并综合利用电力系统的稳态、动态和暂态运行信息，实现电力系统正常运行的监测与优化、预警和动态预防控制、事故的智能辨识、事故后的故障分析处理和系统恢复，紧急状态下的协调控制，实现调度、运行和管理的智能化、电网调度可视化等高级应用功能，并兼备正常运行操作指导和事故状态的控制恢复，包括电力市场运营、电能质量在内的电网调整的优化和协调。

智能调度支持系统又称广域全景分布式一体化电网调度技术，其支持系统紧密结合大电网安全稳定运行、节能发电调度、调度管理和备用调度实际需求，将电网监视和控制、预警和决策、调度和管理等不同时序和空间的信息集成在一起，提高特大电网安全稳定控制水平和电网经济运行水平，提升电网管理和决策水平，为智能电网建设打下良好基础。

智能电网作为一个发展中的系统，新技术的发展、政策、市场机制的调整及标准的形成都将对其发展产生较大的影响。

我国与欧美等发达国家具有不同的国情，建设智能电网必须建立在符合本国国情的基础上。欧美智能电网研究更多地关注于配电领域，而现在首要任务是满足不断增长的电能需求，需要将输电网领域与配电领域并驾发展，结合特高压电网的建设和发展，提升驾驭大电网安全运行的能力，保证电网安全可靠和稳定运行。因此，提高电网运营安全性、可靠性和经济性，降低用户电费支出，提高能源利用效率，实现节能减排必将是智能电网的首要目标。

2.1.2 电力信息化

2.1.2.1 信息化管理

信息化是指培养、发展以计算机为主的智能化工具为代表的新生产力，并使之造福于社会的历史过程。它一般必须具备信息获取、信息传递、信息处理、信息再生、信息利用的功能。

信息管理是实现信息化规模和成就的重要保障，以信息化带动工业化，使企业达到其经营目标、它是将现代信息技术与先进的管理理念相融合和创新，转变企业生产方式、经营方式、业务流程、传统管理方式和组织方式，重新整合企业内外部资源，提高企业效率和效益、增强企业竞争力，以适量投入获取最佳效益、实现企业管理现代化的一个动态的管理过程。

2.1.2.2 国家电网有限公司“SG186”工程

2006 年以来，国家电网有限公司（后简称国网公司）高度重视信息化建设，提出了建设“SG186”工程的总体要求。“SG186”工程是在一体化信息平台基础上构建八大业务管理应用系统，并通过六项保障体系建设，保证信息化建设的成效，从而建成全公司纵向贯通、横向集成的企业级信息系统，实现信息化企业，为集团化运作、集约化发展、精益化管理、标准化建设提供有力支撑。

为保证规划真正得到落实，国网公司组织了统一咨询，全面梳理管理业务，具体描绘了“SG186”工程的建设蓝图，明确了工程建设的技术路线和实施路径。经过缜密分析、慎重选择，决定采用企业资源计划（Enterprise Resource Planning，ERP）实现企业核心资源的管理。

一体化信息平台是基于基础信息网络，建设企业门户、数据中心、数据交换、应用集成等基础信息的基础平台，实现应用系统集成与整合、数据的纵向传递与横向交换、数据的分析挖掘与展现、统一用户身份管理与待办业务管理。

八大业务应用是指建设包括财务管理、安全生产管理、营销管理、人力资源管理、协同办公、项目管理、物资管理和综合管理的企业级的应用系统，其管理上存有各种关联关系，如生产管理中的设备全生命周期管理与资产价值关系；营销管理的收费与财务核算关系；项目及物资与财务关系等。经过论证，这类被称作紧耦合的管理业务通过 ERP 一体化地实现是最佳方式 。ERP 有成熟套装软件，因此财务管理、设备管理、项目管理、物资管理、人力资源管理通过成熟套装软件来实现生产管理、营销管理。但这两个部分有着突出的行业特征，ERP 中则没有相应的功能，加上两个系统都非常复杂，实时性要求相对较高，各省市公司均有比较成熟的系统，所以采用分系统建设，再进行集成的技术路线。相对而言，类似安全监察、审计、纪检等业务之间的依存度不高，采用分系统统一开发、推广应用的建设模式来实现。

“SG186”工程的技术框架要建设：一个系统，构筑一体化企业级信息系统，实现信息纵向贯通、横向集成，支撑集团化运作；二级中心，建设总部、网省公司两级数据中心，共享数据资源，促进集约化发展；三层应用，部署总部、网省公司、地市县公司三层应用，优化业务流程，实现精细化管理。以 ERP 为核心，建立与生产管理系统、营销管理系统的集成，是耦合业务系统建设的技术路线。

在经济全球化和信息技术发展的推动下，信息化和信息逐步成为企业运营管理的核心平台、获取核心竞争力的战略工具和维持竞争优势的重要资源。信息系统成为企业战略工具和战略资源的前提是采用正确的信息化战略，通过合适的信息化路线，实现不同业务流程之间的标准化、集成化和数据中心和数据仓。

通过“SG186”一体化平台建设，使得国网公司总部与各网省公司原业务应用孤立、各自为政、沟通协作不畅、管理效率不高的问题迎刃而解。应用的集成成为有效解决这些问题的有效技术手段，对有效整合企业资源，对各业务流程进行整合优化，提高工作效率，实现信息共享和交互，为国家电网有限公司集团化运作、集约化管理提供了有利的技术支撑。

2.1.2.3 智能用电信息采集系统

随着世界电力系统发展变革和 21 世纪电力科技创新发展，智能电网建设已经成为世界各大科技强国优化能源配置、改善用电需求的法宝，欧洲和美国通过超级智能电网（Super Smart Grid）和全国统一智能电网（Unified National Smart Grid）的智能电网计划，来解决分布式用电体系的需要，以期实现全国范围内的电力网格的智能化调度、监测、控制和需求管理。用电信息采集系统是智能电网的基础平台，近年来我国也制定了相关项目实施方案，率先在全球启动了以特高压电网为骨干网架，各级电网协调发展的坚强电网，利用先进的通信、信息和控制技术，构建了以信息化、自动化、数字化、互动化为特征的统一坚强智能化电网建设工作。建设智能电网，关键是科学分析用电需求，将分散的智能电网结合成全国性、系统性的网络体系，把分散的电力能源进行科学调度分配，形成合理调度配置的发电、输电、配电和用电综合体系，所以只有拥有全面科学准确的用电信息数据平台才能占领智能化电网发展的先机。

智能用电信息采集系统是对电力用户的用电信息进行采集、处理和实时监控的系统，可实现用电信息的自动采集、计量异常监测、电能质量监测、用电分析和管理、相关信息发布、分布式能源的监控、智能用电设备的信息交互等功能。用电信息采集系统主要是由主站层、通信层、设备层组成。因此，用电信息采集系统不同层次的功能也有所不同。

主站层作为用电信息采集系统的管理和控制中心，其主要功能是对数据传输、数据处理和数据应用及系统安全与运行进行管理，同时也能实现主站层与不同系统的数据集成和交换。

通信层作为连接主站层和设备层的中间层，不仅能对通信进行支持，还能对终端间的通信进行支持，通信方式有光纤通信、无线通信、以及 GPRS/CDMA1 通信等。其中 GPRS/CDMA1 通信不仅能实现防火墙认证机制，也能在虚拟专网下进行相应认证，以更好地抵制不法用户的入侵。这种通信方式能更好地保证主站层系统和数据的安全。

设备层一般由采集终端、集中器、电能表等现场采集和监控设备组成，这些设备主要分布在各个供电公司所管辖区域，其采集终端设备能将电能表上的相应信息经过小无线或 485 线送至集中器，再通过通信层送到主站层。

根据现有各相关系统建设的现状和营销业务的分类调查，有许多种类的用电计量点没有实现自动采集。电力客户信息采集系统的主要需求是形成统一的采集平台，能支持多种通信信道和终端类型，可用来采集各类电力用户计量点、各类电源上网关口、变电站台区出入口计量点等各类计量点的用电信息；同时，在各类信息采集的基础上，实现对各类计量点采集、控制和数据的综合应用。

电力用户用电信息采集系统主要功能需求就是对各类电力用户实现全覆盖、全采集、全费控，具体来说，就是要实现系统数据采集、数据分析和处理，以及对用户开关或智能电能表的控制、高级综合应用等多种功能。针对不同用户多种配置的采集终端；全面开发应用具有实时监测、用电信息存储、自动控制、信息交互等功能的智能电能表。智能电能表和终端作为用电信息采集系统的重要环节，同样对于智能用电信息采集系统构建起到关键作用。

采用智能采集系统，可以实现对各种普通居民、工商业用户，特别是大型工商业用户准确实时的抄表自动化，加强了供电公司与用电客户交互式用电管理意识，供电公司主动提供用电数据和电费情况，用电客户及时掌握自己的生产用能的具体情况，大大加强了用电客户和供电公司之间的交流与沟通，达到了双赢。除此之外还能够充当监测用电异常的“千里眼”：它通过实时监测用户的负荷数据和计量器具工作状态，判断和捕捉窃电特征，为及时发现窃电行为和提供窃电证据做了技术保证，维护国家利益、保护国家财产。构建智能用电信息采集系统，是建设坚强智能电网的重要组成部分，是国家电网有限公司“SG186”信息系统工程建设和营销计量、抄表、收费标准化建设的重要基础，是提升服务能力、实行居民阶梯电价的必然选择。

2.1.2.4 电力 ERP 系统

21 世纪是新经济时代，特别是中国加入世界贸易组织（World Trade Organization WTO）后，企业的整个宏观运作环境发生重大变化。企业的生存与发展，与管理软件的关系将变得更加密切。ERP 系统不仅可以帮助企业节省营运成本，还可以提高生产效率和利润率。

ERP系统的概念是90年代初由Gartner Group Inc.公司提出的,它是企业的三大流(物流、资金流和信息流）、人力资源、客户和供应商进行整合集成管理的信息系统，打破了旧有的只为个别客户或应用需要而编写的专用软件的限制，提供一套可以自由选配的组合式软件。

电力市场是刚刚提出的概念，在之前的计划经济时代，电力行业一直是国民经济的基础产业，不太注重经营效益，主要为社会提供服务，这导致了电力企业很少会进行投入产出的经济核算，有时会成为国家的负担。而这几年的市场化改革，让电力企业意识到电力不会永远都是国家的政策性单位，它已经在向商业化的方向转变，电力企业的领导者已经开始考虑怎样遵循市场的法则，服务客户、提高客户满意度、与其他的企业竞争，让自己的企业成为一个市场的参与者。这种向市场化迈进的步伐以及市场观念的形成，对 ERP 是一个正面的促进。

电力行业与其他行业一样，需要很多的物资、设备和材料供应，这样就产生了电力生产与电力成品、客户之间的流通和管理环节。这个环节直接影响到电力企业的成本和效益，因此在每一节点上都要将过去的柔性管理变成为刚性管理，使企业产生最大效益。

ERP 着重解决电力企业业务活动自动化和流程改进、市场营销、客户服务和支持等与客户直接打交道的前台领域问题。

ERP 帮助电力企业最大限度利用以客户为中心的资源：人力资源、有形和无形资产，并将这些资源集中应用于现有客户、潜在客户身上。客户关系管理的目标是降低销售成本，寻求扩展新市场和新渠道，在改进客户价值、客户满意度、盈利能力，客户忠诚度等方面，改善电力企业管理。

根据电力行业的具体情况，电力企业实施 ERP 系统后，将产生以下效益：

（1）国际化：ERP 将极大地促进电力改革、电力市场化进程；使我国的电力企业具有国际一流，电力企业的科技水平。

（2）信息化：它将极大提高电力公司、电力企业的管理科学化，数据集成化，信息实用化水平。

（3）安全性：实施 ERP 后，能够迅速直接反映电力系统各个环节运作和设备运行状况，因此能保障电网安全生产、安全运行。

（4）协调性：能够促使电力企业降低生产成本，实现资源优化配置，促进发电、输电和配电协调发展。

（5）出人才：培养出与国际接轨企业的大批优秀管理人才。

（6）出效益：ERP 直接关系到经济效益。ERP 是根据电力企业的业务流程监控的系统，对每一个环节根据实时信息，对造成电力行业损失的环节（如电量失衡、电费不能及时回收、设备不能及时发现问题等）能够迅速查出原因（不论是人为的破坏因素或是其他设备造成），可以有效杜绝这类非法行为和事件。通过对电力生产的实时监测，国网公司一年估计可找回损失电费在亿万元数量级。

2.1.2.5 数据资产管理

数据即资产，电力大数据是电力企业的重要资产。电力大数据技术的成熟将驱动电力公司对数据由定性分析向定量分析转变，促进业务管理向着更精细、更协同、更高效的方向发展。后期以大数据为核心的泛在智能电网，将优化能源的生产方式、利用方式以及消费方式，如清洁能源、电动汽车的发展和利用等，有望催生新的经济模式。从这个层面看，在构建全球能源互联网的进程中大数据必将发挥越来越重要的作用。

每个人都在创造和使用信息，这些信息形成数量庞大、种类繁多的数据。大数据、云计算、物联网、移动互联网（简称大云物移）技术真正将数据转变成资源，数据即资产，高价值数据资源日益成为企业抢占未来、主动发展的前提和保障。

数据资产管理一词，在国内首次由中国数据资产管理峰会（Data & AI Management Summit，DAMS）组委会正式提出，对数据资产管理的定义是对数据管理、数据治理及数据资产化的管理过程。它的切入点是对信息系统中已经产生的数据进行整合分析，形成数据集合，通过丰富的客户资料、信息创新使用和高效运营手段取得竞争优势。数据资产管理是现阶段推动大数据与实体经济深度融合、新旧动能转换、经济转向高质量发展阶段的重要工作内容。

在大云物移新技术背景下，数据资产管理在数据处理方式、组织架构、管理方法等方面呈现出一定的特点和发展趋势。

数据管理对象复杂。数据作为数据资产管理的对象，在近些年体现出规模海量、来源多样、格式繁杂、采集实时等特征。在数量方面，单一机构的数据规模由以前的 GB 级上升到 TB 级，甚至 PB 级、EB 级，数据增速快。在数据格式种类方面，除传统的结构化数据之外，文本数据、图像数据、语音数据、视频数据等半结构化数据或非结构化数据占比越来越大，种类日益丰富。在数据来源方面，数据既包括内部数据，也包括来自第三方的外部数据，既包括传统业务处理采集的业务数据，也包括手机终端、传感器、机器设备、网站网络、日志等技术产生的数据。同时，由于秒级或者毫秒级的响应将帮助企业更快地洞察与分析数据，实时数据正在成为企业数据重要的管理对象，目前实时数据采集和处理已广泛应用于互联网、零售、电力、交通等多个行业，利用物联网、实时数据库等技术实现交易实时处理、生产实时监控、交通实时调控等。

处理架构更新换代。处理架构的更新换代体现以下两个方面：①数据处理的底层架构向云平台和分布式系统迁移。Gartner 在 2018 年针对数据和分析采用方式的调查结果表明，63% 企业目前使用最普遍的信息基础架构基础技术为基于云平台的数据存储，以 Hadoop、Spark 等分布式技术和组件为核心的计算与存储混搭的数据处理架构，能够支持批量和实时的数据加载以及灵活的业务需求；②数据的预处理流程正在从传统的 ETL 结构向 ELT 转变。从传统的获取、转化、加载的 ETL 逐渐向获取、加载，然后再根据需求转化的 ELT 架构转变，处理架构演变成计算与存储混搭架构，针对不同的数据库，采用不同的存储方式和计算引擎。

组织职能扩展。传统的管理制度体系中，数据管理职能主要由 IT 部门主导，其他部门配合。随着数据分析与业务融合越来越深入，逐步扩展成业务部门主导，IT 部门执行。数据资产管理在企业中扮演越来越重要的角色。出现了企业设置专门的“数据管理”职能部门或首席数据官（CDO，Chief Data Officer）岗位。

管理智能化。在进行主数据管理过程中，依靠“手工人力”的电子表格数据治理模式即将被“自动智能”的“专业工具”取代。可以运用时下流行的技术，比如自然语言处理、深度学习、机器学习等，去进行自动数据文本归类、管理主数据，优化数据集成、提升数据质量等。

应用范围扩大。数据资产管理的应用范围已经从传统的内部应用转化为支撑内部和外部运营双核驱动的模式。数据使用群体也发生了变化，传统的数据管理只服务领导，而当前，数据的应用对象不仅包括企业决策人员、运维用户、业务管理人员、数据分析人员等内部用户，还包括数据科学家、数据应用专业企业等外部用户。数据资产应用和服务范围的扩大成为企业战略发展的一部分，实现数据资产保值到增值的跨越。

数据资产管理的管理职能包括：数据标准管理、数据模型管理、元数据管理、主数据管理、数据质量管理、数据安全管理、数据价值管理以及数据共享管理 8 个方面。

数据资产管理最重要的成功要素之一就是重视组织管理的作用，将责、权、利清晰化，逐步建立健全包括管理型人才和技术性人才的适应数据发展的人才结构，减少工作推进阻碍。并注重数据标准化环节以保障信息体系不发生混乱，确保数据规范一致性。在实现数据资产管理的过程中，应根据自身实际情况，避免盲从，合理引进创新技术以提高数据挖掘准确性和挖掘效率，节省人力成本。数据资产管理人员不能只限于数据资产管理工作，还应紧密联系业务，只有明确了前端业务需求，才能做到数据资产管理过程中的有的放矢，张弛有度。

2.1.3 电力信息基础设施新发展

大云物移是大数据、云计算、物联网和移动互联网等新一代信息化技术手段的简称，与传统技术相比，具有泛在、柔性、智能、互动、安全等特征。面对数字化浪潮和数字化经济变革，大数据是核心，云计算、物联网是基础，移动互联网是交互手段。

大数据实现实时计算、存储，以及跨专业、跨类型数据关联分析，发现潜在价值；云计算实现信息化资源共享、按需分配，提高资源利用率，降低成本；物联网实现人、设备、数据实时双向互联，提高设备全方位、全生命周期实时管理水平；移动互联网实现生产作业和客户服务随时随地使用信息系统，提高人与设备之间的双向互动。在大云物移新技术的推动下，传统行业与互联网的融合正在呈现出新的特点，精准营销潜力凸显，不同产业原有的运作机制和资源配置方式都在改变，产生了更多新的市场空间和发展机遇。如食品、餐饮、娱乐、航空、汽车、金融、家电等传统行业的 App 和企业推广平台，同时也重构了移动端的业务模式，如医疗、教育、旅游、交通、电力等领域的业务改造。中国也逐渐步入大数据时代。

2.1.3.1 云计算

自 2006 年 Amazon Web Services 发布第一款云服务开始，云计算从无到有、从小到大，俨然成为各个行业转型升级的技术支撑。它实现大数据的数据汇集、数据存储和数据价值挖掘等产业功能。云计算的弹性伸缩、快速调整、数据互通等特点帮助企业提升效率、助推企业数字化转型。

云计算是与信息技术、软件、互联网相关的一种服务，是信息时代的一个大飞跃，这种计算资源共享池叫作云，它把许多计算资源集合起来，通过软件实现自动化管理，只需要很少的人参与，就能让资源被快速提供，使用者可以随时获取云上的资源，只要按量付费即可。就像喝水时，不需要在每个人家里安装一个自来水处理中心，只需要付费给自来水厂即可按需用水。也就是说，计算能力作为一种商品，可以在互联网上流通，云计算让每一个使用互联网的人都可以使用网络上的庞大计算资源与数据中心。新兴行业的发展通过云计算的支持可以大幅降低运维成本，实现用户量级的跃升。当今使用的各类网盘软件就是典型的云计算应用的代表。

2016 年，国家电网有限公司启用全业务统一数据中心建设工作，致力建成模型规范统一、数据干净透明、分析灵活智能的全业务统一数据中心，实现面向全业务范围、全数据类型、全时间维度数据的统一存储、管理与服务，主要包括数据处理域、数据分析域和数据管理域三部分。

2.1.3.2 移动互联网

20 世纪七八十年代，个人电脑和桌面软件掀起了信息产业的第一次浪潮。进入 90 年代后，互联网掀起了信息产业的第二次浪潮，信息服务登上舞台，极大地改变了人们的工作和生活方式。互联网的发展带来了移动数据流量的井喷，推动移动网络的升级换代。

移动互联网是移动和互联网融合的产物，同时拥有移动随时随地随身和互联网开放、共享、互动的优势，是整合二者优势的升级版本，即以手机、掌上电脑、笔记本电脑等移动通信设备作为载体，运营商提供无线接入，互联网企业提供各种成熟的应用。

与传统的桌面互联网，移动互联网具有以下几个鲜明的特征：

（1）便携性。移动互联网的基础网络是由 GPRS、3G、4G 和 WLAN 或 WiFi 构成的立体网络的覆盖；它的基本载体是移动终端，移动终端可以通过上述任何形式便捷地联通网络。这些移动终端不仅仅是智能手机、平板电脑，还有可能是智能眼镜、手表、服装、饰品等各类随身物品，人们可以随时随地使用。

（2）即时性。便携性决定了人们可以充分利用生活、工作中的碎片化时间，接受和处理互联网的各类信息，不再担心有任何重要信息、时效信息被错过。

（3）精准性。无论是什么样的移动终端，其个性化程度都相当高。尤其是智能手机，每一个电话号码都精准地指向了一个明确的个体。而基于 Location Based Service 的位置服务，不仅能够定位移动终端所在的位置。甚至可以根据移动终端的趋向性，确定下一步可能去往的位置。使得相关服务具有可靠的定位性和定向性。移动互联网能够针对不同的个体，提供更为个性化服务。

（4）感触性。这一点不仅仅是体现在移动终端屏幕的感触层面。更重要的是体现在照相、摄像、二维码扫描，以及重力感应、磁场感应、移动感应，温度、湿度感应等无所不及的感触功能。

（5）局限性：移动互联网业务在便携的同时，也受到了来自网络和终端的限制：在网络方面，受到无线网络传输环境、技术能力等因素限制；在终端方面，受到终端大小、处理能力、电池容量等的限制。

以上这五大特性，构成了移动互联网与桌面互联网完全不同的用户体验生态。

电网企业通过掌上电力 App、电力微信平台公众号把互联网放到人们的手中，实现 24 小时随身在线的用电生活。越来越多的人在处理办电业务时习惯性地掏出手机，查看信息、办理业务。

2.1.3.3 物联网

物联网的概念是在 1999 年提出的，物联网（Internet of Things, IOT）是在互联网的基础上，将用户端延伸至物品与物品、人与物品之间，通过信息传感设备与互联网连通，进行信息交换和通信，以实现智能化识别和管理。日常穿戴的智能手环便是物联网在生活中的典型应用。

数据泛在聚合意义上的物联网是人们在各种数学分析模型的帮助下，不断挖掘各类数据所代表的事物之间普遍存在的复杂联系，对其中每个数据进行属性的精确标识，达到标识意义上的聚合，从而实现人类对周边世界认知能力的革命性飞跃。智能手机、平板电脑、电子阅读器（电子书）已经成为重要终端，电视机、车载设备正在成为终端，冰箱、微波炉、抽油烟机、照相机，甚至眼镜、手表等穿戴之物，都可能成为泛终端。

国家电网有限公司积极把握新一轮能源技术革命、信息通信技术革命和产业融合发展的新机遇，践行建设具有中国特色国际领先的能源互联网企业的战略目标，加快建设电力物联网，在连接方面利用好现有的电力通信网络，包括 5G、无线、专网等各种连接方式，实现广泛的物联互通。这意味着，对内，可以融合电网公司各专业部门，协同配合提高综合能力，集中力量办大事，实现数据一个源、电网一张图、业务一条线，一网通办、全程透明；对外，又能拉动整个产业，广泛连接内外部、上下游资源和需求，打造一个能源互联网生态圈，实现共赢。

目前电力系统很多工作都已经实现物联网化，例如输电线路一旦出现故障，能够自动向维修人员发出信号，提供故障地点、故障原因、现场照片，是否恢复等信息。又如许多变电站都已经实现无人值守的，可以远程巡视、自动推送异常报警，甚至远程遥控消除故障，保障送电。

2.2 电力大数据技术

2.2.1 电力大数据的概念

电力大数据是大数据理念、技术和方法在电力行业的实践。电力大数据涉及发电、输电、变电、配电、用电、调度各环节，是跨单位、跨专业、跨业务的数据分析、挖掘和可视化。电力大数据由结构化数据和非结构化数据构成，随着智能电网建设和物联网的应用，非结构化数据快速增长，其数量将大大超过结构化数据。电力大数据具有以下 4 个特征：

（1）数据规模大。电网的数据采集覆盖发、输、变、配、售环节，仅就售电侧的用电信息采集（后简称用采）数据而言，一个省网按 3000 万用户，每天采集一次，一年的用电数据就有 100 余亿条。若实现 15min 采集间隔，数据量将再增加 96 倍。

（2）数据类型多。电力数据从结构上分为常规结构化数据和系统日志、表计等半结构化数据，以及文件、图片、视频等非结构化数据。从内容上分为测量数据、监控数据、设备台账、日志文件、地理信息、气象数据等。

（3）处理速度快。电力系统对数据的采集、处理及分析有严格的时间限制，许多业务，如电量实时查询、电网故障快速响应等大多是以秒为目标的准实时处理。

（4）价值密度低。电网中的数据每时每刻都在产生，但真正有用的数据不多，如设备状态监测数据，绝大部分都是正常数据，异常数据占比极少，而异常数据才是设备状态分析的关键。

电力大数据的应用是宏观经济、人民生活、社会保障、道路交通等的信息融合，可以促进经济社会发展；此外，还是电力行业或企业内部，跨专业、跨单位、跨部门的数据融合，可以提升行业、企业管理水平和经济效益。

电力大数据演进是对电力数据进行挖掘分析，得到信息，然后将信息转化为知识，最后通过可视化展现，与人们进行分享。智能电网就是电力大数据可视化展示的一个成果。

智能电网是利用现代网络通信技术进行信息交流，实现电网设备间信息传递，自动完成信息采集、测量、控制、保护和计量等基本功能，并根据需求实现电网实时自动化控制、在线分析决策等高级应用。

所以在本质上，可以说智能电网是大数据在电力行业运用的成果。坚强智能电网的发展使信息处理技术以前所未有的广度、深度与电网发展融汇在一起，因此以大数据为核心的信息处理系统已经成为智能电网的“中枢神经”，支撑着新一代电网的发展。

目前国内以百度、阿里巴巴、腾讯为首的互联网公司，作为大数据的先行者，在大数据研究方面率先取得了一些不错的成果。大数据让这些提供服务的企业，很好地满足了消费者需求，实现了口碑以及盈利的双丰收。国家电网有限公司作为大型公共服务性企业，其公共服务的性质契合了大数据提高管理水平、服务水平的作用，其企业的性质契合了大数据实现高效、低成本运营和持续盈利的作用。

在电力行业，大数据已经被视作企业战略层面的重要议题：国家电网有限公司在北京亦庄、上海、陕西建立了三个大数据中心，其中北京亦庄大数据中心已安装超过10200个传感器，每个月可节约的能耗价值大概为30万元。

大数据已经渗透到当今的每个行业，成为重要的生产因素。人民对于海量数据的挖掘和运用，预示新一波生产率增长和消费者盈余浪潮的到来。大数据超过了传统数据库系统的处理能力，为了获得数据中的价值，必须选择新的方式进行处理。电力大数据是大数据理念、技术和方法在电力行业的实践，是大数据应用的重点领域之一。

电力行业的数据主要来源于电力生产和电能使用的发电、输电、变电、配电、用电和调度各个环节，可大致分为三类：①电网运行和设备监测数据；②电力企业营销数据，如交易电价、售电量、客户等方面数据；③电力企业管理数据，如PMS2.0、ERP、协同办公等。

通过使用智能电表、视频监控、系统工具等终端设备可采集整个电力系统的运行数据，再对采集的电力大数据进行系统的处理和分析，从而实现电网系统的实时监控；进一步结合电力系统模型和大数据分析技术对电网进行实时诊断和预测，从海量、低价值密度的数据中挖掘核心指标，形成企业决策指导，为电网企业实现安全、可靠、经济、高效地运行提供保障。电力大数据应用模式如图2-1所示。

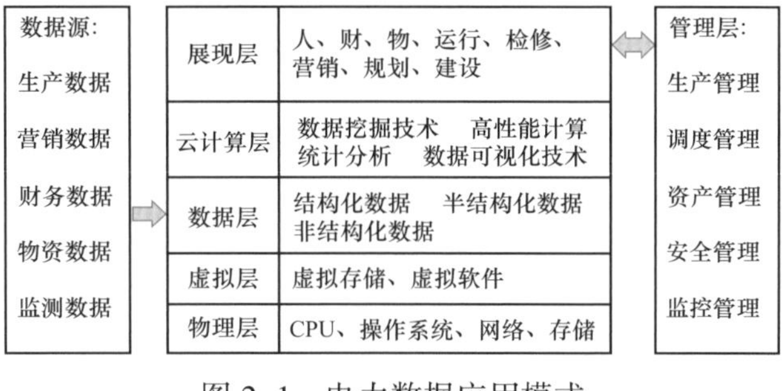

图2-1　电力数据应用模式

大数据技术在电力行业中的应用研究在不久的将来就会蓬勃发展。随着电力行业的不断前进，大数据技术的具体应用也会不断深化和广化，电力大数据时代指日可期。从上述的图表中可以看出，智能电网大数据的价值增量主要体现在：提升企业的决策效率，改进业务流程，提升用户体验和企业的抗风险能力，具体如下：

（1）发电负荷区域分析，优化调度生产。基于历史数据、天气数据、宏观经济指标等，可动态地预测短时负荷和中长期负荷，提高输变电设备利用效率和调度管理水平；基于电网实时监测数据，利用仿真系统等工具，可以分析电网静态稳定性和动态稳定性，在电力系统出现干扰后，快速预测电网恢复能力，并及时采取措施，为调度管理提供决策支撑，提高电网的经济性、安全性和可靠性。

（2）安全生产预警分析，严守安全红线。运用大数据能够提早发现问题，增强电网安全。基于电网运行数据、设备台账以及历史故障和缺陷记录，建立多因素关联模型，对设备可能存在的潜在问题进行预测，发起前瞻性检修，实现电力资产的全寿命周期跟踪管理。同时引入交通、路政、市政等外部信息（如架空作业、土地工程、树木生长等），关联电力设备空间位置信息，预防外力破坏变电及线路设备，保障电网安全生产运行。

（3）精益化用户数据分析，提升服务水平。用户端的数据就像一座金矿：①通过分析智能电表数据，比较单体客户用电曲线与行业规律的相关性，可以识别异动客户，实时、准确地辨识异常用电行为，这有助于对窃电违约行为进行预防和控制，有效降低非技术线损；②大数据作为各行各业的用户、供电企业之间的联络员和翻译官，明确了电网企业对用户的需求感知，在对客户的需求有了精确的认识后，为其定制个性化的服务方案，实现与用户的高效互动，提高用户侧能效水平，改善用户用电体验，提高用户满意度。

大数据时代为电力行业带来了新的发展机遇，同时也提出了新的挑战。通过良好的大数据管理，可切实提高电力生产、营销及电网运维等方面的管理水平。为实践大数据战略，应做好以下准备工作：

（1）做好数据收集和治理工作。如果数据错误、过时或者片面，分析结果将是不正确的；而如果数据冗余、混乱，则会增加获取数据有效信息的难度，并使数据处理效率低下。因此，确保数据高质量、规范化、格式统一是大数据应用的基础。

（2）提高相关技术能力。有了优质的数据后还需要足够的数据存储、分析和处理能力，才能充分有效地应用数据。电力企业应提升海量数据存储、分布式计算、数据挖掘、统计分析、数据可视化等技术，以满足大数据战略的需求。

2.2.2 电力大数据的技术体系

电力大数据不是某一种技术，而是多种技术的融合。完整的技术体系应包括数据整合、数据存储、数据处理、数据分析、数据可视化和安全管理等关键技术。

电力大数据具有多源异构、分布广泛、动态增长、跨业务等特点，与传统数据管理迥然不同，其安全风险也大大增加。基于大数据的这些特点，需要重点加强权限管理、隐私保护、存储安全、接入安全等安全技术以及相应的安全管理制度，实现大数据采集到应用的全过程安全监控。

大数据应用的拓展，给电力企业信息安全带来了更高的挑战，传统的安全防护体系已经不能够满足当前的需求，需要全新的安全架构技术，将大数据时代下的电力行业的安全风险纳入日常防护之中。电力大数据实验室结合最新的大数据和数据安全技术，研究适合电力大数据管理的安全体系，设计了新的电力大数据安全体系框架，可以满足深度安全保障的需求。

电力大数据安全体系框架在保密制度和安全隔离技术方面自下而上分为四层：①最底层为安全策略层，存储了关于文件、数据库和缓存数据的安全控制策略；②第二层是安全策略执行引擎，在底层的安全策略下反馈上层用户的访问需求，实现用户对大数据平台的安全访问和数据获取；③第三层是安全接口层，其中包括身份认证、授权管理和多租户管理三个接口组件，实现对访问层的安全接口；④第四层是大数据组件层，是大数据的使用组件，用户通过这些组件可以访问、获取和分析电力大数据。

有关电力大数据安全关键技术主要研究内容如下：

（1）大数据的多租户安全管理技术。在电力大数据的平台中，会有多个部门的数据集成在一起，也会有多个部门或下级单位使用平台进行大数据分析，因此大数据平台需要具有多组户（租户）管理功能。基于 Yarn2.0 和 HadooP2.7，研究开发了电力大数据的多租户管理技术。提供了完整的多租户管理功能，包括租户资源管理、租户权限管理以及安全控制等模块,可以方便企业在统一的大数据平台上进行多租户的管理和分配。允许对多租户进行 CPU 和内存资源的配置和管理，不同的租户使用不同的 CPU 和内存资源池，因而不会互相干扰。此外可以给不同的用户设定不同的优先级来实现服务质量控制。多租户管理功能支持管理员通过结构化查询语言（Structured Query Language，SQL）对用户磁盘空间的配置和管理，包括对数据空间和临时空间的配额更改和管理，以方便平台对存储资源的合理分配、管控和计费，实现一套平台面向多个单位和租户的服务。

（2）基于角色的权限管理技术。基于角色的授权模型是进行数据安全的有效模型，但是目前在分布式环境下还不成熟。本项目研究设计了分布式环境下，基于角色的大数据权限管理技术（Role Based Access Control，RBAC）。在本项目研发的授权模块中，所有的权限都只能授予角色，当角色被挂载到用户组的时候，该组内的用户才具有相应的权限。形成权限→角色→用户组→用户的清晰映射关系，通过这样的映射显示一条权限如何能最后被一个用户所拥有。从权限到角色，再到用户组都是通过 SQL 语句来授予，然后从用户组到能够影响用户是通过 Hadoop 自身的用户一组映射来实现的。

（3）面向数据行和列的数据安全控制。为了满足电力大数据分析环境细粒度安全控制的需求，研究开发面向多级数据对象的安全控制技术。数据安全控制的对象从数据库、表、视图扩展到服务器。虽然列的权限控制可以用视图来实现，但是对于多用户，在表数量巨大的情况下，视图的方法会使得给视图命名变得异常复杂。而且用户原先写的针对原表的查询语句就无法直接使用，因为视图的名字可能与原表完全不同。在多租户的场景下，可以保证不同租户只能看到表中自身有权限的数据，而不会看到属于其他租户的数据，从而有精确的数据隔离。

（4）大数据环境隔离技术。在分布式开放环境下，大数据环境的边界保护显得非常重要。通过在开放大数据环境中安装安全管理软件，实现对大数据环境安全访问的控制，首先完全禁止大数据环境中服务器和终端设备的 USB 存储设备向外复制数据功能（USB 键盘和鼠标不受影响），其次进行网络访问限制，所有的设备都限制访问外网，但是大数据环境内的设备是可以互相访问的。为了防止终端设备的硬盘，基于虚拟桌面技术采用客户端作为访问大数据平台进行数据建模和分析的终端，其他终端不能接入平台中。基于这些技术和措施，实现了开放大数据环境的边界安全控制。

电力大数据真正的应用是要在分布式和开放的环境下为众多单位和用户提供服务。电力大数据涉及众多电力用户的隐私和电网安全，这对信息安全也提出了更高的要求。针对大数据的安全体系架构和关键防护措施需要进一步加强，从被动防御向多层次、主动防御转变，达到在保证数据安全的前提下使用大数据技术。

电力大数据的应用体系架构自下而上可以分为五层：①最底层是数据层，从电力系统内部和外部分别获取大数据，需要设计开发支持多种数据接入方式的接口或数据总线，实现大数据的高速导入；②第二层为大数据基础平台层，包括支撑大数据存储和管理的大数据基础硬件和软件平台，以及大数据异构集成、清洗、关联和可视化基础组件等；③第三层为大数据分析层，主要包括对数据的分析修正，以及特征分析和状态分析等；④第四层为大数据应用层，利用基础平台和分析层提供的大数据进行用电预测、节电、网架优化、错峰调度等大数据模型分析，高效地解决电力公司的业务问题，实现数据驱动业务的新模式；⑤最上层是大数据服务层，以服务和应用接口的形式对外提供电力大数据服务，实现面向电力公司和外部的大数据服务模式。

2.2.3 数据平台的发展历程

2006 年之前：数据仓库。数据平台最常用的方法是使用数据抽取转化加载（Extract Transform Load，ETL）进程将传入数据转换为现成的块，这些块将被批量加载到数据仓库中。对于低延迟查询，数据仓库由 OLAP 多维数据集补充，但是整体上缺乏灵活性，大多数数据平台都是按日计划进行的。OLAP 多维数据集是一个多维数据库，针对数据仓库和联机分析处理应用程序进行了优化。对于商业供应商而言，这是一个黄金时代，但对于企业管理即使是少量企业需要更快地采取行动，而这些庞大的流程正在减缓业务发展。企业的特殊问题超出了预算报告的范围，这是变革的主要催化剂。

2006~2009 年：MPP 数据库。多并行处理器数据库为数据仓库带来了可扩展性，并使 OLAP 多维数据集过时，从而实现了堆栈的整合。但随着 MongoDB 等 NoSQL 数据库的兴起以及分析 RESTful 和 SOAP API 日志和响应数据的需求增加，半结构化数据开始充斥数据平台。

2010~2012 年：Hadoop 的出现为企业提供了一个可以转储任何类型数据的地方，并允许在其原始数据上更改，从而减轻 MPP 对每个人的压力。但随着业务需求再次发生变化，数据量增加给 MPP 带来巨大压力，需要快速加载数据，并且提取价值最高的数据从结构化数据转变为半结构化数据。这意味着直接在 Hadoop 上执行分析变得至关重要。MPP 供应商推出了 Hadoop 连接器，可以将数据从 Hadoop 提取到 MPP 进行处理，但这会对性能产生非常不利的影响。

2012~2014 年：Lambda 的崛起。Nathan Marz 基于它在 Twitter 上的工作创建了 Lambda 架构的概念。在 Lambda 中，Hadoop 中有一个批处理层，可以安全、可靠地处理数据，还有一个速度层，可以进行实时流处理。传统上，Lambda 堆栈使用 Kafka + Storm 作为速度层，Hadoop 作为批处理层。堆栈将在两个层中处理相同的数据，速度层在创建数据后立即作出反应，批处理层随后进行更可靠、更强化的处理。Lambda 架构的主要问题来自其复杂性。数据工程师需要在两个地方实现业务逻辑，包括两个框架，管理两个基础架构，以及从两个源组成单个数据视图。市场和社区对这些缺点做出了反应：Summingbird 为速度和批处理层提供了一个通用的 API；然后 Hortonworks 将 Storm 纳入他们的 Hadoop 发行版，在某种程度上统一了基础设施和管理。

2015~2018 年：Apache Spark 的流行。如今，Spark 在数据工程社区中占据了主导地位。即使作为一种新兴技术，Spark 也解决了前面几节中讨论的许多问题：① Spark & Spark Streaming 的统一 API 和基础架构比 Lambda 风格的架构更加平易近人；②分层存储，Spark 可以将数据缓存在内存，本地磁盘或 HDFS 中。这允许开发人员进一步优化他们的应用程序。Apache Tez 值得一提，因为它是一个与 Spark 重叠的框架，能够构建一个直接的非循环图，可以跨分层存储分发和执行处理。尽管 Spark 可以在 Hadoop 之外生存，但两者交织在一起，因为大部分数据 Spark 都将在 HDFS 中处理。

2.3 电力大数据建设及展望

国家电网公司目前已形成“互联网 +”智能检、“互联网 +”营销服务、“互联网 +”规划、“互联网 +”电力物资、运监大数据和财务精益化等新型业务形态雏形，已建成用电客户标签库、大数据运营监测系统、基于大数据的供电服务指挥系统、配电网规划辅助决策系统（审核人添加）等创新应用并实际应用。

对内应用：优化管理模式。电力行业数据量大、类型多、价值高，对于电力企业盈利与控制水平的提升有很高的价值。电力大数据背后蕴藏着巨大的商业价值和社会价值。麦肯锡公司曾有报告预测，大数据技术的广泛运用将避免全球每年 3000 亿美元的电量浪费。相较于目前水平，如果数据利用率能提高 10%，则电网企业可获得额外 20%~49% 的利润空间。

内部应用指运用大数据优化电力企业管理模式，提升电力企业经营管理水平，主要包括以下四个方面。

（1）支持基建决策。大数据技术有助于电力企业基础设施选址、建设的决策。例如丹麦风电公司 VESTAS 计划将全球天气系统和公司发电机数据结合，利用气温、气压、空气湿度、空气沉淀物、风向、风速等数据以及公司历史数据，通过使用超级计算机及大数据模型解决方案，来支持其风力发电机的选址，以充分利用风速、风力、气流等因素来达到最大发电量，并减少能源成本。此外，VESTAS 还将添加全球森林砍伐追踪图、卫星图像、地理数据以及月相与潮汐数据，以便更好地支持基础建设的决策。

（2）升级客户分析：①通过使用电力企业庞大的历史数据，进行用户用电行为分析和用户市场细分，使管理者有针对性的优化营销组织，改善服务模式；②通过与外界数据的交换，挖掘用户用电与电价、天气、交通等因素所隐藏的关联关系，完善用户用电需求预测模型，进而为各级决策者提供多维、直观、全面、深入的预测数据，主动把握市场动态。

（3）提高智能控制。大数据技术将加速电力企业智能化控制的步伐，促进智能电网的发展。例如通过为电力基础设施布置传感器，动态监控设施运行状况，并基于大数据分析挖掘理念和可视化展现技术手段，采用集成了在线检测、视频监控、应急指挥、检修查询等功能的智能在线监控与可视化调度管理系统，有效改变运维方式，从萌芽阶段消除部分运维故障，实现运维智能化。

（4）加强协同管理。整合电力行业生产、运营、营销、管理的数据，实现电力发电、输电、变电、配电、用电、调度全环节数据共享，以用电需求预测为驱动，优化资源配置，协调电力生产、运维、营销的管理，提升生产效率和资源利用率。此外，电力企业各部门数据的集成将优化内部信息沟通，使得财务、人事等工作开展起来也更顺畅，有助于企业实行精细化运营管理，提高集团管控水平。

对外应用：丰富增值业务。外部应用指利用电力行业大数据可获得的社会效益，主要包括以下两个方面。

（1）丰富增值业务。利用电力行业大数据可给用户提供更加丰富的增值服务内容。例如通过给用户提供其各月份分时明细用电视图，可让用户了解自身用电习惯并能根据需要进行调整，同时也使得电力收费过程更加透明。随着无线 M2M 传感器和大数据分析的普及，智能恒温控制器等新型工具进入大型楼房和消费者家庭成为可能，未来这些技术将给用户带来很大的节能空间。

（2）提供经济指导。作为重要经济先行数据，用电数据是一个地区经济运行的风向标，可作为投资决策者的参考依据。美国加州大学洛杉矶分校的研究者根据大数据理论，将人口调查信息、电力企业提供的用户实时用电信息和地理、气象等信息全部整合，设计了一款电力地图。该地图以街区为单位，可以反映各时刻的用电量，并可将用电量与人的平均收入、建筑类型等信息进行比照。通过完善电力地图，能更加准确地反映该地区经济状况以及各群体的行为习惯，以辅助投资者的决策，也可以为城市和电网规划提供基础依据。

信息通信新需求：随着太阳能、风能、分布式储能等新能源，电动汽车充电桩、智慧园区、智能家居等新业务不断接入电力系统，信息通信需要实现状态监测、泛在感知、闭环控制。控制由局部向全域拓展。随着电源结构变化，电网调节能力下降；长距离、大容量、交直流混联使电网稳定形态更加复杂；应基于全景感知和实时决策，实现源网荷多类控制资源的协同控制。控制由骨干向末梢延伸。电网从输变电控制向配电网、分布式电源和用户侧末端拓展；控制点数量由十万级发展到百万级；控制时延由准实时到实时；控制频次由低频到高频；信息采集爆发式增长；电表与电网互动，产生海量非计量信息；需求侧响应，要求用户平等交互；采集点下移，用能终端随器计量；采集频次和实时性提高。

通信技术从 1G 发展到如今的 4G，在传播速度更快的同时，对技术水平的要求也越来越高。5G 将会是一次技术革新。可以说，1G 时用手机打电话，2G 时发短信、阅读文字信息，3G 时上网浏览图片，4G 时看视频和直播。5G 将具有更大容量的带宽、更低的时延、更海量的数据连接。因为 5G，未来互联网的连接将从人与人的连接，扩充为人与物、物与物的互联。通过 5G，能够实现信息与工业的深度融合。

5G 与 4G 相比，用户体验速率提升 10 ~ 100 倍。5G 将带来超越想象的极速上网体验，下载一部高清电影的时间最快只需要不到 1s。3D 视频可能在 5G 时代爆发式增长。利用 5G 网络，能实现海量机器类通信，实现智慧交通和智慧安防，带来更加美好、舒适的生活体验。

通导遥卫星一体化是国内外研究的热点，是有力支撑泛在电力物联网的关键技术手段。其中通指的是通信卫星，导指的是导航卫星，遥指的是遥感卫星。低轨移动通信卫星组网将来要解决的是泛在电力物联网网络层的问题，而导航卫星和遥感卫星解决的是电力信息采集的问题，也就是泛在电力物联网感知层的问题。在发展 5G 的同时，国内外也持续开展以低轨移动通信卫星为代表的高通量全球通信体系建设。2010 年左右，国外以 NASA、Oneweb 和 spaceX 为代表、国内以航天科技集团为代表，已经开始了低轨移动通信卫星组网设计。可以预见，未来低轨移动通信卫星与 5G 基站组网，形成远近场充分耦合的高通量天地通信一张网，是泛在电力物联不可或缺的手段。在感知层，一个充满前景的发展方向是在线监测、RFID 等近场技术，这些技术可以获取设备的标识、位置和细节状态信息，促进复杂电力设备管理、检测与应急处理，现已开展了大量研究，形成了系列成果。

随着卫星技术的发展，越来越多的研究人员开始运用以 GPS 和北斗为代表的导航卫星和高分辨率的遥感卫星来解决大范围海量设备定位、大范围地形地貌信息等核心问题。未来，应尽快布局发展通信、导航和遥感卫星的远场高精度感知和通信技术。通过结合上述多种感知手段，才能真正意义上满足泛在电力物联网的万物全面感知。

2.4 电力数据风险及安全防护

智能电网是未来电网的发展方向，而信息化是实现智能电网发展的基础和保障，在发电、输电、变电、配电、用电和调度等各个环节，以及电力企业人、财、物集约化管理方面，都离不开信息化的支持。国家电网有限公司“SG186”工程和“SG-ERP”工程的建设和实施实现了国家电网有限公司总部与各个网省公司之间的横向集成、纵向贯通、数据共享和业务融合，有效促进了电网的迅速发展。随着电网的规模不断发展壮大，特别是结构化、非结构化、海量历史准实时、电网空间等 4 类数据中心平台的深入建设，国家电网有限公司已积累了丰富的数据资源，形成了电力大数据。电力数据按照数据来源可分为企业内部数据和外部数据，其中内部数据大多来源于关键应用系统，例如客户服务系统、营销应用系统、数据采集与监控系统、协同办公系统、配电管理系统、干部管理系统、生产管理系统等；外部数据则一般来自互联网、地理信息系统、气象信息系统等。目前为止，国家电网有限公司在生产、经营、管理、服务等方面积累了海量的各类数据资源，数据总量达到约 5 PB 级别，若用普通 DVD 光盘存储，叠加高度超过 1500m，其中包括海量的报表、图片、音视频、日志、地理空间数据、时标量测数据等非结构数据。这些电力大数据为国家电网有限公司的决策分析和提高发配电效率提供了良好条件和基础，例如：在电网运行方面，通过精准的负荷预测，推动源、网、荷协调互动，积极消纳新能源，实现经济调度；在电网规划方面，建立电网规划数据挖掘和诊断评估模型，根据对国家电网有限公司内、外部海量基础数据的挖掘分析，实现电网规划更加精准，提升投资有效性。大数据在给人们的工作和生活带来便利与益处的同时，其安全问题也逐渐暴露，数据泄露、数据贩卖等事件频发，客户隐私和安全受到极大挑战。在数据驱动环境下，网络攻击也更多地转向存储重要敏感信息的信息化系统，大数据安全防护俨然成为大数据应用发展的一项重要课题。电力大数据存储着电网重要数据和大量用户隐私信息，若被不法分子窃取，容易影响电网正常运行，危害用户声誉、财产，甚至造成电网遭遇灾难性破坏。因此，如何有效保障电力大数据的安全是亟待解决的课题之一。

2.4.1 电力数据泄露风险

近年来，国际上相继发生了一系列网络攻击影响电网安全运行的重大事件，如 2010 年，伊朗布什尔核电站遭“震网”病毒入侵，造成上千台离心机损坏，核电站延迟发电；2015 年，乌克兰电网遭黑客攻击，引起大面积停电。这些事件表明，世界各国针对电力信息基础设施遭受的安全威胁和攻击日益增多，利用网络攻击电力监控系统、破坏电网安全运行已成为不容忽视的重大威胁。我国高度重视网络安全工作，习近平总书记强调“没有网络安全，就没有国家安全”，将网络安全提升到国家战略安全的高度。2015 年 7 月颁布的《国家安全法》增加了网络安全内容；2016 年 11 月颁布的《网络安全法》明确了建设、运营、维护和使用网络的法律责任，并将公司监控系统列为国家关键信息基础设施。国家电网有限公司高度重视电力监控系统安全，积极采取了一系列措施强化监控系统安全管理。但公司经营范围内并网的发电设施种类多，接入公司电力监控系统的工控设备数量多，容易形成安全漏洞，不同企业对工控设备的运维水平差距较大，这些都给公司电力监控系统安全带来巨大压力。

进行大数据分析的人可以轻松地看到大数据的价值潜力，这极大地刺激着他们进一步采集、存储、循环利用个人数据的野心。随着存储成本继续暴跌和分析工具越来越先进，采集和存储数据的数量和规模将突飞猛进地增长。如果说在互联网时代我们的隐私受到了威胁，那么大数据时代是否会加深这种威胁呢？这就是大数据的不利影响吗？答案是肯定的。大数据还会带来更多的威胁，毕竟，大数据的核心思想就是用规模剧增来改变现状。因此要分析它是如何加深对隐私的威胁。同时，人们还将面对一个新的挑战，即运用大数据预测来判断和惩罚人类的潜在行为。

电力大数据的安全风险存在于大数据产生、传输、处理、存储、应用等整个运行（环节）周期，例如大数据传输中易出现中断、窃听、伪造、篡改等风险，大数据处理及应用中存在用户越权、主机故障、措施不当等风险。这些数据蕴含着大量的价值信息，是电力企业的核心资产，同时也是不法分子攻击的目标。

电力作为各国家关键基础设施，一旦发生网络战争必然成为网络攻击的首选目标。那么，电力大数据好比是一座“金矿”，有人想从中“淘金”，有人想往其中灌“沙子”，这使大数据成为一个可利用又可攻击的载体，一些黑客将恶意软件和病毒代码隐藏其中，达到攻击并篡改、窃取数据目的，最典型的就是 APT 攻击。通过攻击获取电力大数据价值信息，可以分析出攻击目标所在地的用电分布、关键信息基础设施的位置，篡改关键节点监测预警信息、操作指令等关键数据，造成电力系统故障或重大安全事故。同时，电网是公用事业企业，服务于社会大众，如涉及客户的大数据保护不当被攻击，如用户电量、电话号码、家庭地址等敏感信息被泄露，会对社会公众安全产生负面影响。

数据库系统漏洞、安全策略不当均易引起数据库安全风险。此外，数据库自身的审计系统能记录下数据库某些特定用户的行为信息，但存在两个问题：①无法及时定位不安全行为，即通过数据库的审计系统不能及时识别并定位用户的不安全行为；②不能对攻击行为实时告警，即无法通过数据库审计系统对攻击行为实时发出警告。此外，数据库开启审计功能后，产生大量审计日志，占用大量的磁盘空间，降低数据库服务性能，更难以在大量审计日志中查找有价值的信息。

2.4.2 电力大数据安全管理

数据安全管理问题是我国应用大数据面临的最突出风险和最大的问题。虽然将海量数据集中存储，方便了数据分析和处理，但由于安全管理不当所造成的大数据丢失和损坏，又会引发毁灭性的灾难。2016 年，某电网在推行网上增值业务的时候，第三方服务公司通过地方供电所提供的信息，开展业务代办服务间接收集信息，导致大规模数据泄露事件发生。数据安全管理机制和信息监管的缺乏，导致数据所有者无法明确在信息记录的后台发现，有谁记录了信息，下载了数据。从收集到生产、分析、发布等各个环节都没有数据隐私保护，电网用户的信息安全受到了极大的危害。

数据安全三分靠技术，七分靠管理。电力海量数据中不仅包括大量用户隐私信息，还涉及企业经营决策信息，甚至涉及国计民生以及国家决策的重要信息。以用户隐私为例，如目前第三方交互支付平台缴电费过程中，对一些用户地址、联系方式等隐私信息进行部分隐藏式的显示，以避免信息泄露，同时隐私信息不提供第三方存储。在开展电力大数据的安全管理方面，应做好电力大数据建设的规范统一。制订电力行业统一的安全规范框架，各级各类信息的网络互联、数据集成、资源共享、全周期隐私保护均在统一的标准下运行，实现大数据管理和使用的正规有序。做好电力大数据安全风险评估。针对电力大数据的不同类别，如营销数据、用电数据、预警数据等按照重要程度分类管理，设置不同的安全风险等级，制订安全防范措施，最大限度降低用户用电信息泄露的隐患。要提高电力企业员工安全意识。对企业存储的电力大数据类型和数据防护知识开展培训，让员工意识到数据的价值，充分认识自己工作中数据安全的重要性。结合实际周期性地进行安全攻击演练，提高防范效果。

3 技术基础工具

本章内容以数据分析工具的基础介绍为主，辅以介绍电力系统中各个软件的应用情况以及应用场景。介绍大数据应用的一般流程，并对数据应用所需的技术工具进行罗列介绍；对三种电力系统中常用的工具进行基础介绍，包括软件背景、操作方式、电力应用等。为增强本书大数据应用实用性，在本章编写过程中对操作部分仅进行简单介绍，仅供读者熟悉软件界面，具体高级应用功能可参考本书的案例应用章节或其他高阶应用书目。

3.1 大数据应用方法和工具

3.1.1 数据挖掘的方法

数据挖掘的一般步骤可以分为定义问题、建立数据挖掘库、分析数据、准备数据、建立模型、评价模型和实施。每个步骤的具体内容在此不再详细介绍，仅对其中所涉及的工作和方法进行介绍。

在数据收集阶段，由于数据的格式多种多样，数据的收集方式和来源也根据实际情况不尽相同。多种渠道下收集的数据格式和质量的不统一将影响数据价值挖掘的最终结果，因此需要对数据进行数据质量评估、数据清洗、合并与整合，构建元数据，丰富数据库。数据清洗的方式包括一致性检查、无效值和缺失值的处理等，主要通过检查数据取值范围，校验数据合理性，通过设定规则估算缺失值和异常值等。

数据清理一般针对具体应用，因而难以归纳统一的方法和步骤，目前开发的数据清理工具大致可分为数据迁移工具、数据整合工具和数据审计工具三类。

（1）数据迁移工具允许指定简单的转换规则，如将字符串 gender 替换成 sex。

（2）数据整合工具使用领域特有的知识（如邮政地址）对数据作清洗，通常采用语法分析和模糊匹配技术完成对多数据源数据的清理。某些工具可以指明源的相对清洁程度。工具 Integrity 和 Trillum 属于这一类。

（3）数据审计工具可以通过扫描数据发现规律和联系，这类工具可以看作是数据挖掘工具的变形。

数据清理所需要的功能较为简单，目前常用的数据处理软件均可以实现数据清理功能，主要区别在于清洗规则的设定和功能的实现方式。如 Python 语言可以通过指定语句实现去重、去空、数据替换等，其他设定规则也可以通过设定语句实现。

数据清理完成后需要对数据进行分析，常见的分析手段如分类、回归、聚类、相似匹配、频繁项集、统计描述、链接预测、数据压缩、因果分析等均有多种算法可以实现，大部分算法能找到相对应的程序，部分算法集成到了数据处理工具中，如 SPSS 软件对统计类算法集成度较高，在其对应模块中均能实现算法。

对数据挖掘结果的展示即是数据的可视化，借助工具的可视化展示能够直观的传达与沟通信息，常用的数据分析处理工具能够在不同程度上实现数据的可视化展示，但展示效果和操作方式存在差异，简单如 Excel 的图表工具、matlab 的图形输出，专业如 Tebleau 的多维展示。目前的专业可视化展示工具选择较多，本书后面章节将根据案例对 Python 和 Tebleau 的可视化展示进行介绍。

3.1.2 数据分析工具

本小节根据工具类型和用途将数据分析工具分为三类，并分别列举其常用的工具。

（1）面向统计工具。Excel 实际上是最熟悉的一种数据挖掘工具，具有强大的数据处理、统计分析和辅助决策功能，广泛地应用于管理、统计财经、金融等众多领域。Excel 的入门非常简单，新手也能够迅速上手，其高阶应用功能也能满足数据处理要求。SAS 软件是一款统计分析软件，把数据存取、管理、分析和展现有机地融为一体。作为一款统计分析软件，SAS 在对数据处理过程中能够直接通过过程调用完成分析方法的使用，功能强大，统计方法较为全面。同时，该软件可以通过编程语句实现定制内容，编程语句简洁短小，使用方便，操作灵活。相对来说，SAS 是一款专业性比较强的商业分析工具，但在上手方面比较难，而且价格比较贵。SPSS 是一款特别适合入门者使用的统计类软件，非常容易使用，对初学者比较友好。它有一个可以点击的交互界面，能够使用下拉菜单来选择所需要执行的命令。SPSS 是一个便捷操作软件，只要认识了软件基本界面和功能，然后把数据准备好，输进去，点击需要进行分析的功能，软件会自动给算出分析结果，并不需要写代码或者程序。同时 SPSS 也支持编程定制和可视化展示，且其命令语句大部分可以通过对话框的操作完成。RapidMiner 是一个开源的数据挖掘软件，由 Java 语言编写而成，提供一些可扩展的数据分析挖掘算法的实现，旨在帮助开发人员更加方便快捷地创建智能应用程序。该款工具最大的好处就是，用户无需写任何代码。它提供服务，不是一款本地软件。RapidMiner 除了可以做数据挖掘，还能实现数据预处理和数据可视化、预测分析和统计建模、评估和部署等功能。RapidMiner 有很方便、很丰富的数据可视化功能，尤其是可以通过鼠标拖拽等操作，从不同角度观察数据结果。RapidMiner 已经具备了相当完整的数据挖掘组件体系，结合帮助文档进行学习，对于理解数据分析的套路很有用。Knime 是一个开源的企业级分析平台，专为数据科学家而设计。Knime 的可视化界面包含从提取到呈现数据的所有节点，并强调统计模型。Knime 软件开源，有大量带数据案例可以学习。Knime 支持图形界面，细分非常小的节点和过程。Knime 支持 Python、R 和 Weka 语言，当然还有原生的 Java 编程，很容易语言集成。Knime 有社区和实验室，Community Nodes 和 Knime Labs 不断更新处理新事物。

（2）面向机器学习工具。R 是一套完整的数据处理、计算和制图软件系统，是一款数据存储、处理系统、数组运算工具、统计分析工具和统计制图工具。R 语言可操纵数据的输入和输出，可实现分支、循环，支持用户可自定义功能，操作简便而功能强大。与其说 R 是一种统计软件，不如说 R 是一种数学计算的环境，因为 R 并不是仅仅提供若干统计程序、使用者只需指定数据库和若干参数便可进行一个统计分析。Python 是一种面向对象、解释型计算机程序设计语言。Python 语法简洁而清晰，具有丰富和强大的类库。它常被称为胶水语言，因其能够把用其他语言制作的各种模块（尤其是 C/C++）很轻松地联结在一起。Python 对程序格式要求较高，这对培养程序员的良好习惯尤为重要，同时给程序阅读者创造了良好的阅读体验。Python 对初学者特别友好，就算是基础较为薄弱的新手也能够在阅读说明书的情况下使用 Python 进行编程，由于 Python 标准库十分丰富，因此完全可以支撑高阶的应用。Matlab 软件是美国 MathWorks 公司出品的商业数学软件，用于算法开发、数据可视化、数据分析以及数值计算的高级技术计算语言和交互式环境，主要包括 Matlab 和 Simulink 两大部分。Matlab 的特点是可以进行矩阵运算、绘制函数和数据、实现算法、创建用户界面、连接其他编程语言的程序等，主要应用于工程计算、控制设计、信号处理与通信、图像处理、信号检测、金融建模设计与分析等领域。Matlab 的优势主要有：①高效的数值计算及符号计算功能，能使用户从繁杂的数学运算分析中解脱出来；②具有完备的图形处理功能，实现计算结果和编程的可视化；③友好的用户界面及接近数学表达式的自然化语言，使学者易于学习和掌握；④功能丰富的应用工具箱（如信号处理工具箱、通信工具箱等），为用户提供了大量方便实用的处理工具。

（3）面向可视化工具。Tableau 长期以来一直被誉为最好的数据可视化工具之一。他们的客户包括领英（LinkedIn）、德勤（Deloitte）、汉莎航空（Lufthansa）和百事可乐（PepsiCola）等巨头。它的程序很容易上手，各公司可以用它将大量数据拖放到数字“画布”上，转眼间就能创建好各种图表。Tableau 软件可以定制展示界面，且能够嵌入到各类展示应用程序中，能够实时交互，与动态数据和内存数据实时连接。该软件在电力行业数据挖掘中应用案例较多，因其较易上手且展示效果较好，多用于电网的运行数据分析等。Qlikview 可能是 Tableau 最强的竞争对手。它被选为 Gartner Magic Quadrant 2019 的领导者，拥有康泰纳仕、斯巴鲁和全球零售银行等客户。Qlikview 可以实现嵌入式分析，与 Python 等各类第三方引擎的高级分析高度集成，提升了软件的开放性和可操作性。SiSense 不仅仅是一个传统的分析工具，它具有可扩展性和处理各种数据的能力，拥有 NASA、NASDAQ、三星和康卡斯特等高知名度客户。SiSense 可以通过拖放等方式放置图表部件和自定义界面，运算速度较快。

SPSS、Python、Tableau 作为目前主流的统计、分析和可视化展示工具，由于其相对易学和功能强大的特点，在电网企业中得到了广泛应用，后续将进一步介绍。

3.2 SPSS 技术基础

3.2.1 软件介绍

统计产品与服务解决方案（Statistical Product and Service Solutions，SPSS），即最初软件全称为社会科学统计软件包（Solutions Statistical Package for the Social Sciences），但是随着 SPSS 产品服务领域的扩大和服务深度的增加，SPSS 公司已于 2000 年正式将英文全称更改为统计产品与服务解决方案，标志着 SPSS 的战略方向正在做出重大调整。

SPSS 软件是由三个斯坦福大学的学生于 1968 年开发的，该软件是定位于预测统计分析的软件，包括统计学分析运算、数据挖掘、预测分析和决策支持任务及相关应用服务，如图 3-1 所示。

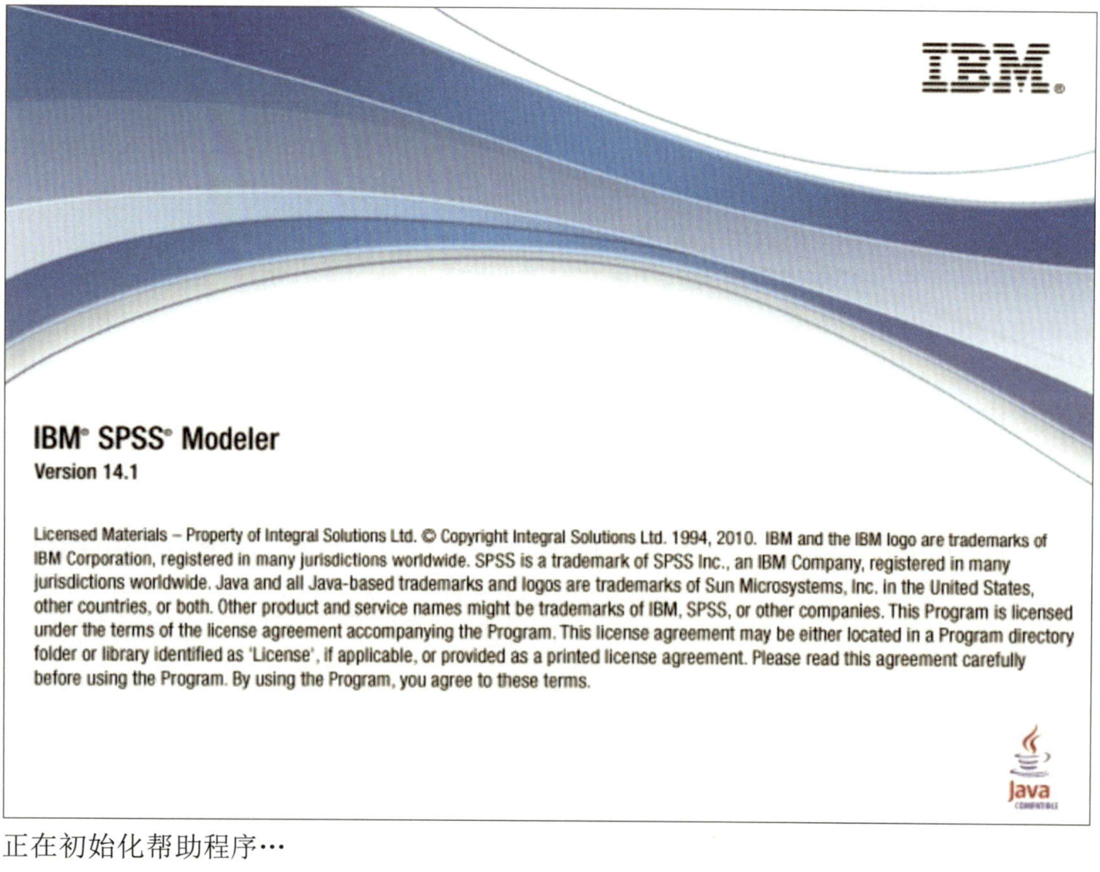

图 3-1　SPSS 软件启动界面

SPSS是最早采用图形菜单驱动界面的统计软件，它最突出的特点就是操作界面极为友好，输出结果美观漂亮。它将几乎所有的功能都以统一、规范的界面展现出来，使用Windows的窗口方式展示各种管理和分析数据方法的功能，对话框展示出各种功能选择项。用户只要掌握一定的Windows操作技能，精通统计分析原理，就可以使用该软件为特定的科研工作服务。

SPSS for Windows是一个组合式软件包，它集数据录入、整理、分析功能于一身。用户可以根据实际需要和计算机的功能选择模块，以降低对系统硬盘容量的要求，有利于该软件的推广应用。SPSS的基本功能包括数据管理、统计分析、图表分析、输出管理等。SPSS统计分析过程包括描述性统计、均值比较、一般线性模型、相关分析、回归分析、对数线性模型、聚类分析、数据简化、生存分析、时间序列分析、多重响应等几大类，每类中又分好几个统计过程，比如回归分析中又分线性回归分析、曲线估计、Logistic回归、Probit回归、加权估计、两阶段最小二乘法、非线性回归等多个统计过程，而且每个过程中又允许用户选择不同的方法及参数。SPSS也有专门的绘图系统，可以根据数据绘制各种图形。

SPSS for Windows的分析结果清晰、直观、易学易用，而且可以直接读取Excel及DBF数据文件，现已推广到多种各种操作系统的计算机上，它和SAS、BMDP并称为国际上最有影响的三大统计软件。在国际学术界有条不成文的规定，即在国际学术交流中，凡是用SPSS软件完成的计算和统计分析，可以不必说明算法，由此可见其影响之大和信誉之高。最新的21.0版采用分布式分析系统（Distributed Analysis Architecture，DAA），全面适应互联网，支持动态收集、分析数据和HTML格式报告。

SPSS输出结果虽然漂亮，但是很难与一般办公软件如Office或是WPS2000直接兼容，不能用Excel等常用表格处理软件直接打开，只能采用拷贝、粘贴的方式加以交互。在撰写调查报告时往往要用电子表格软件及专业制图软件来重新绘制相关图表，这已经遭到诸多统计学人士的批评；而且SPSS作为三大综合性统计软件之一，其统计分析功能与另外两个软件即SAS和BMDP相比仍有一定欠缺。

虽然如此，SPSS for Windows由于其操作简单，已经在我国的社会科学、自然科学的各个领域发挥了巨大作用。该软件还可以应用于经济学、数学、统计学、物流管理、生物学、心理学、地理学、医疗卫生、体育、农业、林业、商业等各个领域。

用户可以使用SPSS为特定的研究工作提供服务，只要他们有一定的窗口技能，并精通统计分析。统计过程包括一个共同和成熟的统计过程，充分满足非统计人员的要求。

面向窗口的统计软件是一个集成数据输入、排序和分析功能的复合包。用户可以根据实际需要和计算机功能选择模块，以减少系统硬盘容量的要求，促进软件的推广和应用。

3.2.2 SPSS 应用操作

3.2.2.1 软件安装

SPSS 软件的安装与其他软件较为相似，按照安装向导一步步完成即可。SPSS 正版软件需要在官网上购买，其基础模块可以单独购买，如果需要专业的技术包可以进行模块化购买，减少了不必要的功能，优化软件的同时为用户节省费用。目前网上有许多破解版本，考虑到安全使用建议购买正版软件。安装过程中需要联网进行，因为 SPSS 是通过联网激活的，所以在安装过程中需要允许访问联网，否则影响激活状态。

SPSS 采用类似 Excel 表格的方式输入与管理数据，数据接口较为通用，能方便地从其他数据库中读入数据。其统计过程包括了常用的、较为成熟的统计过程，完全可以满足非统计专业人士的工作需要。输出结果十分美观，存储时则是专用的 SPO 格式，可以转存为 HTML 格式和文本格式。对于熟悉老版本编程运行方式的用户，SPSS 还特别设计了语法生成窗口，用户只需在菜单中选好各个选项，然后点击粘贴按钮就可以自动生成标准的 SPSS 程序，极大地方便了中、高级用户。

SPSS的三个常用窗口分别为数据编辑窗口、结果观察窗口、语句窗口，如图 3-2 所示。其中数据编辑窗口包含了数据输入、编辑和限定变量属性等功能。主菜单栏包含文件管理到数据整理、分析的动能。工具栏提供常用功能。数据栏显示变量名和观测序号以及单元格中的数据值。结果观察窗口主要为结果输出展示，SPSS 的计算结果大多以表或者图的方式进行显示，右侧显示分析结果，左侧显示输出结果。在语句窗口中，用户可以直接写程序，或粘贴菜单操作在命令窗口下的各种命令和选项，然后修改它。

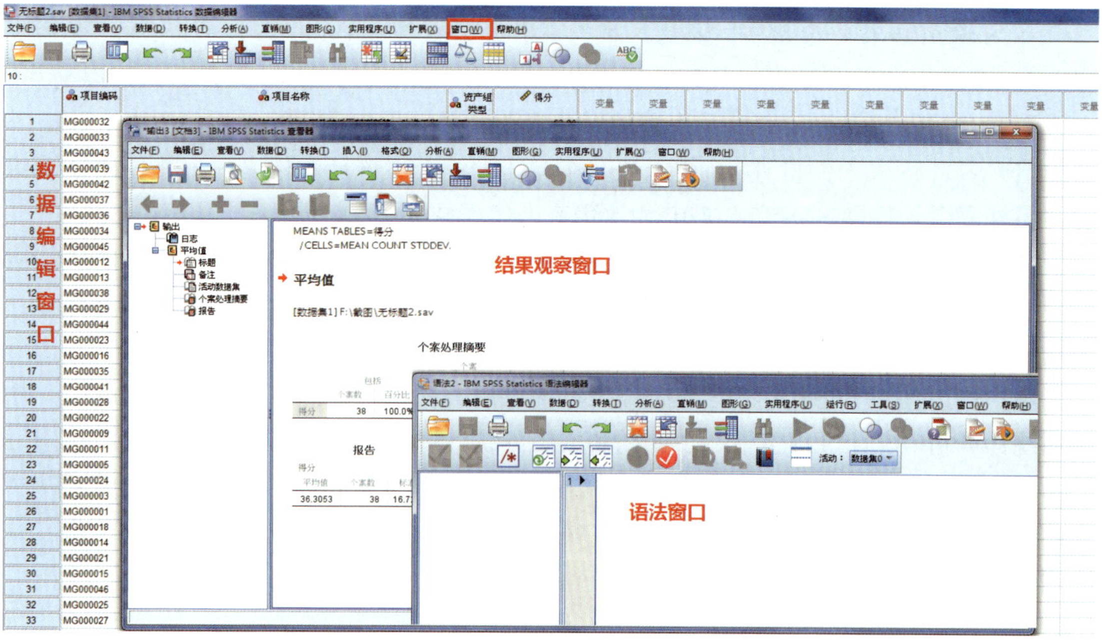

图 3-2　SPSS 窗口

3.2.2.2 建立数据文件

数据文件的建立包括手动输入数据、打开电子表格和其他数据文件、使用数据库查询和导入数据文件。SPSS 菜单如图 3-3 所示。

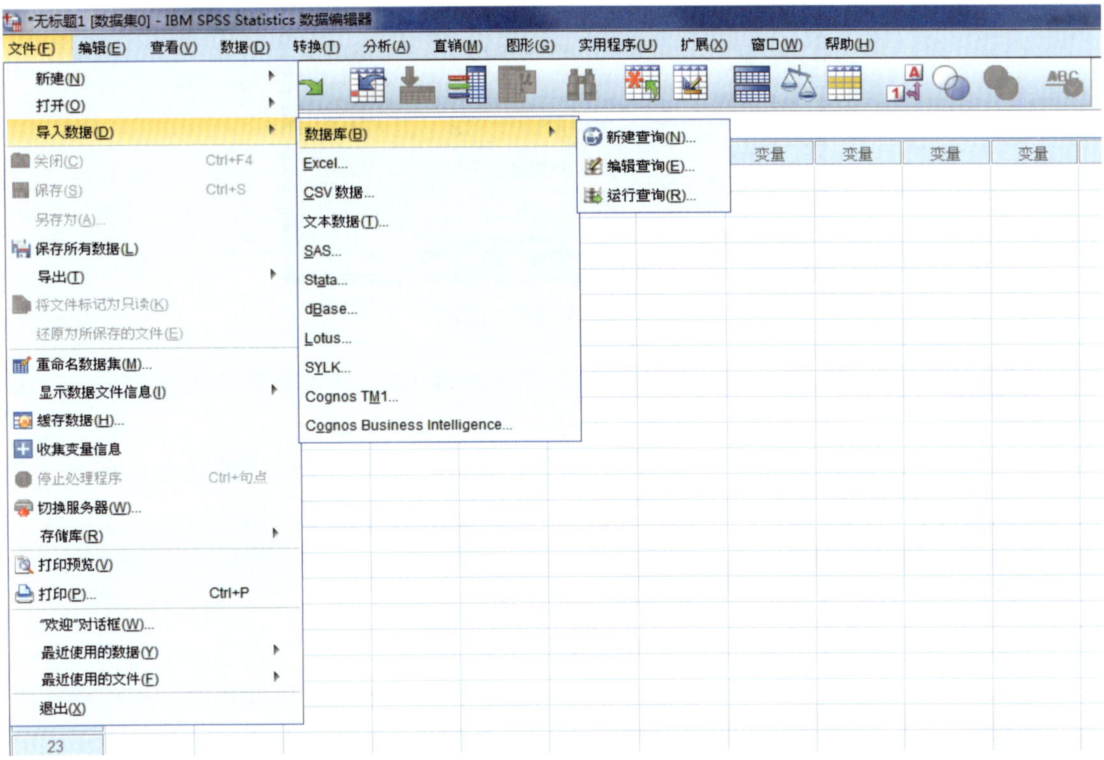

图 3-3　SPSS 菜单

（1）如需要新建数据文件，保存原有的，点击 File 下的新建 new →数据 data，即可新建数据文件。

（2）单击文件 File 下的打开→数据 data，即可打开其他格式的数据文件。

（3）单击文件 File →打开数据库→新建查询→数据库向导。

（4）单击文件 File →检索→打开数据对话框。

（5）数据的输入与保存。

SPSS 软件的操作主要基于变量，对话框中选择要分析的变量。在对话框中，左边的大列表框包含所有变量。用户首先在该列表框中选择要分析的变量，然后单击对话框中间的右箭头按钮，所选变量就会移动到右侧列表框中。用户也可以通过在右边的列表框中选择要删除的变量来删除右边的多余变量，然后对话框中间的有效按钮变成左箭头，并单击此按钮。

在 Data view 中输入相应数据，一个单元格一个数据，逐行逐列输入均可。逐行输入时，可用回车键进行跳转单元格。逐列输入时，可用 Tab 进行单元格的跳转，用插入和删除进行编辑。

SPSS 功能的最终实现都是通过按钮操作完成的。在几乎所有的 SPSS 对话框中都有图 3–4 所示的 5 个基本按钮。

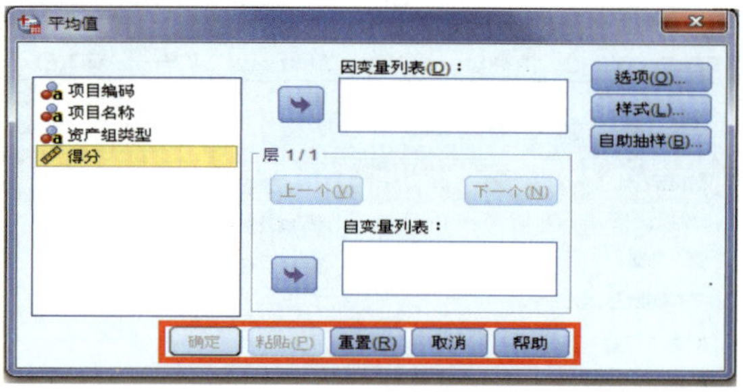

图 3–4　SPSS 对话框

OK：下达最终执行指令。用户作了符合要求的选项后，OK 按钮才能被激活。单击该按钮即可完成选定的统计分析功能。

粘贴：用于粘贴在当前窗口为 SPSS 程序语句到语句窗口中选择的选项。点击这个按钮后，SPSS 语句窗口被自动调用。此时可以在窗口中对程序语句进行进一步编辑，之后选择 Run 菜单，完成统计分析功能。

复位：重置对话框，系统默认每个选项。

Cancel：撤销对话框的操作，退出当前对话框。

Help：用于调出关于当前对话框的 SPSS 帮助文档。此按钮非常有用，当用户对当前对话框的功能或对话框中某些选项的意义不是很清楚时，可以单击该按钮，调出相关的帮助文档，文档中一般会对当前对话框的功能和选项作出详细解释。

最后将数据保存为 SPSS 默认的 .sav 数据格式。

保存和导出分析结果：最方便快捷的方法是在结果浏览窗口中选择菜单文件→保存。与无法在 Word 中直接读取的 SPO 格式文件相似，您可以在结果浏览窗口中选择文件→导出菜单，将弹出“EXPORT 输出”对话框。大多数操作可以通过粘贴转换成命令，然后使用菜单运行在语法窗口中运行，如图 3–5 所示。

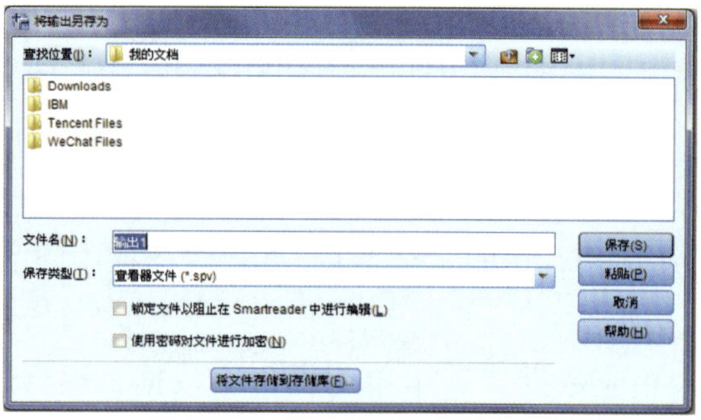

图 3–5　SPSS 保存界面

顶部的导出下拉列表允许用户选择三种类型的输出：输出带有图表的文档、不带图表的输出文档以及仅使用统计图表的输出文档。中间对话框用输出目标文件名填充。左下角的导出内容广播框允许选择输出的哪些部分：可以是所有结果、所有可见结果或只是选定的结果。通常，所有可见结果都被选中并输出。打开右下角的输出文件类型的下拉列表，可以看到有两种格式：网页格式和纯文本格式。进行所有必要的选择后，按下“确定”按钮，生成的文件将输出为所需的其他格式。

ODBC 被用来直接访问以结构化查询语言做数据访问标准的数据库管理系统，如图 3-6 所示。选择菜单文件→打开数据库→新建查询，单击下一步，然后按照说明操作，直到数据被读入 SPSS。

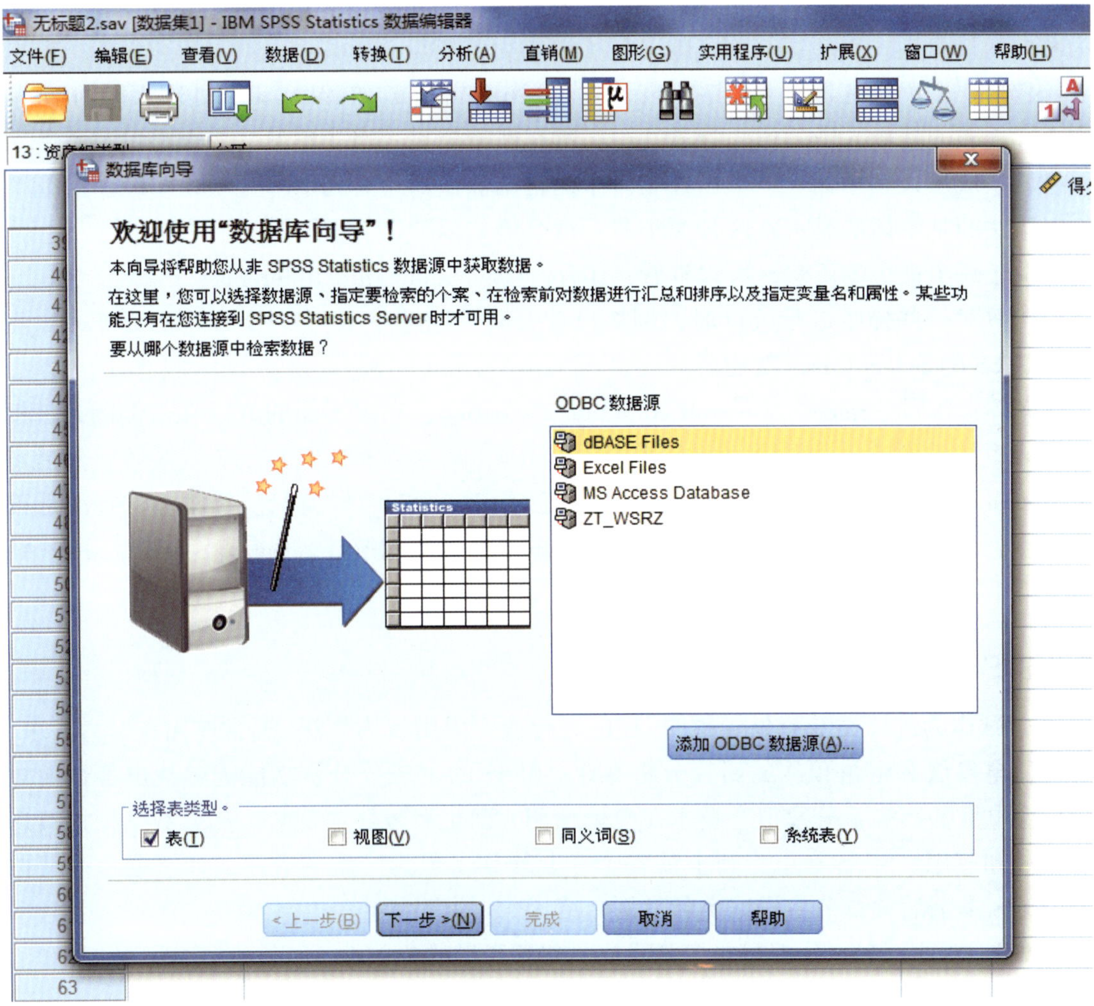

图 3-6　ODBC 界面

在 SPSS 数据文件中，除了数据视图，有一个可变图。名称表示变量名；类型表示数据类型；图标表示可变标签；值表示变量值标签。

在统计时，使用可变标记和数字标记给变量和值的意义更直观的了解。在 SPSS，用户可以直接点击在拉布勒列的单元格，输入标签，定义 Variable Properties，或通过命令—数据进行替代，它可以通过菜单来定义。

SPSS 数据计算（Compute）：使用 Compute 命令，可以生成新的变量。菜单：转换—可计算。在目标变量中输入计算生成的新变量的名称；在数值表达式中输入值或表达式；该对话框下方有一个中频按钮。点击并输入相关条件，仅计算符合条件的样本。

SPSS 数据重新编码（Recode）：数据记录可以根据需要将变量值赋给新值；连续变量（例如年龄）也可以重新编码为间隔的变量（例如年龄）。菜单：变换—重新编码为相同变量变换—重新编码为其他变量（编码为新变量）。

选择要编码的变量后，点击按钮：Old and New Values，在 Old Value 处输入老的编码，在 New Value 处输入新的值，点击 Add。所有被添加后，点击继续。大部分的操作都可以被转换成通过粘贴命令，然后在菜单中运行语法窗口中运行。

语法的基本语法是：不区分大小写，每个语句以“.”结尾。

关于每个命令的语法，可以查看：Help—Command SyntaxReference。

当只对一些样本进行统计时，例如只查看某个问题中 18 岁以下样本的频率时，可以用 SPSS 的 Select Cases 功能。

菜单：Data—Select Cases—If condition issatisfied，点击下面的 If... 在右侧的条件框里输入对应的条件，主要的逻辑关系有：=，~=，>，<，&（且），|（或）等，然后点击 Continue。回到上一个画面，点击 OK。这样在统计的时候就只统计刚才选择的那部分样本。在做完部分样本的统计后，如果要做全部样本的统计，Data—Select Cases—All Cases。

3.2.3 SPSS 在电力行业的应用

SPSS 作为统计类专业分析软件，在电力行业中应用较为广泛，通常应用在电力需求、行业用电发展和电量预测的研究分析专业。SPSS 的主成分分析功能能够找出各行业对全社会电量的影响，分段拟合技术在电量预测方面也有较明显优势。随着数据挖掘概念的发展和应用，SPSS 在电力行业的各个专业得到了更为广泛的应用，如短期负荷特性分析等，本书后续章节将根据实际案例介绍 SPSS 的应用。

案例：采用 SPSS 分析配电线路线损率与各变量的相关性。

（1）导入数据。原始数据导入，如图 3-7 所示。

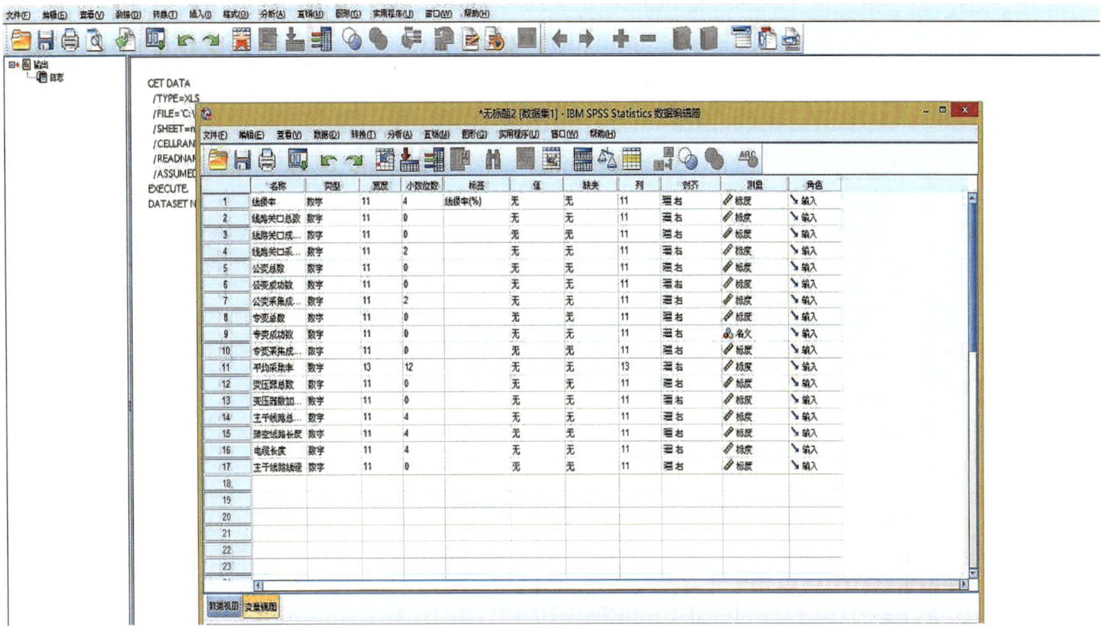

图 3-7　原始数据导入

（2）数据分析。菜单栏中点选“分析”按钮，可调用各种分析子模块，如图 3-8 所示。

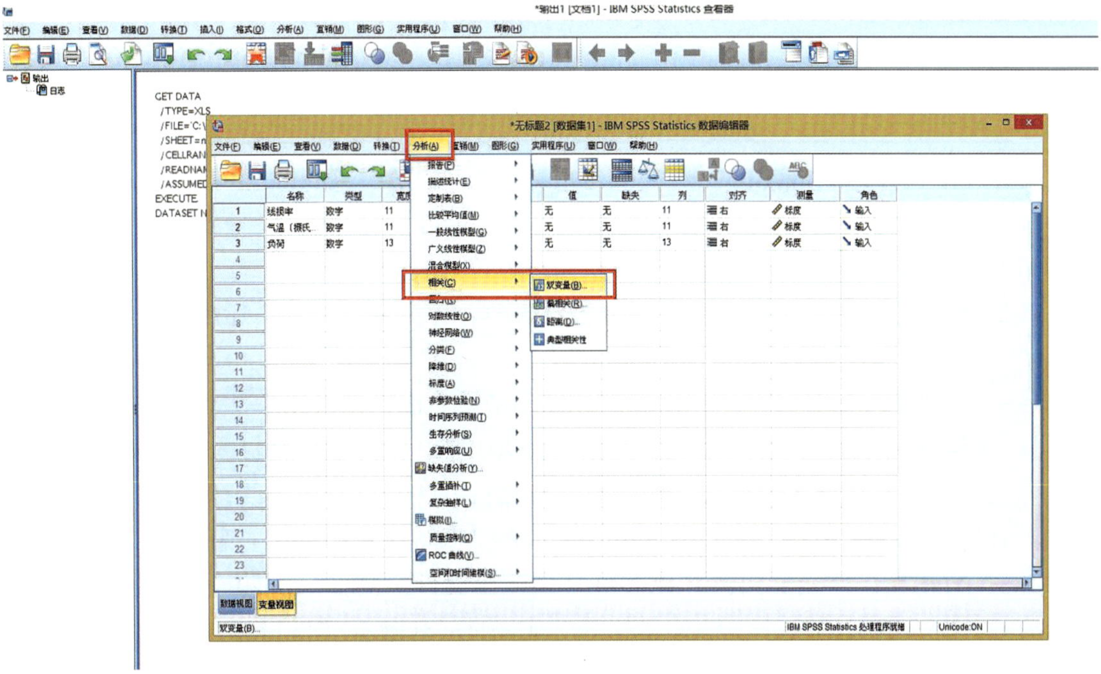

图 3-8　分析设置

（3）分析结果输出。点击“运行”按钮，可直接获得结果，如图 3-9 所示。

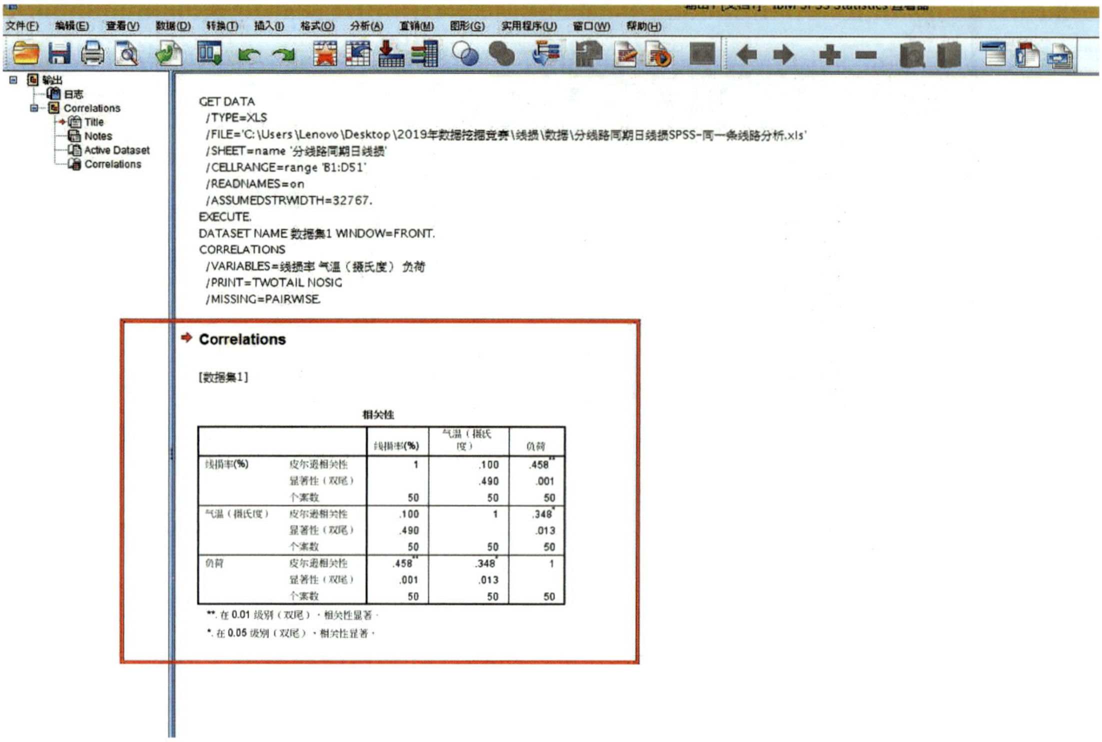

图 3-9　分析结果输出

3.2.4 软件特点介绍

3.2.4.1 SPSS 软件优点

（1）操作上直观、简单易学，大部分功能都是可视化呈现的，操作的话点击鼠标就可以完成，常用到的功能没有多少需要编写语句。

（2）较早进入国内市场，发展已经相对成熟，有大量参考书，还配备了 SPSS 操作方法许多统计教材。

（3）中文化程度高，无论是操作界面还是结果界面，都可以中文呈现。

（4）统计性能齐全。它配备了 11 种 136 种功能，可完成数据输入、编辑、统计分析、报表、图表等功能。为复杂的多因素统计分析方法提供简单的统计数据。具有强大的图形处理能力而不仅仅是数字结果，还可以获得直观的统计图表，直观地显示分析结果。

（5）数据接口。能够阅读并以多种格式输出文件。例如，由 dBASE、FoxBASE、FOXPRO、文本编辑器软件、*.xls 文件等生成的 ASCII 数据文件可以转换为 SPSS 数据文件进行分析。能够将 SPSS 图形转换为 7 个图形文件，结果可以保存为 *.txt 和 HTML 文件。

3.2.4.2 SPSS 软件缺点

（1）功能的丰富性、全面性中等，相对而言，SPSS 的定位还是满足普通的大众的通常需求。

（2）不是开源软件，SPSS 有版权问题，使用较新版本的 SPSS 会受到限制。

（3）对计算机内存要求更高。

（4）SPSS 的结果呈现常常会包含一些多余的内容，用户通常不关心也不需要报告的内容。

（5）计算性能：处理大的数据集有点慢。

3.3 Python 技术基础

3.3.1 软件介绍

Python，本义是指“蟒蛇”。1989 年，荷兰人 Guido van Rossum（后续简称 Guido）为了打发圣诞节的无趣，决心开发一个新的脚本解释程序，于是便诞生了一种面向对象的解释型高级编程语言，被命名为 Python。

Python 语言是基于 ABC 教学语言的，而 ABC 这种语言非常强大，是专门为非专业程序员设计的。但 ABC 语言并没有获得广泛的应用，Guido 认为是非开放造成的。

Guido 在 Python 中避免了 ABC 不够开放的劣势，加强了 Python 和其他语言如 C、C++ 和 Java 的结合性，令其具有丰富而强大的库，能够把使用其他语言制作的各种模块（尤其是 C 和 C++）很轻松地联结在一起，因此 Python 又常被称为“胶水”语言。

Python 的设计哲学为优雅、明确、简单，实际上，Python 始终贯彻着这一理念。Python 上手非常简单，它的语法非常像自然语言，对非软件专业人士而言，选择 Python 的成本最低，因此某些医学甚至艺术专业背景的人，往往会选择 Python 作为编程语言。Python 是一种解释型的语言，在开发过程中没有了编译这个环节，类似于 PHP 和 Perl 语言。Python 是一种交互式的语言，可以在一个 Python 提示符中，直接互动执行程序。Python 是一种面向对象的语言，Python 支持面向对象的风格或者将代码封装在对象里的编程技术，而且 Python 几乎与所有现代操作系统兼容。

Python 提供了非常完善的基础代码库，覆盖了网络、文件、GUI、数据库、文本等大量内容，被形象地称作“内置电池（Batteries Included）”。用 Python 开发，许多功能不必从零编写，直接使用现成的即可。

除了内置的库外，Python 还有大量的第三方库，也就是别人开发的，可供直接使用的东西。当然，如果开发的代码通过很好的封装，也可以作为第三方库给别人使用。

许多大型网站就是用 Python 开发的，例如 YouTube、Instagram，还有国内的豆瓣。很多大公司，包括 Google、Yahoo 等，甚至美国航空航天局都大量地使用 Python。

正是由于 Python 所具有的这些特性，使得 1991 年 Python 第一个公开发行版问世后，自 2004 年起 Python 的使用率呈线性增长，不断受到编程者的欢迎和喜爱；2010 年，Python 荣膺 TIOBE 2010 年度语言桂冠；2017 年，IEEE Spectrum 发布的 2017 年度编程语言排行榜中，Python 位居第 1 位。直至 2020 年 5 月份，根据 TIOBE 排行榜的显示，Python 也居于第 3 位，且有继续提升的态势，领先于 C++。而且未来 10 年将是大数据、人工智能爆发的时代，到时将会有大量的数据需要处理，而 Python 最大的优势，就是对数据的处理。其有着得天独厚的优势，相信未来的 10 年，Python 应会越来越广泛使用者可以去 Python 官网和 github 上搜索 Python 的相关帖子，上面有很多开源的库而且版本还在不断的迭代。

Python 在数据库方面很优秀，可以和多种数据库进行连接，进行数据处理，从商业型的数据库到开放源码的数据库都提供支持。例如 Oracle, My SQL Server 等等。有多种接口可以与数据库进行连接。有许多公司采用着 Python + MySQL 的架构。因此，掌握了 Python 可以充分利用面向对象的特点，在数据库处理方面如虎添翼。

3.3.2 Python 应用操作

3.3.2.1 Python 的安装和系统环境构建

Python 主要有 2.X 和 3.X 两个版本，基本的语法、库区别不大，但从主流使用和长远未来发展趋势，推荐使用 3.X 版本（不向下兼容），2.X 版本仅在特殊需求下才考虑使用。本书主要以 Windows7 64 位系统为例详细介绍 Python 软件及其相关交互工具、库的安装，包括内网电脑的安装。

1. 自行下载安装 Python 程序再安装合适的交互工具

（1）Python 下载。官网 https://www.Python.org/downloads/ 下载需要的版本，推荐最新版本（配套文档说明 https://www.Python.org/doc/），如图 3-10 所示。

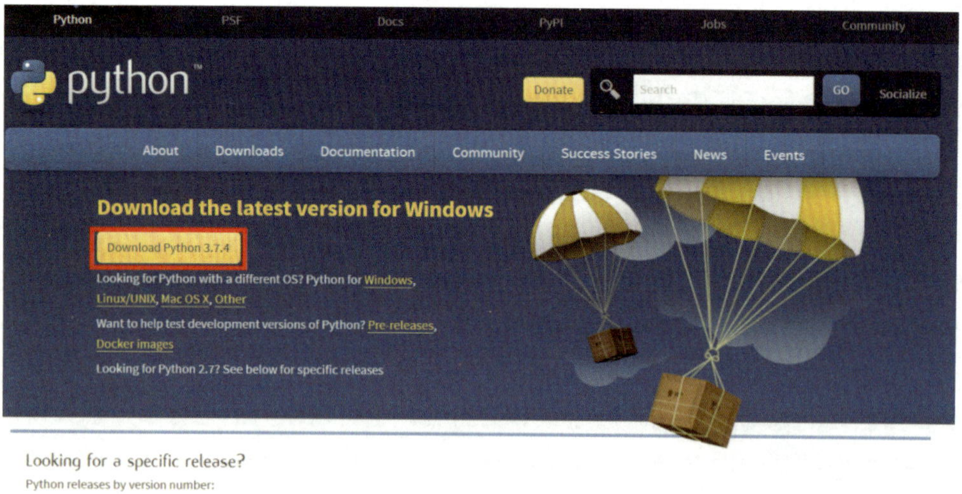

图 3-10　下载界面

使用其他系统也有对应的版本下载，如图 3–11 所示。

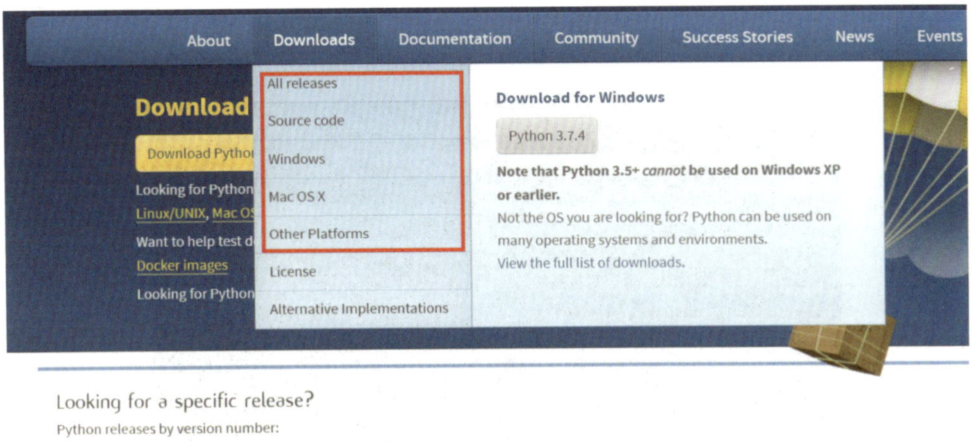

图 3–11　安装环境选择

（2）Python 安装。双击 Python–3.7.x–amd64.exe 文件，系统将会开启 Python 安装向导，如图 3–12 所示。

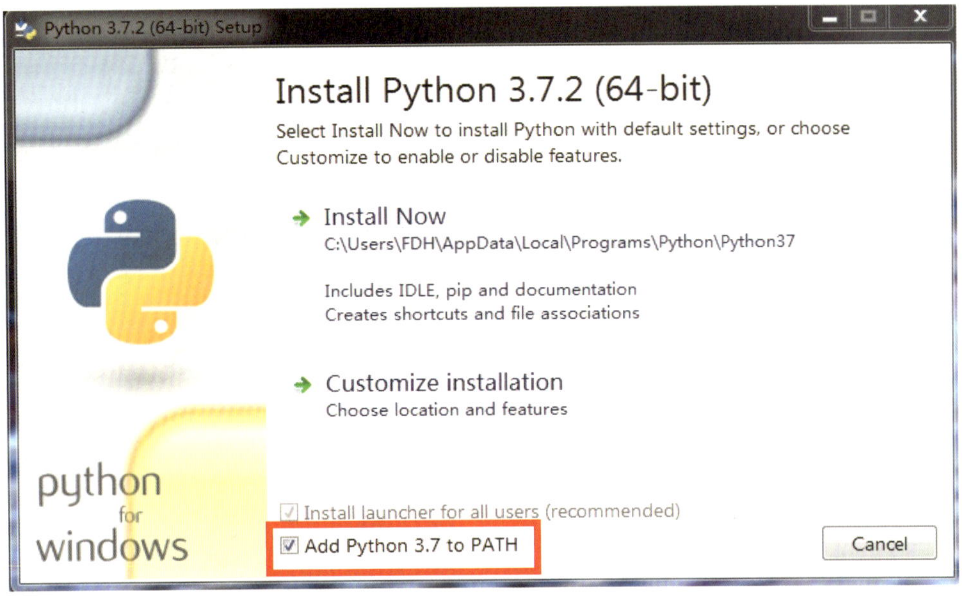

图 3–12　安装界面

勾选 Add Python 3.7 to PATH 复选框，可以将 Python 命令工具所在目录添加到系统 Path 环境变量中；单击 Customize installation，可以在安装时指定自定义的安装路径。单击该选项即可开始安装。

在接下来的安装界面中只要改变 Python 的安装路径（建议安装在指定盘符的根路

径下，比如安装在 D:\Python\ 目录下），其他地方使用默认选项即可。

安装完成后，启动 Windows 的命令行程序，在命令行窗口中输入“Python”命令（字母 p 是小写的），如果出现 Python 提示符（>>>），就说明安装成功了，如图 3-13 所示。

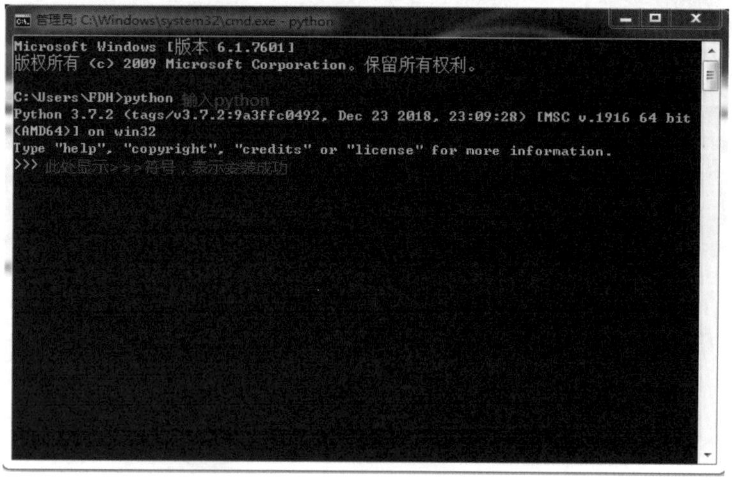

图 3-13　安装结果界面

从“开始”里找到安装的 Python3.7，里面选择 IDLE（Pyhon3.7 64-bit）打开 Python 自带的集成开发环境，如图 3-14 所示。IDLE 初学者学习使用很方便快捷。相关 Python 基础语法及使用请参考官网文档及网上第三方文献资料。这里在 IDLE 内输入 print (‘welcome to Python’) 下面输出蓝色的 welcome to Python，是一个最简单的示例，如图 3-14 所示。

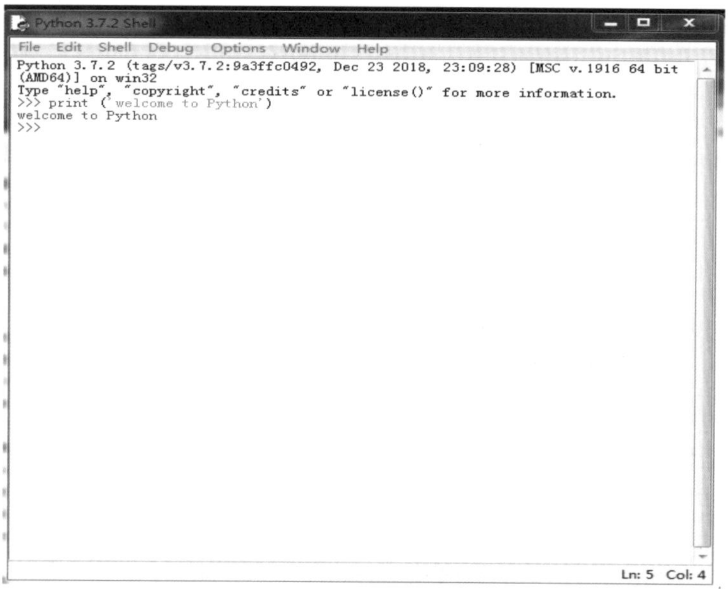

图 3-14　程序编写

Python 相关语法解释、编辑和系统的基本概念和功能请参照学习 Python 官网中文指导文档 https://docs.Python.org/zh-cn/3/tutorial/index.html。

（3）开发环境的搭建。目前有很多 Python 的集成开发环境（IDE：Integrated Development Environment），用的比较多有 PyCharm、Eclipse with PyDev、The Eric Python IDE、visual studio 还有 Jupyter Notebook、Jupyter Lab 都各有优势和劣势。微软的 visual studio 从编辑和智能感应，到调试、分析，再到发布到云，是一套完整的解决方案；Eclipse with PyDev 是非常流行的 IDE，而且已经有了很久的历史。Eclipse with Pydev 允许开发者创建有用和交互式的 Web 应用。PyDev 是 Eclipse 开发 Python 的 IDE，支持 Python，Jython 和 IronPython 的开发；Eric 以 Monty Python 的 Eric Idle 命名，Eric 实际上是使用 Qt 框架在 Python 中编写的。Eric 使用 Scintilla，它是一个源代码编辑组件，用于许多不同的 IDE 和编辑器，也可以作为独立的 SciTE 编辑器使用。Eric 的功能与其他 IDE 类似：支持匹配，代码完成，类浏览器，集成单元测试等。它还具有 Qt 表单预览功能，如果为应用程序开发 Qt GUI，是配合 PyQt5 使用的良好载体。

PyCharm 是由 JetBrains 打造的一款 Python IDE，具备一般 Python IDE 的功能，比如调试、语法高亮、项目管理、代码跳转、智能提示、自动完成、单元测试、版本控制等。另外，PyCharm 还提供了一些很好的功能用于 Django 开发，同时支持 Google App Engine，此外，PyCharm 支持 IronPython。

现以目前流行热度最高的 PyCharm 为例，介绍安装及其配合 Python 的设置。Jupyter Notebook、Jupyter Lab 将在第二种方式中介绍。

PyCharm 安装。在 PyCharm 网站：www.j etbrains.com/pycharm/download/#section=windows 下载普通版本 Community（无特殊需求不需要专业版本），Browse 进行安装位置选择，Next 进入下一步，选择 64-bit launcher 创建 64 位程序启动器和 Add launchers dir to the PATH 添加启动器目录至系统环境变量，如图 3-15 和图 3-16 所示。

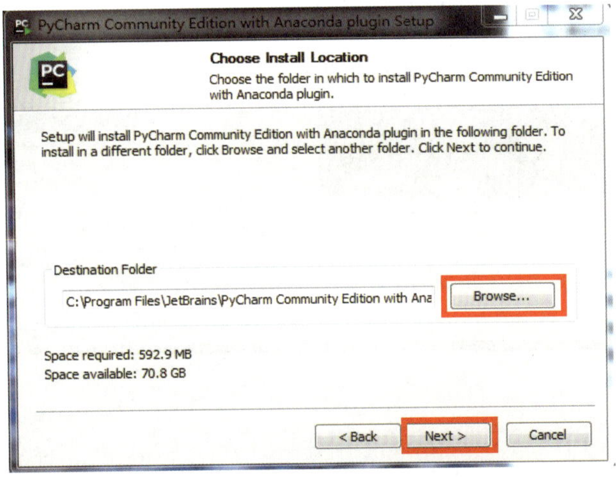

图 3-15　安装路径选择

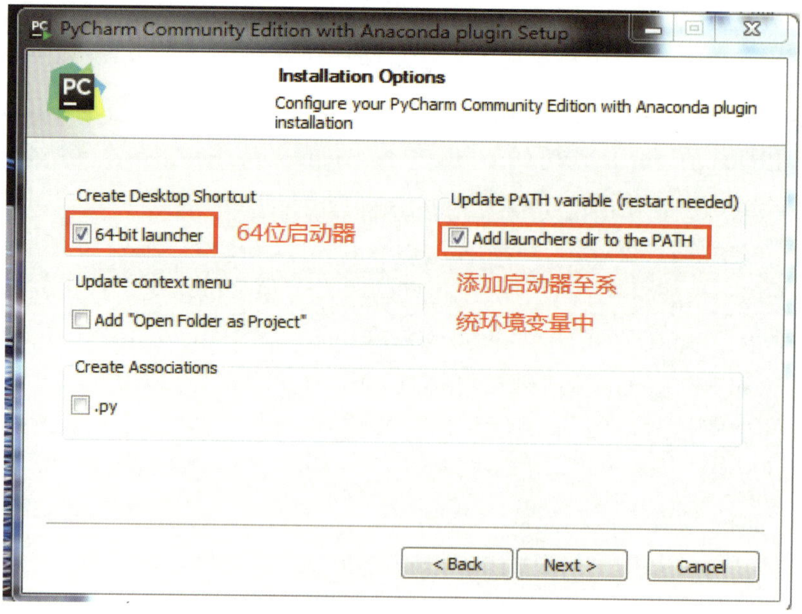

图 3-16　安装启动器选择

点击 Next 进入下一步选择 UI 主题选择，默认自带黑白色双主题，如图 3-17 所示。

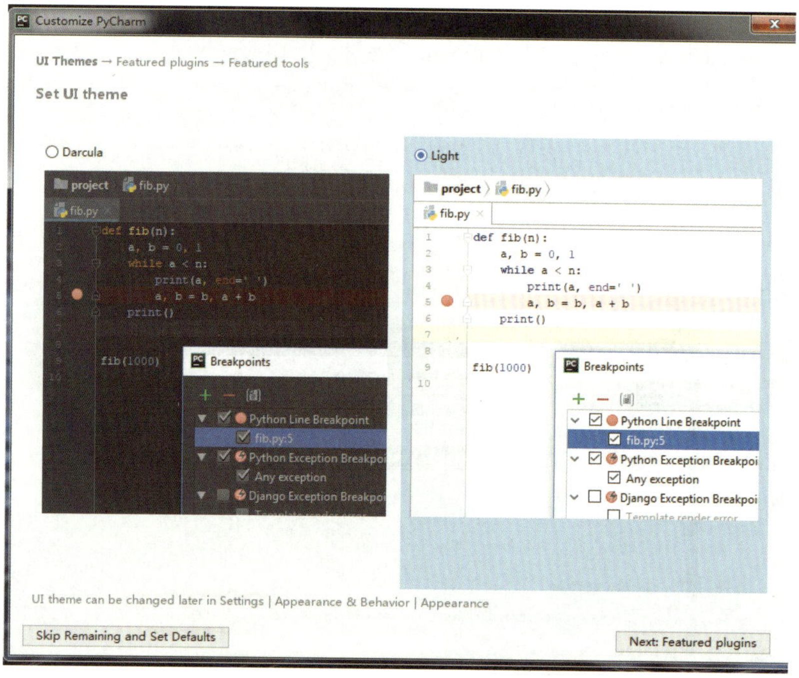

图 3-17　主题选择

进入下一步选择 Create New Project 创建新工程，输入新工程名称 test，在 Existing interpreter 中选择之前安装的 Python3.7 主程序进行配置，如图 3-18 和图 3-19 所示。

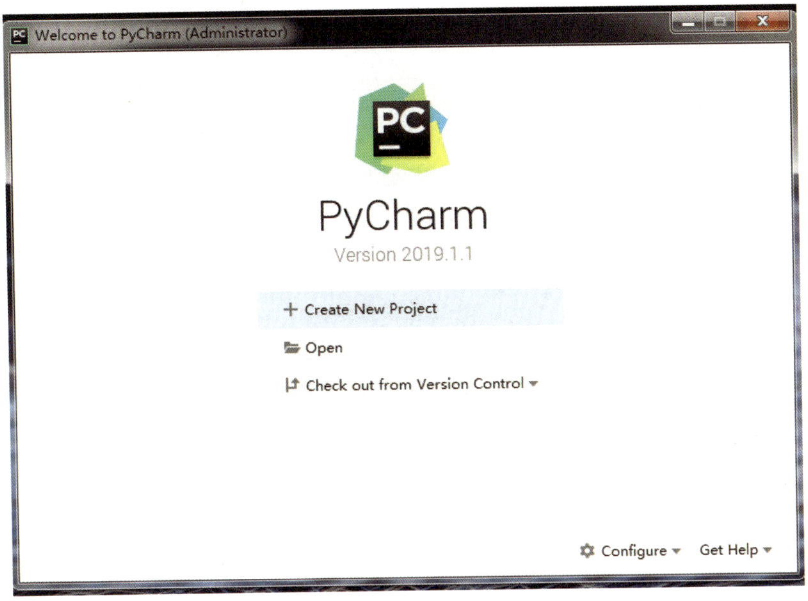

图 3–18　工程创建

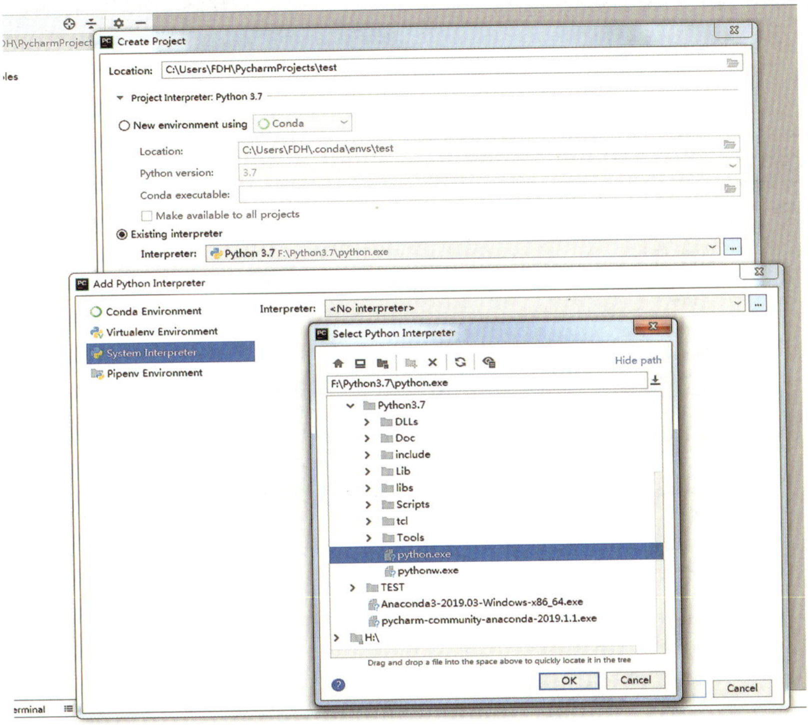

图 3–19　interpreter 选择

进入下一步在新建的 test 工程下右键 New 子目录下选择 Python Package（或者 Python File），如图 3–20 和图 3–21 所示，将 test 下自带的“_init_.py”改名为“welcome.py”。

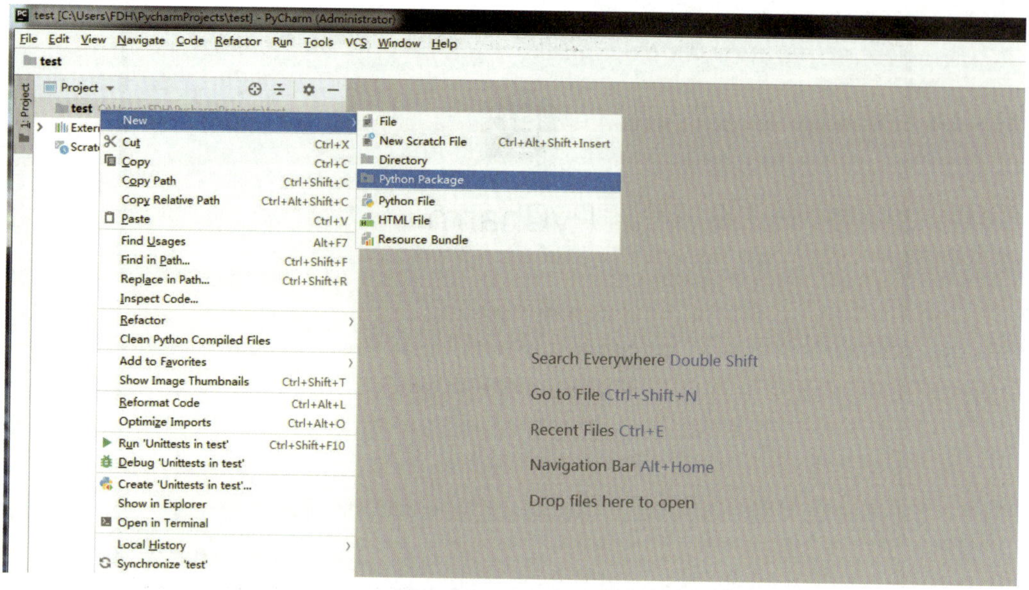

图 3-20　文件菜单

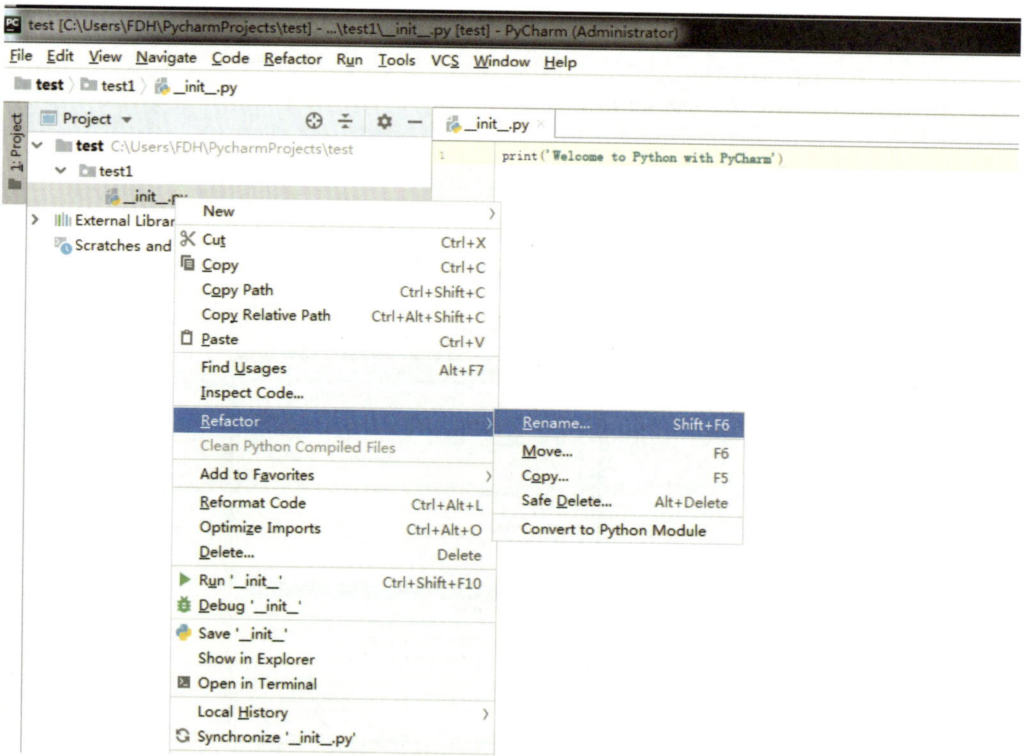

图 3-21　新工程命名

双击进入 welcome.py，输入代码 print ('Welcome to Python with PyCharm')，右键选择 Run 'welcome' 对 welcome.py 进行运行，左下运行成功显示，如图 3-22 所示。

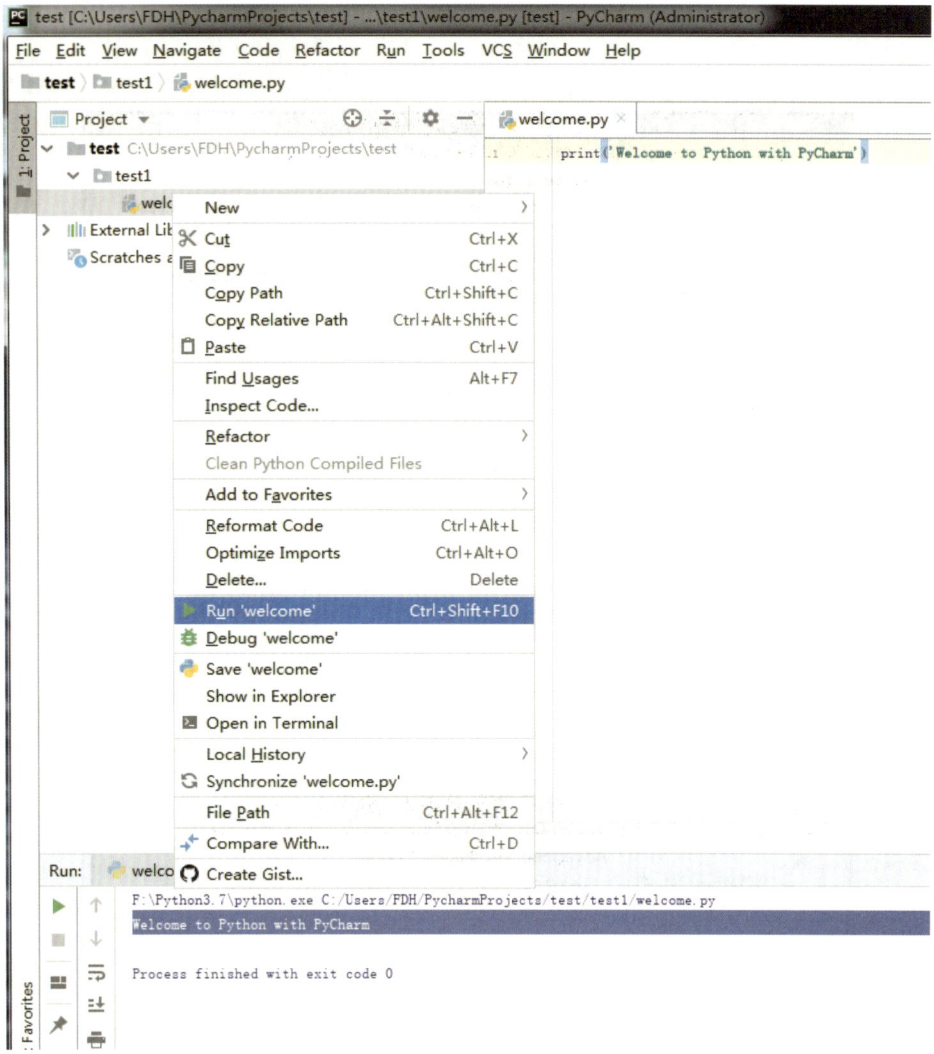

图 3–22　代码编写界面

自行下载安装 Python 程序再安装匹配的交互工具 PyCharm（自行选择 IDE 工具）方法介绍完毕。PyCharm 功能非常强大，受篇幅限制不一一介绍，有兴趣的读者可自行查阅官方说明文档和第三方配合功能工具，例如 PyCharm 汉化字库补丁、PyQt5 工具配置等等。

2. Anaconda

Anaconda 是一个开源的 Python 包集成管理器，包含了很多主流实用的库，方便安装，各个工具库版本与 Python 版本已匹配好，减少了新手入门时安装调试库因版本原因产生的苦恼，对新手非常友好。

官网 https://www.anaconda.com/distribution/#download-section 选择对应系统对应版本的 Anaconda 下载，双击程序选择目录进行安装，并勾选两个复选框，分别代表添加

Anaconda 到系统环境变量和把 Anaconda 注册为系统默认 Python3.7，如图 3–23 和图 3–24 所示。

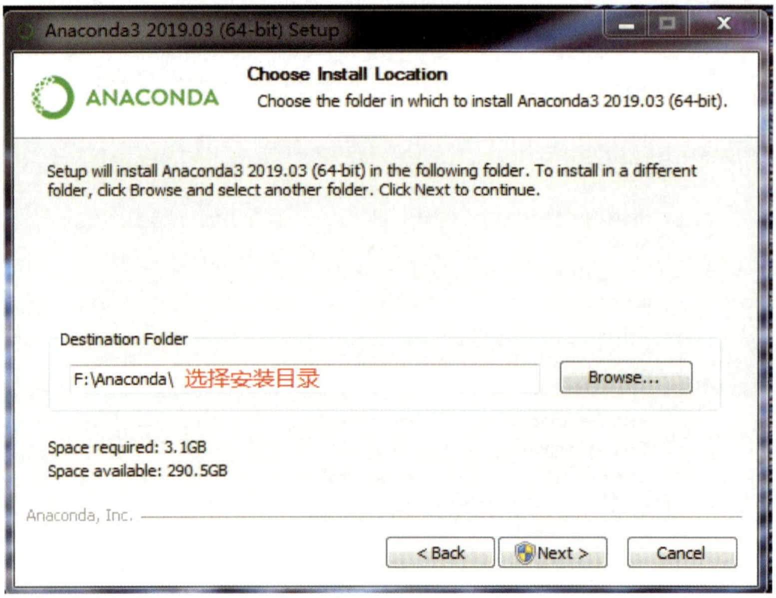

图 3–23　安装路径选择

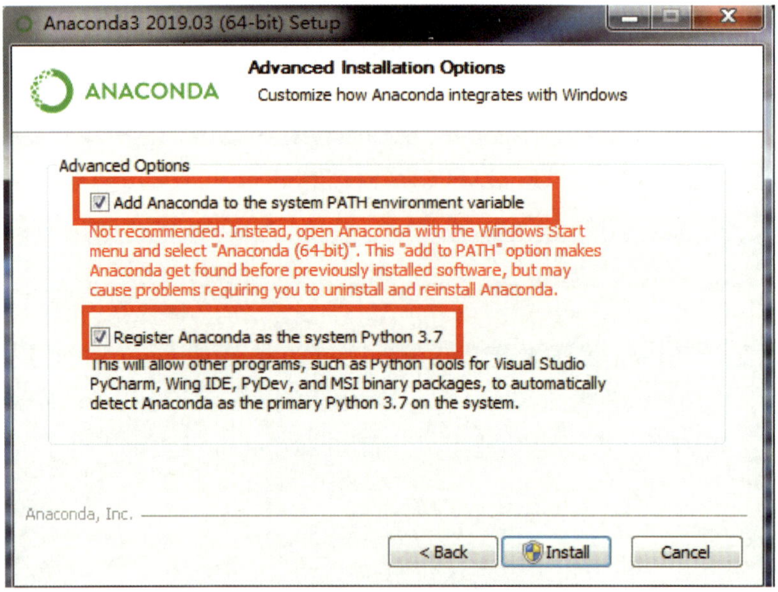

图 3–24　系统环境变量和注册表选择

安装完成后打开 cmd 或者 Anaconda Prompt 输入 conda info 命令得到图 3–25 相关信息，表示安装成功。

图 3-25　安装成功检测

打开 Anaconda Navigator 进入主界面，如图 3-26 所示，最左侧 4 个标签 Home 显示有主要程序的快捷方式如图所示，Environments 里有可以加载的系统环境设置，Learning 里有各大 Python 学习网站，Community 里有主流论坛网站，受篇幅限制本文只讲解比较热门的应用：Jupyter notebook 和 Jupyterlab。

图 3-26　快捷方式

点击 Jypyter Notebook 图标上的 Launch 键（系统内请安装较新版本的 Chrome 浏览器）进入 Notebook 主界面，如图 3–27 所示。

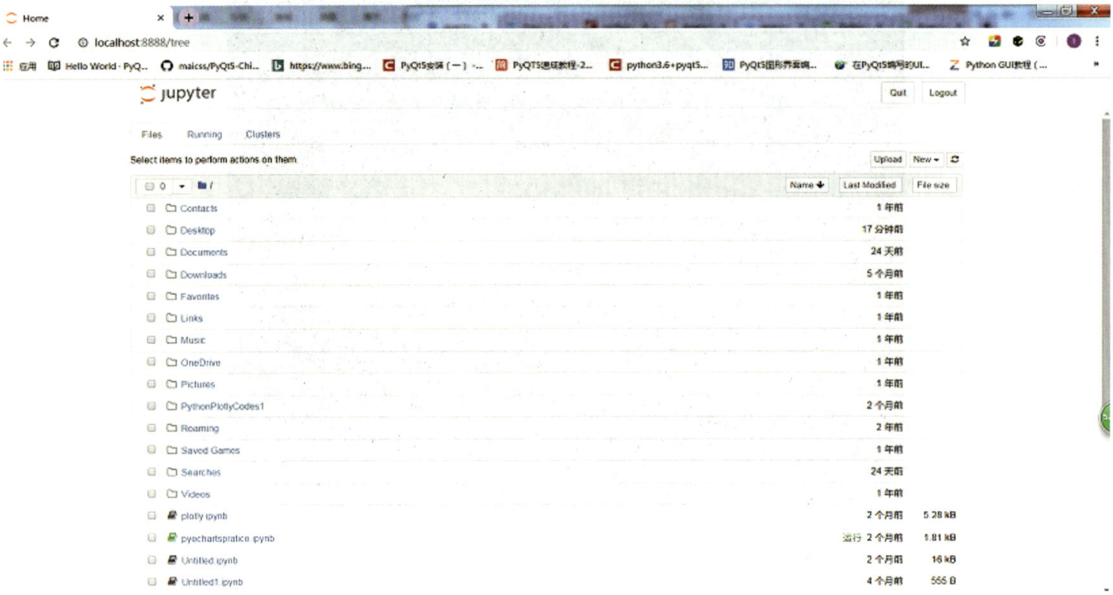

图 3–27　Notebook 主界面

Files 页面如图 3–28 所示。

图 3–28　Files 页面

Files 页面工具栏的使用如图 3–28 的注解一样直观。需要特别说明的是单元格的状态，有 Code，Markdown，Heading，Raw NBconvert。其中，最常用的是前两个，分别是代码状态，Markdown 编写状态。Jupyter Notebook 已经取消了 Heading 状态，即标题单元格。取而代之的是 Markdown 的一级至六级标题。而 Raw NBconvert 目前极少用到，此处也不做过多讲解。菜单栏涵盖了笔记本的所有功能，即便是工具栏的功能，也可以在菜单栏的类目里找到。然而，并不是所有功能都是常用的，比如 Widgets、Navigate、Kernel 类目的使用，主要是对内核的操作，比如中断、重启、连接、关闭、切换内核等，由于在创建笔记本时已经选择了内核，因此切换内核的操作便于在使用笔记本时切换到想要的内核环境中去。由于其他的功能相对比较常规，根据图中的注解来尝试使用笔记本的功能已经非常便捷，因此不再做详细讲解，各类功能界面如图 3-29 所示。

图 3-29　各类功能界面

比如在 Notebook 中新建一个 Untitled1 的新文件，输入最简单的 print（'Welcome to Python'）点击运行出现图 3-30 所示结果。

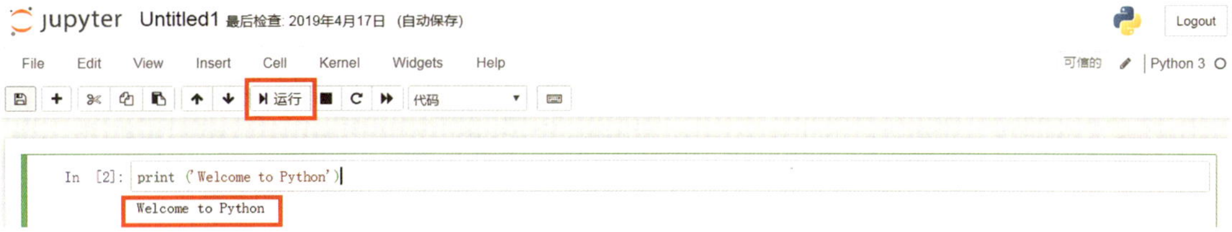

图 3-30　简单程序示例

Jypyter Notebook 优点很多，用户体验很好：

（1）当还在构建项目原型时，Jupyter Notebook 特别好用，因为代码是被写入独立的单元中并被单独执行的。这允许用户测试项目中的特定代码块，而无需从脚本的开始执行代码。许多其他的集成开发环境（Integrated Development Environment，IDE）（如 RStudio）也以其他几种方式做到这一点，但 Jupyter 的单个单元结构是最好的。

（2）Jupyter Notebook 对主流的绘图库例如 matplotlib、plotly、bokeh、pyecharts 等支持度非常高，输入代码后可直接在网页内预览生成图片，非常直观方便，例如供电所工单数量分布图如图 3-31 所示。Notebook 在计算机学习及大数据分析图形显示方面优势很大。

图 3–31 Jupyter Notebook

（3）快捷键是 Jupyter Notebooks 最好用的功能之一。想运行任何代码块时，只需要按下 Ctrl + Enter 即可。Jupyter Notebooks 提供的键盘快捷键非常多，为使用者节省了大量时间。

Jupyter Notebook 提供了两种不同的键盘输入模式：命令和编辑。命令模式将键盘与 Notebook 命令绑定，并由具有蓝色左边距的带有灰色单元格边框来表示。编辑模式允许将文本（或代码）输入活动单元格，并以绿色单元格边框表示。

使用 Esc 和 Enter 在命令和编辑模式之间跳转。一旦进入命令模式（即没有活动单元格），就可以尝试以下快捷键：

A 键将在选中单元格上方插入新单元格，B 键将在选中单元格下方插入一个单元格。

要删除单元格，请连续按两次 D 键。

要撤销已删除的单元格，请按 Z 键。

Y 键将当前的选中单元格变成代码单元格。

按住 Shift + 向上或向下箭头键可以选择多个单元格。在多选模式下，按 Shift + M 会合并选中的单元格。

F 键会弹出查找和替换菜单。

处于编辑模式时（在命令模式下按 Enter 键进入编辑模式），会发现以下快捷键非常好用：

Ctrl + Home 会转到单元格的开头。

Ctrl + S 会保存工作。

和上面提过的一样，Ctrl + Enter 将运行整个单元格。

Alt + Enter 不仅会运行单元格，还会在下方添加一个新的单元格。

Ctrl + Shift + F 打开命令选项板。

要查看整个键盘快捷键列表，请在命令模式下按 H 或转到 Help 菜单栏下的 Keyboard shortcuts。需经常检查这些内容，因为经常会有新的快捷键被加进来。

Notebook 后继推出了升级版 JupyterLab，如图 3-32 所示。总的来说 JupyterLab 体验更像 Jupyter Notebook 的工作台集成体，它允许以更灵活和更强大的方式处理项目，但使用的是和 Jupyter Notebook 相同的组件。JupyterLab 环境与 Jupyter Notebook 完全相同，但用户会有更高效的体验。在 JupyterLab 中，只需一个窗口即可安排 Notebook 的工作区域、终端、文本文件和输出。使用者要做的仅仅是将单元格拖放到想要的位置。此外，还可以通过实时预览功能来编辑常用文件格式，如 Markdown、CSV 和 JSON，以便在实际文件中实时查看所发生的变化。

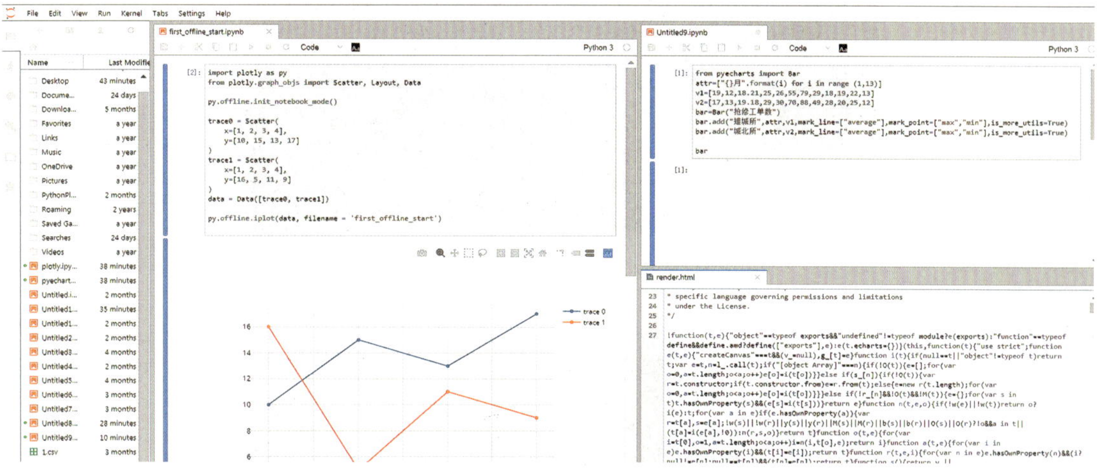

图 3-32 JupyterLab

以上是 Python 两种适合初学者的主流安装和系统环境构建方式，核心都是 Python 主程序附加 IDE 工具，PyCharm 和 JupyterNotebook（Jupyterlab）各有优点：

JupyterNotebook 适合构建新的项目原型时调试使用也适合计算机学习及数据发掘的图形显示，占用资源小，快捷方便等等。

PyCharm 具有自动代码格式化、代码完成、重构、自动导入和一键代码导航等功能。这些功能在先进代码分析程序的支持下，使 PyCharm 成为 Python 专业开发人员和刚起步人员使用的有力工具。此外，也可自行安装插件拓展。功能强大带来缺点也明显，占用系统资源较大。两者都是很好的 IDE 工具，可以同时安装，根据实际需求使用。

Anaconda 版本的 Python 附带了很多实用流行的库，但日常使用时也需要用到其他的库，这里通过 pip 单独安装某个库的示例进行讲解。

首先需要知道已安装好的库及其版本信息等，打开 cmd 输入 pip list ，package 是库的名称，Version 是库的版本号，如图 3-33 所示。比如安装 DateTime 库，比对 piplist 里并没有此库，接下去需要输入 pip install DateTime 进行在线库的安装，如图 3-34 所示，已顺利安装完成。

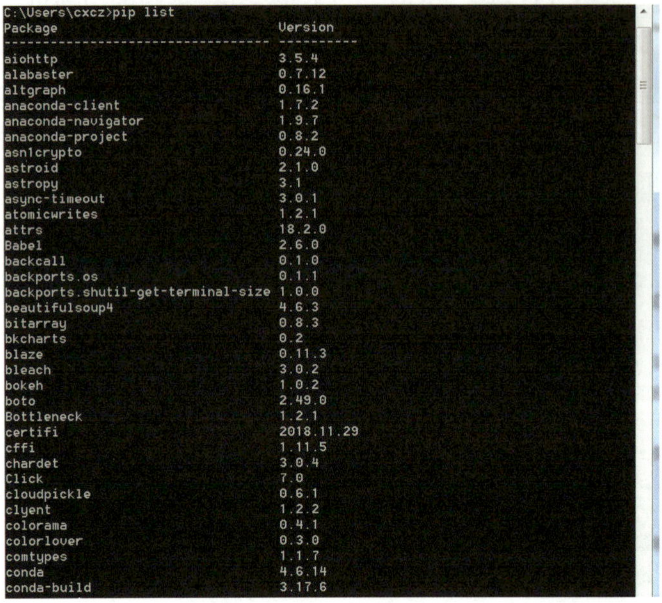

图 3-33　库的安装

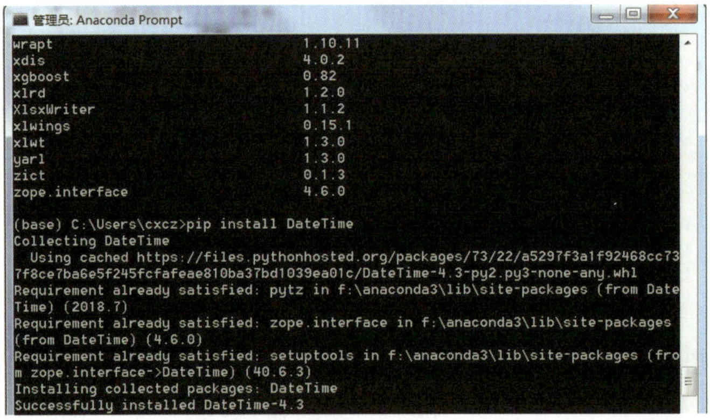

图 3-34　DateTime 安装

Pip 的服务器在国外，在国内运行时存在网速不稳定情况，对库的下载速度存在一定影响。在使用过程中为了提升下载速度，通常会使用清华豆瓣等较为成熟的镜像库。从清华的镜像库下载 DateTime 库命令 pip install –i https://pypi.tuna.tsinghua.edu.cn/simple DateTime，下载速度得到了大幅提升，如图 3-35 所示。

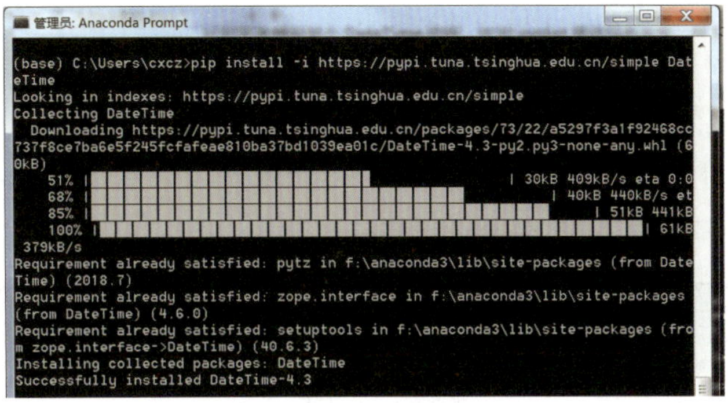

图 3-35　清华的镜像库下载

以上都是外网安装所有软件、库等，比较方便，在内网安装时是无法使用 pip install 进行在线安装的，所以只能通过外网电脑下载好所需要的库，再拷贝至内网电脑进行离线安装。例如若需要在内网安装 DateTime 库，具体步骤如下：

通过 pip 官网 https://pypi.org/ 或者清华镜像库 https://pypi.tuna.tsinghua.edu.cn/simple/ 搜索合适版本的 DateTime 库，如图 3-36 所示。

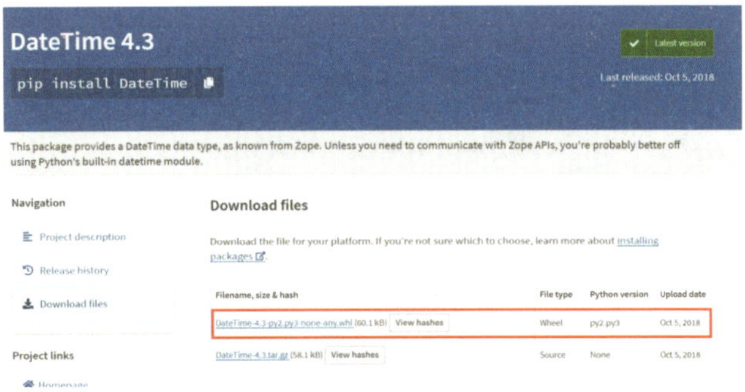

图 3-36　官网 DateTime 库

DataTime 库链接如图 3-37 所示。

图 3-37　DateTime 库链接

这里推荐下载 whl 文件，whl 文件本质上就是 zip 或者 rar，只不过 whl 使 Python 的安装以及使用更加方便。可以通过 pip install wheel 进行离线安装，将下载好的 DateTime-4.3-py2.py3-none-any.whl 文件放至制定文件夹内，在该目录下 shift 加右键出现菜单中选择在此处打开命令窗口，cmd 出现后输入 pip install DateTime-4.3-py2.py3-none-any.whl，安装成功，如图 3-38 和图 3-39 所示。

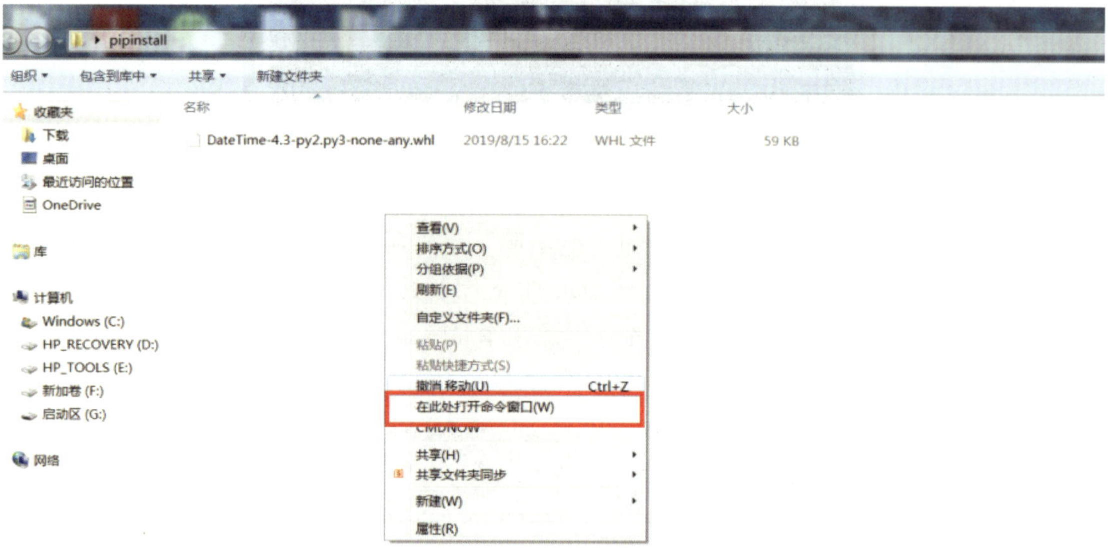

图 3-38　文件夹内的 CMD 命令

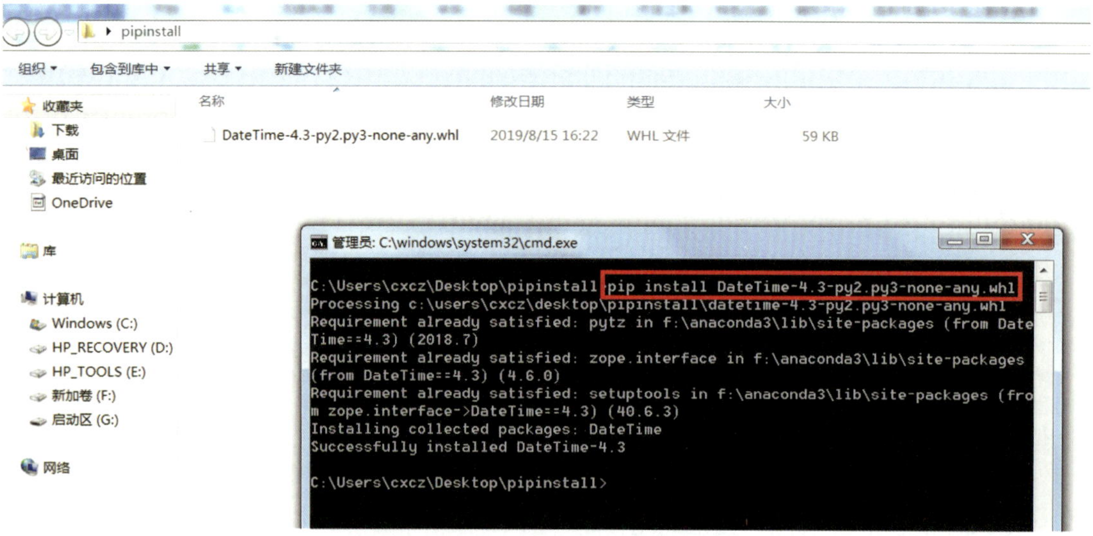

图 3-39　pip install wheel 安装

3.3.3 Python 在电力系统中的应用

1. 应用示例一

利用 Python 的机器学习、数据分析库对历往天气数据进行分析学习、预测天气，对电网运行给予辅助数据参考。

（1）读取数据，如图 3-40 所示。

Jupyter使用示例- 山天气预测

导入相关的Python库

In [9]:
```
import pandas as pd
import matplotlib.pylab as plt
%matplotlib inline
from matplotlib.pylab import rcParams
rcParams['figure.figsize'] = (12, 4)
pd.set_option('display.max_columns', 1000)
```

读取数据

In [10]:
```
df_weather = pd.read_csv('./     天气数据.csv', encoding='utf-8')
df_weather.head()
```

Out[10]:

	时间	夜间天气状况	白天天气状况	最低气温	最高气温	平均气温	夜间风力	白天风力	夜间降水量	白天降水量
0	2018年1月1日	多云	局部多云	9℃	14℃	11.5℃	4级	5级	0mm	0mm
1	2018年1月2日	中雨	多云	11℃	16℃	13.5℃	5级	4级	9mm	0mm
2	2018年1月3日	中雨	中雨	6℃	11℃	8.5℃	8级	8级	28.6mm	27.1mm
3	2018年1月4日	中雨	中雨	6℃	8℃	7.0℃	5级	6级	28mm	43.9mm
4	2018年1月5日	多云	细雨	2℃	7℃	4.5℃	4级	5级	0mm	0.9mm

图 3-40 天气预测数据读取

（2）清洗数据，如图 3-41 所示。

	时间	夜间天气状况	白天天气状况	最低气温	最高气温	平均气温	夜间风力	白天风力	夜间降水量	白天降水量
0	2018年1月1日	多云	局部多云	9℃	14℃	11.5℃	4级	5级	0mm	0mm
1	2018年1月2日	中雨	多云	11℃	16℃	13.5℃	5级	4级	9mm	0mm
2	2018年1月3日	中雨	中雨	6℃	11℃	8.5℃	8级	8级	28.6mm	27.1mm
3	2018年1月4日	中雨	中雨	6℃	8℃	7.0℃	5级	6级	28mm	43.9mm
4	2018年1月5日	多云	细雨	2℃	7℃	4.5℃	4级	5级	0mm	0.9mm

	时间	夜间天气状况	白天天气状况	最低气温	最高气温	平均气温	夜间风力	白天风力	夜间降水量	白天降水量	lowest_t	highest_t	average_t	js_n	js_d	fl_n	fl_d	all_js	differ_t
0	20160101	局部多云	局部多云	8℃	14℃	11.0℃	5级	5级	0mm	0mm	8.0	14.0	11.0	0.0	0.0	5	5	0.0	6.0
1	20160102	零星小雨	局部多云	10℃	20℃	15.0℃	2级	4级	3.1mm	0mm	10.0	20.0	15.0	3.1	0.0	2	4	3.1	10.0
2	20160103	小阵雨	零星小雨	12℃	20℃	16.0℃	3级	3级	4.8mm	3.2mm	12.0	20.0	16.0	4.8	3.2	3	3	8.0	8.0
3	20160104	细雨	中雨	9℃	16℃	12.5℃	5级	5级	2.1mm	10.4mm	9.0	16.0	12.5	2.1	10.4	5	5	12.5	7.0
4	20160105	中雨	小雨	8℃	13℃	10.5℃	7级	7级	11.3mm	7.1mm	8.0	13.0	10.5	11.3	7.1	7	7	18.4	5.0

图 3-41 天气预测数据清洗

（3）数据探索和数据分析，如图 3-42 和图 3-43 所示。

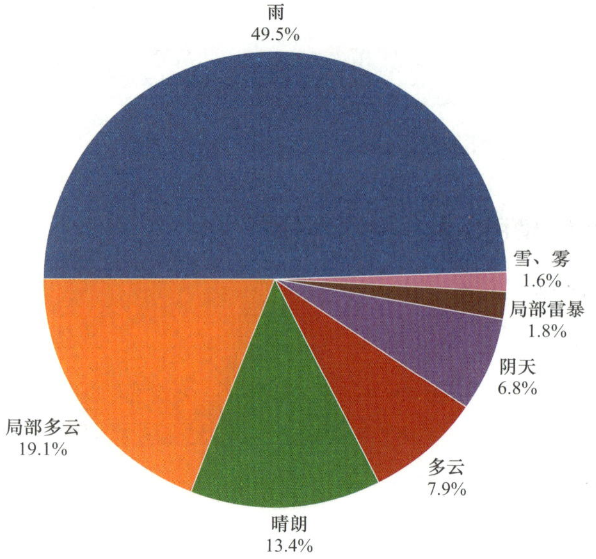

图 3-42　天气预测数据探索

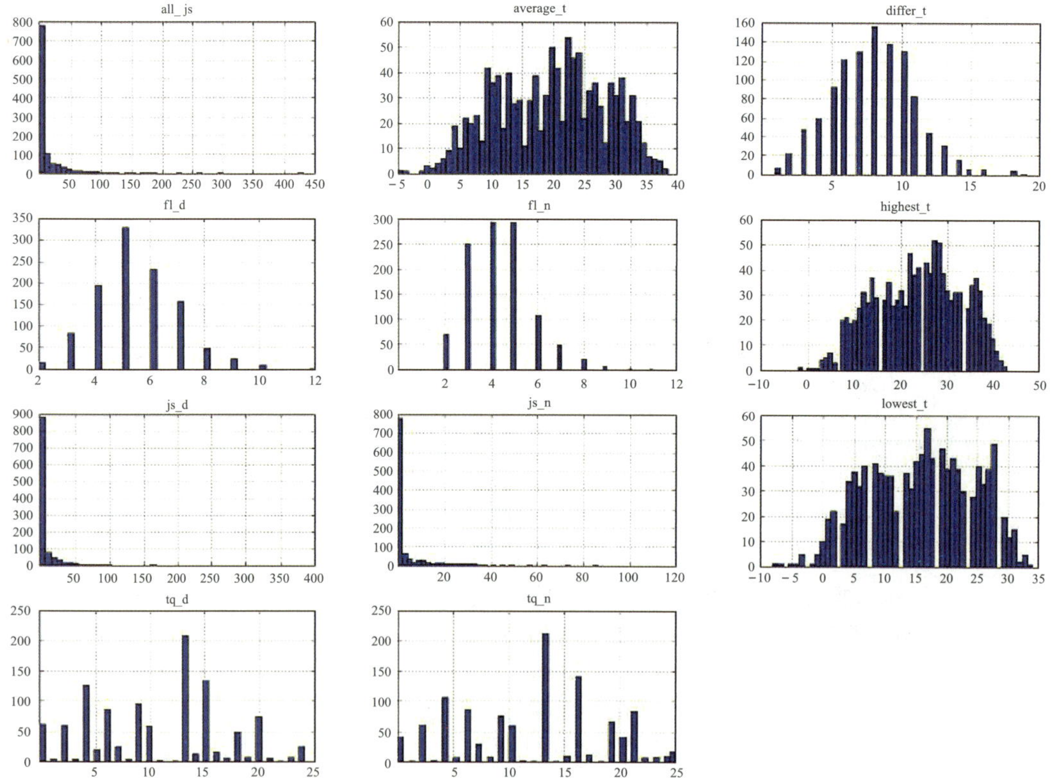

图 3-43　天气预测数据分析

（4）建模与训练，如图 3-44 所示。

```
In [141]: # 导入机器学习模型，训练模型
          from xgboost import XGBRegressor
          model = XGBRegressor(n_estimators=10000, learning_rate=0.02)                # 载入模型（模型命名为model）
          model.fit(x_train, y_train, eval_set=[(x_test, y_test)], early_stopping_rounds=10)          # 训练模型（训练集）
          y_pred = model.predict(x_test)          # 模型预测（测试集），y_pred为预测结果

[0]     validation_0-rmse:21.7802
Will train until validation_0-rmse hasn't improved in 10 rounds.
[1]     validation_0-rmse:21.354
[2]     validation_0-rmse:20.9365
[3]     validation_0-rmse:20.5274
[4]     validation_0-rmse:20.1283
[5]     validation_0-rmse:19.7357
[6]     validation_0-rmse:19.3524
[7]     validation_0-rmse:18.9769
[8]     validation_0-rmse:18.6091
[9]     validation_0-rmse:18.2473
```

图 3-44　建模界面

（5）测试、改进与特征重要性分析，如图 3-45 所示。

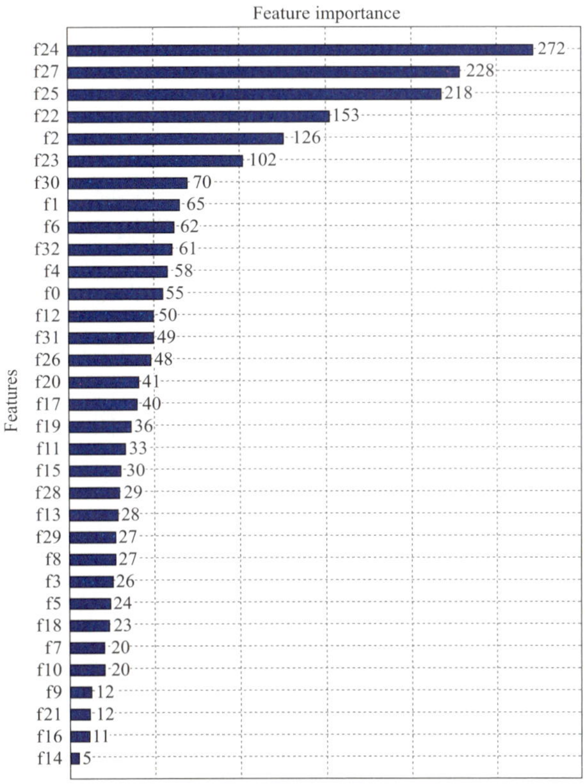

图 3-45　特征分析

2. 应用示例二

电力调度系统内的电气量数据存储于数据库内，通过 Python 连接到 Oracle 数据库，自由选择特定时间段，将 10kV××馈线的电流、有功、无功通过 plotly 图形绘制库进行绘制并在 JupyterLab 中执行展示，后期可再镶嵌于 UI 界面（例如用 PyQt5 制作），

如图 3–46 和图 3–47 所示。

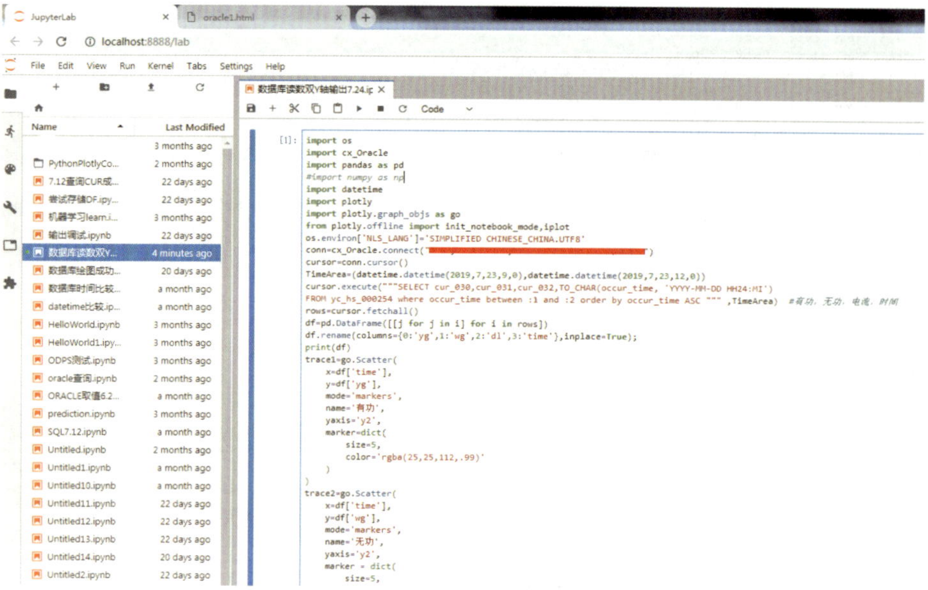

图 3–46　数据库链接

图 3–47　结果输出

3.3.4 软件特点

1. 优点

（1）简单。Python 是一种代表简单主义思想的语言。Python 的这种伪代码本质是它最大的优点之一。它使用户能够专注于解决问题而不是去搞明白语言本身。

（2）易学。前面已经提到了，Python 有极其简单的语法，因此极其容易上手。

（3）免费、开源。Python 是自由、开放源码软件之一。简单地说，可以自由地发布这个软件的拷贝、阅读它的源代码、对它做改动、把它的一部分用于新的自由软件中。

（4）高层语言。当用 Python 语言编写程序的时，无需考虑诸如如何管理程序使用的内存一类的底层细节。

（5）可移植性。由于它的开源本质，Python 已经被移植在许多平台上（经过改动使它能够工作在不同平台上）。如果小心地避免使用依赖于系统的特性，那么所有 Python 程序无需修改就可以在下述任何平台上面运行：Linux、Windows、FreeBSD、Macintosh、Solaris、OS/2、Amiga、AROS、AS/400、BeOS、OS/390、z/OS、Palm OS、QNX、VMS、Psion、Acom RISC OS、VxWorks、PlayStation、Sharp Zaurus、Windows CE、PocketPC、Symbian 及 Google 基于 Linux 开发的 Android 平台。

（6）解释性。一个用编译性语言比如 C 或 C++ 写的程序可以从源文件（即 C 或 C++ 语言）转换到一个计算机使用的语言（二进制代码，即 0 和 1）。这个过程通过编译器和不同的标记、选项完成。当运行程序的时候，连接或转载器软件把程序从硬盘复制到内存中并且运行。而 Python 语言写的程序不需要编译成二进制代码。可以直接从源代码运行程序。在计算机内部，Python 解释器把源代码转换成称为字节码的中间形式，然后再把它翻译成计算机使用的机器语言并运行。事实上，由于不再需要担心如何编译程序，如何确保连接转载正确的库等等，所有这一切使得使用 Python 更加简单，只需要把 Python 程序拷贝到另外一台计算机上，它就可以工作了，这也使得 Python 程序更加易于移植。

（7）面向对象。Python 既支持面向过程的编程也支持面向对象的编程。在面向过程的语言中，程序是由过程或仅仅是可重用代码的函数构建起来的。在面向对象的语言中，程序是由数据和功能组合而成的对象构建起来的。与其他主要的语言如 C++ 和 Java 相比，Python 以一种非常强大又简单的方式实现面向对象编程。

（8）可扩展性。如果需要一段关键代码运行得更快或者希望某些算法不公开，可以把部分程序用 C 或 C++ 编写，然后在 Python 程序中使用它们。

（9）丰富的库。Python 标准库确实很庞大。它可以帮助处理各种工作，包括正则表达式、文档生成、单元测试、线程、数据库、网页浏览器、CGI、FTP、电子邮件、XML、XML-RPC、HTML、WAV 文件、密码系统、GUI、Tk 和其他与系统有关的操作。只要安装了 Python，所有这些功能都是可用的。这被称作 Python 的功能齐全理念。除了标准库以外，还有许多其他高质量的库，如 wxPython、Twisted 和 Python 图像库等。

（10）规范的代码。Python 采用强制缩进的方式使得代码具有极佳的可读性。

2. 缺点

（1）运行速度。有速度要求的话，需用 C++ 改写关键部分。

（2）国内市场较小（国内以 Python 来做主要开发的，目前只有一些 Web2.0 公司）。但时间推移，目前很多国内软件公司，尤其是游戏公司，也开始规模使用 Python。

（3）中文资料匮乏。有部分优秀的教材已经被翻译了，但入门级教材多，高级内容还是只能看英语版。

（4）构架选择太多（没有像 C# 这样的官方 .net 构架，也不像 ruby 由于历史较短，构架开发的相对集中）。不过这也从另一个侧面说明，Python 比较优秀，吸引的人才多，项目也多。

（5）Python 在国家电网有限公司内网安装使用不方便，内网不能通过 pip 直接连接外网进行相关 Python 库的在线安装及升级，只能通过自行下载配套库在用内网安全 U 盘拷贝至内网电脑再进行安装升级。

3.4 Tableau 技术基础

3.4.1 软件介绍

Tableau 是一款功能强大的可视化数据分析软件，也是商业智能工具软件中最简单的一款。在全球约有一万多客户在使用该软件，他们分布在 100 多个国家和地区，遍及商务服务、能源、电信、金融服务、互联网、生命科学、医疗保健、制造业、媒体娱乐、公共部门、教育、零售等各个行业。Tableau 软件可以为企业、机构和个人提供数据可视化服务。用户通过运用 Tableau 软件，可以对数据进行处理和展示，能够让枯燥的数据以简单友好的图表形式展现出来。目前在大数据处理末端的可视化市场中 Tableau 具有较大的竞争力。同时，Tableau 还可以为客户提供解决方案服务。

Tableau 公司成立于 2003 年，是由斯坦福大学的三位校友 Christian Chabot（首席执行官）、Chris Stole（开发总监）以及 Pat Hanrahan（首席科学家）在西雅图注册成立的，是世界上成长最快速的商务智能软件公司之一。Chris Stole 是计算机博士，Pat Hanrahan 是皮克斯动画工作室的创始成员之一，曾负责视觉特效渲染软件的开发，两度获得奥斯卡最佳科学技术奖，至今仍在斯坦福担任教授职位，教授计算机图形课程。Tableau 公司主要面向企业数据提供可视化服务，是一家商业智能软件提供商。企业运用 Tableau 授权的数据可视化软件对数据进行处理和展示。不过 Tableau 的产品并不局限于企业，其他机构甚至个人都能很好地运用 Tableau 软件进行数据分析工作。目前其主要客户有 Apple、Microsoft、Wells Fargo、Bank of America、Walmart、Safeway、Pfizer、Merck、Ferrari、GM 、CBS 等。

Tableau 可以分为桌面版和服务器版，桌面版界面如图 3–48 所示，服务器版如图 3–49 所示。

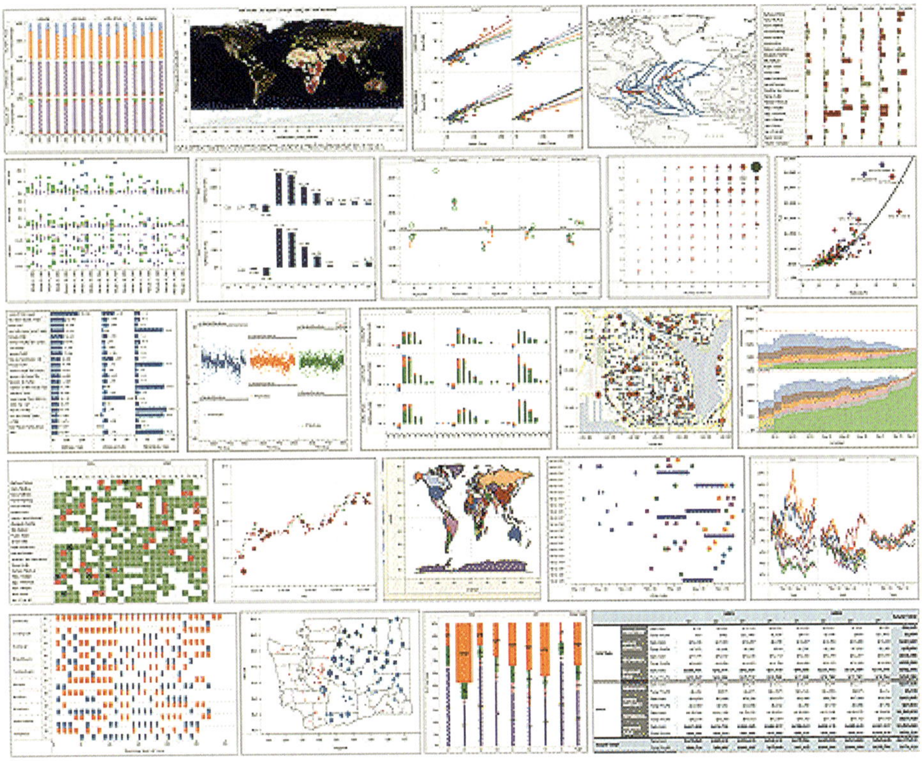

图 3-48 桌面版 Tableau

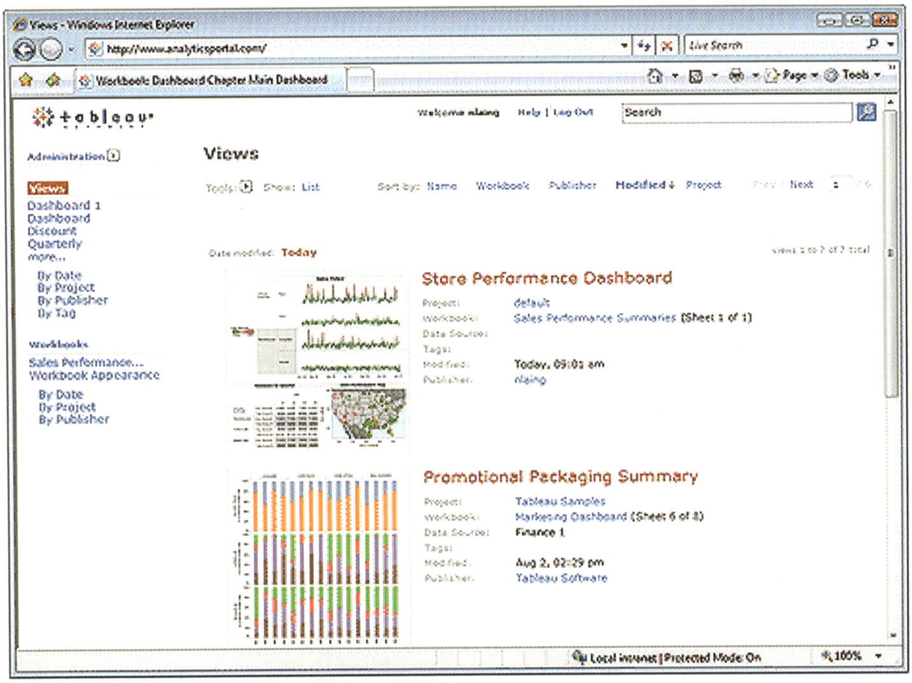

图 3-49 服务器版 Tableau

Tableau能支持多种形式和格式的数据文件，它具有多种数据接口：Microsoft Excel、Microsoft Access、Text files、Odata、Aster Data nCluster、Microsoft SQL Server、MySQL、Oracle、IBM DB2、PostgreSQL、Firebird、Microsoft Analysis、Oracle Essbase、Netezza、Teradata、Greenplum、SybaseIQ、ParAccel、Microsoft PowerPivot、Vertica、ODBC、SAP NetWeaver Business Warehouse、Hadoop Hive、Windows Azure、Marketplace Datamart 等。

系统架构如图 3-50 所示，服务器版软件架构如图 3-51 所示。

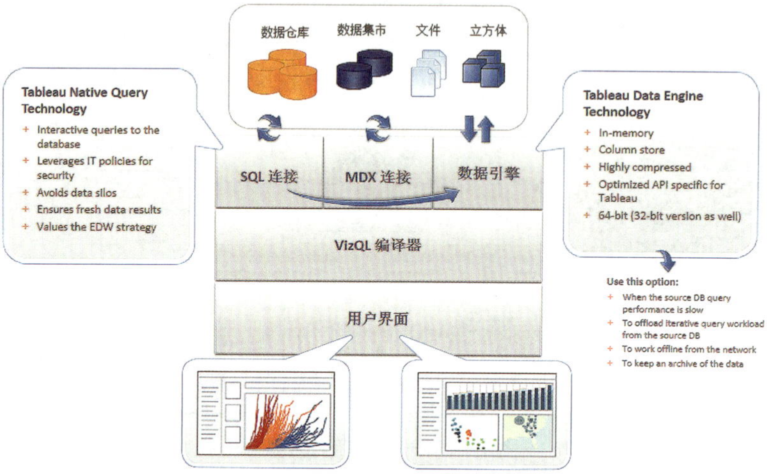

图 3-50　系统架构

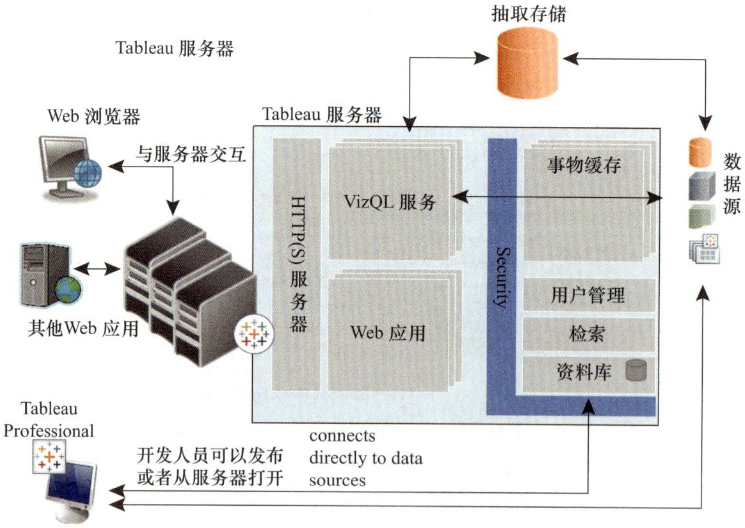

图 3-51　服务器版软件架构

桌面版架构如图 3–52 所示。

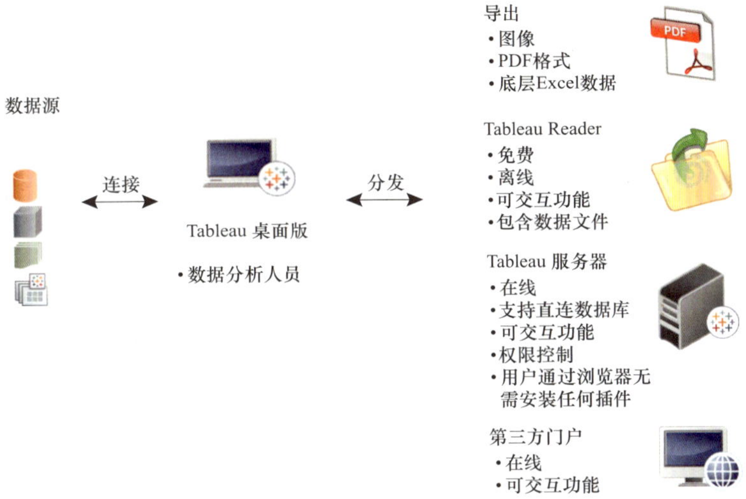

图 3–52　桌面版架构

Tableau 具有操作简单、使用方便、易于与现有系统兼容等几个方面的特点。总体可以概括为以下四个方面：

（a）富有表现力的可视化。

（b）众多工具可实现数据可视化交互活动。

（c）支持可视化思考，易于使用。

（d）任何人都可以通过它得到数据背后的挖掘信息。

Tableau 允许普通业务人员将表格中的数据转变成各种可视化的图形，且这些操作只需要通过点击鼠标即可完成，几乎不需要 IT 人员的支持。Tableau 功能展示如图 3–53 所示。

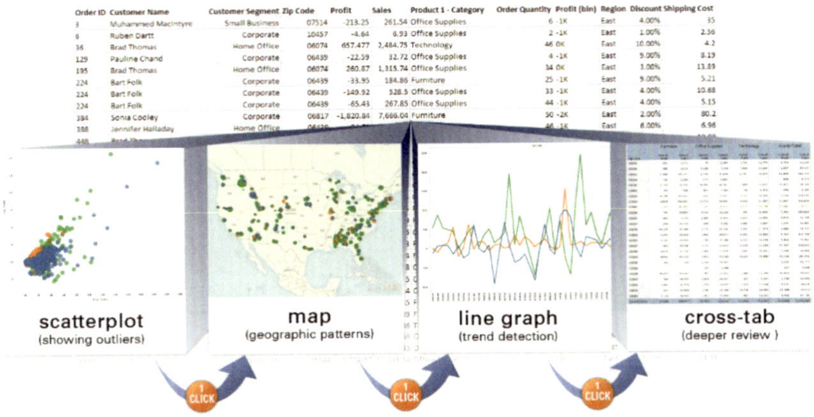

图 3–53　功能展示

Tableau 具有内置地图，该地图含有内置的地理元素，也可以自定义地理元素，同时支持连接第三方的 WMS 地图服务器。

Tableau 内置的地理元素，可以通过省份，城市名称创建地图；具有自定义的地理元素，通过提供经纬度，可以自定义地图。

Tableau 对用户的硬件要求不高，用户可以在普通的硬件环境下，实现多达上百万条数据的访问。Tableau 使用时对内存技术的数据没有大小的限制，用户在使用时只需要将重心放在数据的处理上，不需要对数据进行事先的汇总和计算。

3.4.2 Tableau 应用操作

1. 软件安装过程

Tableau 软件安装简单方便，用户只需要按照安装提示选择合适的路径，然后按照提示一步步操作很快即可完成软件安装。下面以 TableauDesktop2019-64bit 版本为例简单介绍安装过程。

（1）双击 TableauDesktop-64bit-2019-1-0.exe 文件，弹出软件安装界面，如图 3-54 所示，勾选我已阅读并接受本许可协议中的条款，另外一个选项可以根据自己的需要选择，可以点击安装进行快速安装。

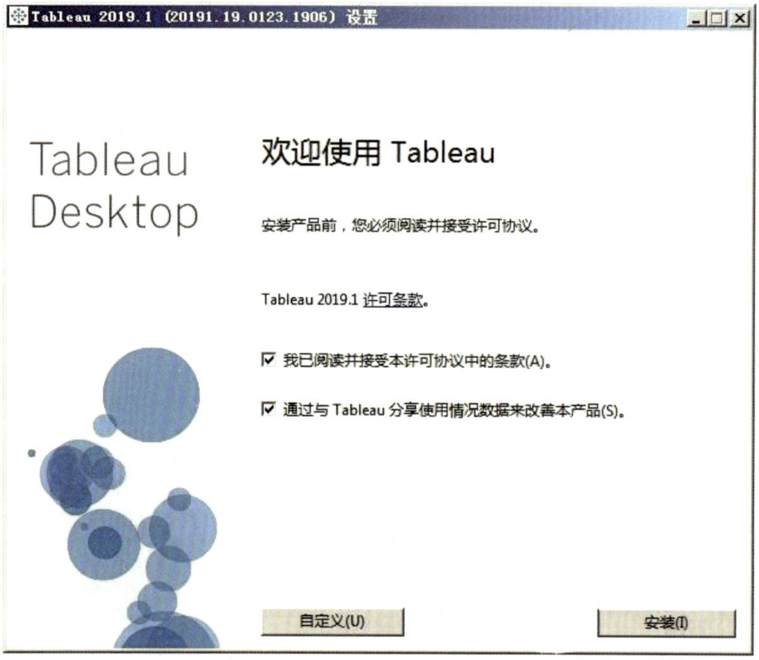

图 3-54　安装界面

（2）可选择自定义，选择软件安装目录，默认为 C:\Program Files\Tableau\Tableau 2019.1，点击浏览修改即可，如图 3-55 所示。

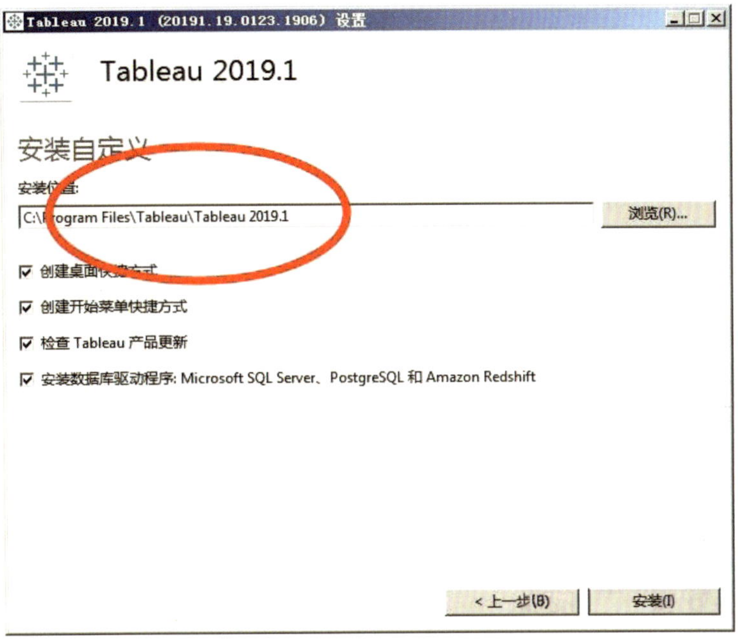

图 3–55　路径选择

（3）选择是否创建相应的快捷方式以及是否安装数据库驱动，点击安装。

（4）安装过程大概需要 3~5min，安装完成就可以使用 Tableau2019 进行数据分析了，如图 3–56 所示。

图 3–56　安装完成

2. Tableau 版本

Tableau 具有几个不同版本，每个版本针对不同的用户群体。版本包括 Tableau Desktop、Tableau Online、Tableau Server、Tableau Mobile、ableau Reader。对于普通用户来说使用的最多的就是 Tableau Desktop 版本。

（1）Tableau Desktop。“所有人都能学会的业务分析工具”，这是 Tableau 官方网站上对 Tableau Desktop 的描述。确实，Tableau Desktop 的简单、易用，这也是软件的最大特点。使用者不需要精通复杂的编程和统计原理，只需要把数据直接拖放到工具簿中，通过一些简单的设置就可以得到想要的可视化图形，如图 3-57 所示。

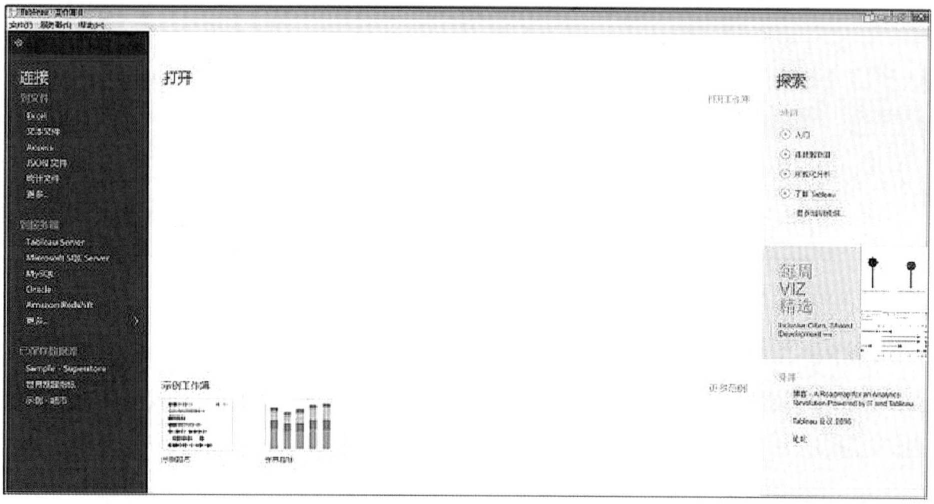

图 3-57　Tableau Desktop

Tableau Desktop 的学习成本很低，使用者可以快速上手，这对于日渐追求高效率和成本控制的企业来说具有巨大吸引力，特别适合日常工作中需要绘制大量报表、经常进行数据分析或需要制作图表的人使用。简单、易用并没有妨碍 Tableau Desktop 拥有强大的性能，它不仅能完成基本的统计预测和趋势预测，还能实现数据源的动态更新。

Tableau Desktop 不同于 SPSS，SPSS 作为统计分析软件，比较偏重于统计分析，使用者需要有一定数理统计基础，虽然功能强大且操作简单、友好，但输出的图表与办公软件的兼容性及交互方面有所欠缺。Tableau Desktop 是一款完全的数据可视化软件，专注于结构化数据的快速可视化，使用者可以快速进行数据可视化并构建交互界面，用来辅助人们进行视觉化思考，并没有 SPSS 强大的统计分析功能。总之，快速、易用、可视化是 Tableau Desktop 最大的特点，能够满足大多数企业、政府机构数据分析和展示的需要，以及部分大学、研究机构可视化项目的要求。Tableau 特别适合企业使用，毕竟 Tableau 自己的定位是业务分析和商业智能。在简单、易用的同时，Tableau Desktop 极其高效，数据引擎的速度极快，处理上亿行数据只需几秒就可以得到结果，用其绘制报表的速度也比程序员制作传统报表快 10 倍以上。Tableau Desktop 还具有完美的数据整合能力，可以将两个数据源整合在同一层，甚至可以将一个数据源筛选为另一个数据源，并在数据源中突出显示，这种强大的数据整合能力实用性很强。Tableau Desktop 还有一项独具特色的数据可视化技术——嵌入地图，使用者可以用经过自动地理编码的地图呈现数据，这对于企业进行产品市场定位、制定营销策略等有非常大的帮助。

（2）Tableau Online。Tableau Online 是 Tableau Server 的软件即服务托管版本，如图 3-58 所示。它让商业分析比以往更加快速轻松。使用者可以利用 Tableau Desktop 发布仪表板，然后与同事、合作伙伴或客户共享，利用云商业智能随时随地、快速找到答案。

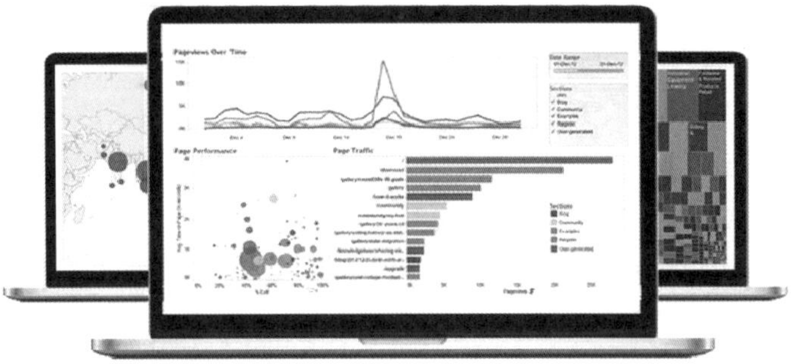

图 3-58 Tableau Online

利用 Tableau Online 可以省去硬件与安装时间。利用 Web 浏览器或移动设备中的实时交互式仪表板可以让公司上下每一个人都成为分析高手，在仪表板上批注、分享发现。使用者可以订阅和获得定期更新，这一切都在敏捷安全的软件即服务 Web 平台上完成。从几个用户着手，随后在需要时按需添加。利用云商业智能可以在世界任意地点发现数据背后的真相。无论在办公室、家里，还是在途中，均可查看仪表板，进行数据筛选、下钻查询或将全新数据添加到分析工作中；可以在现有报表未能预计的方面获得对这些问题的新见解；还可以在 Web 上编辑现有视图，利用 Tableau 飞速数据引擎完成这一切，让问题随问随答。Tableau Online 可连接云端数据和办公室内的数据。Tableau Online 还与 Amazon Redshift、Google BigQuery 保持实时连接，同时可连接其他托管在云端的数据源（如 Salesforce 和 Google Analytics）并按计划安排刷新，或从公司内部向 Tableau Online 推送数据，让团队轻松访问，按设定的计划刷新数据，在数据连接发生故障时获得警报。

（3）Tableau Server。Tableau Server 是一种新型的商业智能，传统的商业智能系统往往很笨重、复杂，需要运用专业人员和资源进行操作和维护，一般由企业专门设立的 IT 部门进行维护，不过 IT 技术人员通常缺乏企业其他人员的商业背景，这将导致对系统利用的低效率和时间滞后。Tableau Server 非常简单、易用，一般人都能学会，是一种真正自助式的商业智能，速度比传统商业智能快 100 倍。更重要的是，Tableau Server 是一种基于 Web 浏览器的分析工具，是可移动式的商业智能，用 iPad、Android 平板也可以进行浏览和操作，而且 Tableau 的 iPad 和 Android 应用程序都已经过触摸优化处理，操作起来非常容易。Tableau Server 的工作原理是由企业服务器安装 Tableau Server，并由管理员进行管理，将需要访问 Tableau Server 的人作为用户添加（无论是要进行发布、浏览还是管理）。Tableau Server 还必须为用户分配许可级别，不同许可级别具有不同的权限，为自定义视图并与其进行交互的用户提供 Interactor 许可证，为只能查看与监视视图的用户提供 Viewer 许可证。

被许可的用户可以将自己在 Tableau Desktop（只支持专业版）中完成的数据可视化内容、报告与工作簿发布到 Tableau Server 中与同事共享。同事可以查看共享的数据并进行交互，通过共享的数据源以极快的速度进行工作。这种共享方式可以更好地管理数据的安全性，如用户通过 Tableau Server 可以安全地共享临时报告，不再需要通过电子邮件发送带有敏感数据的电子表格。值得一提的是，在全球最大的商业智能用户调查中，Tableau 在客户忠诚度、实施速度、最低实施成本和拥有成本方面都排名第一，击败了包括 IBM、甲骨文、微软、SAS 在内的众多 BI 供应商。

（4）Tableau Mobile。Tableau Mobile 可以帮助用户随时掌握数据，需要搭配 Tableau Online 或 Tableau Server 账户才能使用，可以通过 Tableau.com/zhcn/products/trial 下载免费试用版。 Tableau Mobile 可以快速流畅地查看数据，为使用者提供快捷、轻松的数据处理途径，从提出问题到取得见解只需要几次轻触。Tableau Mobile 如图 3-59 所示。

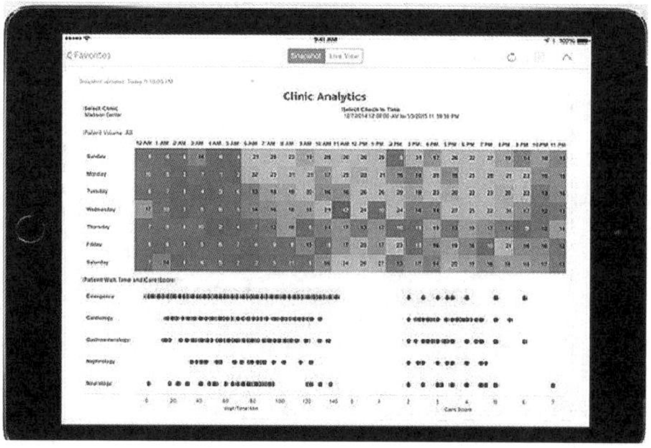

图 3-59 Tableau Mobile

Tableau Mobile 的主要功能：随处编写和查看，编写一次仪表板可以在任何设备上查看；脱机快照，即使在脱机状态下也能够以高分辨率图像形式供使用（在需要时将重要信息发送至收件箱，立刻向 Tableau Mobile 订阅工作簿）；灵活，Tableau Mobile 提供适用于 iPad、Android 和移动浏览器的应用；内容安全性，内容加密保存在设备上，并且安全连接 Tableau Online 和 Server；共享，与团队轻松协作，轻触屏幕即可通过电子邮件发送发现或数据。

（5）Tableau Public。Tableau Public 是 Tableau 的免费版本，适合所有想要在 Web 上讲述交互式数据故事的人。作为服务交付，Tableau Public 可以立时启动并运行。Tableau Public 可以连接到数据、创建交互式数据可视化内容，并将其直接发布到自己的网站，通过所发现的数据内在含义引导读者，让他们与数据互动，发掘新的见解，这一切不用编写代码即可实现。

（6）Tableau Reader。Tableau Reader 是一款免费桌面应用程序，可用来与 Tableau Desktop 中生成的可视化数据进行交互。利用 Tableau Reader 可以筛选、向下钻取和查看数据明细，一直详细到用户允许的程度。

本书所用为 Tableau Desktop，在功能操作介绍和案例介绍时均默认为 Tableau Desktop 界面。

3. 功能操作介绍

进入 Tableau 以后，首先看到的是开始页，在开始页面上将进行第一步操作：链接到数据。

（1）导入数据 。

1）连接到存储在文件（例如 Microsoft Excel、PDF、空间文件等）中的数据。

2）连接到存储在服务器（例如 Tableau Server、Microsoft SQL Server、Google Analytics 等）上的数据。

3）连接到之前已连接到的数据源，可以打开已经创建的工作簿，如图 3–60 所示。

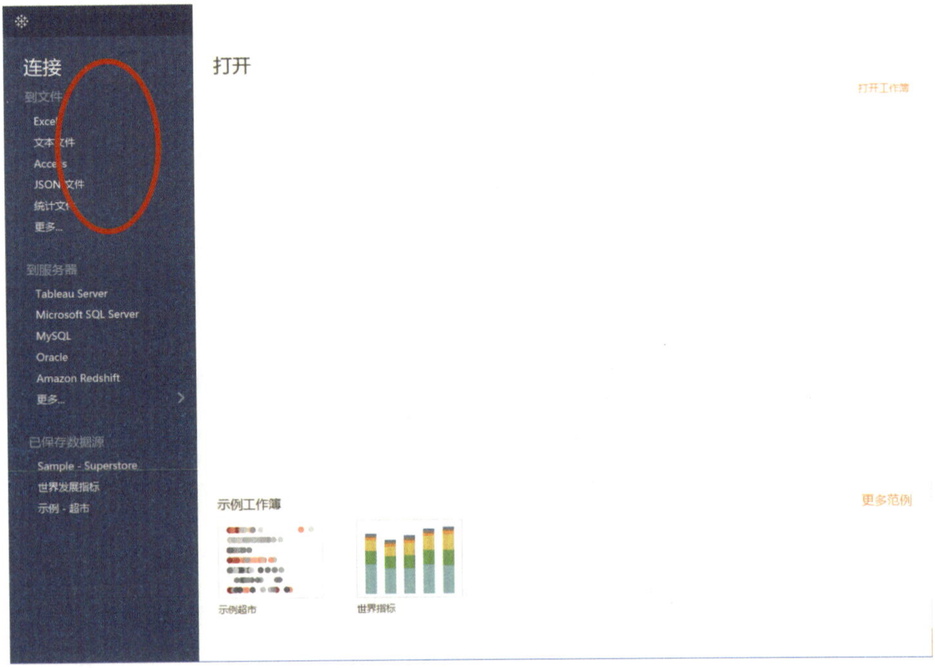

图 3–60　连接到数据

（2）要处理数据，以“订单”文件为例，将“订单”拖入画布（右侧操作区），如图 3-61 所示。

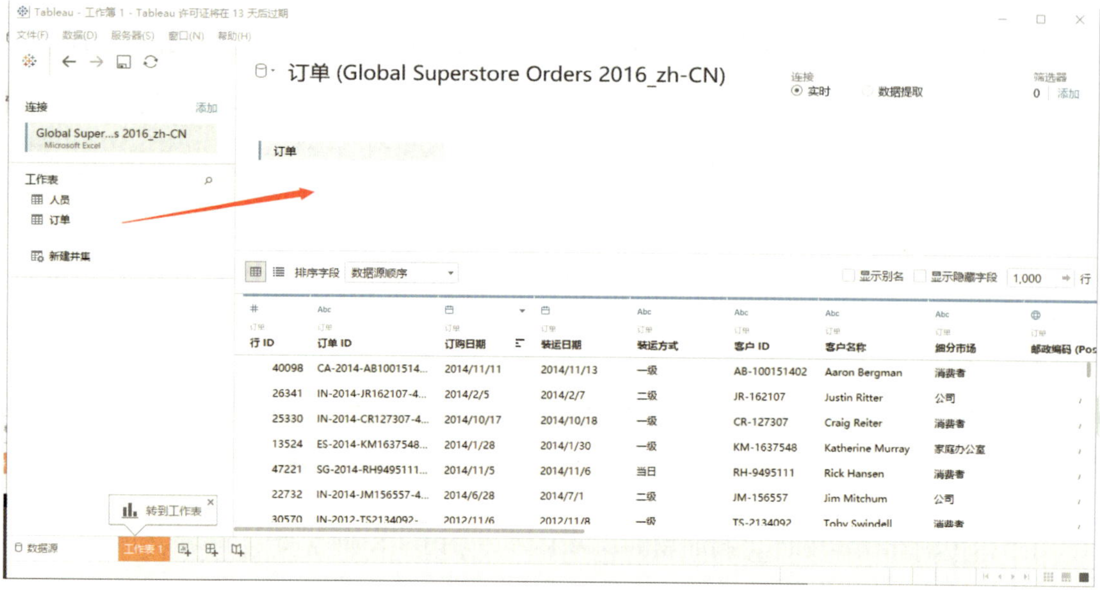

图 3-61　处理数据

如果需要合并两张表格，也是可以的，通过自定义拆分的方式进行，步骤如下：

（3）导入另一个数据源文件（.csv）。如图 3-62 所示。据此可以看到，Tableau 支持的文件格式是很丰富的。

图 3-62　导入新表合并

（4）对订单 ID 进行自定义拆分。在订单 ID 右上角单击选择自定义拆分，不想要的列可以删除。点击列旁边的按钮可以进行排序等操作，如图 3–63 所示。

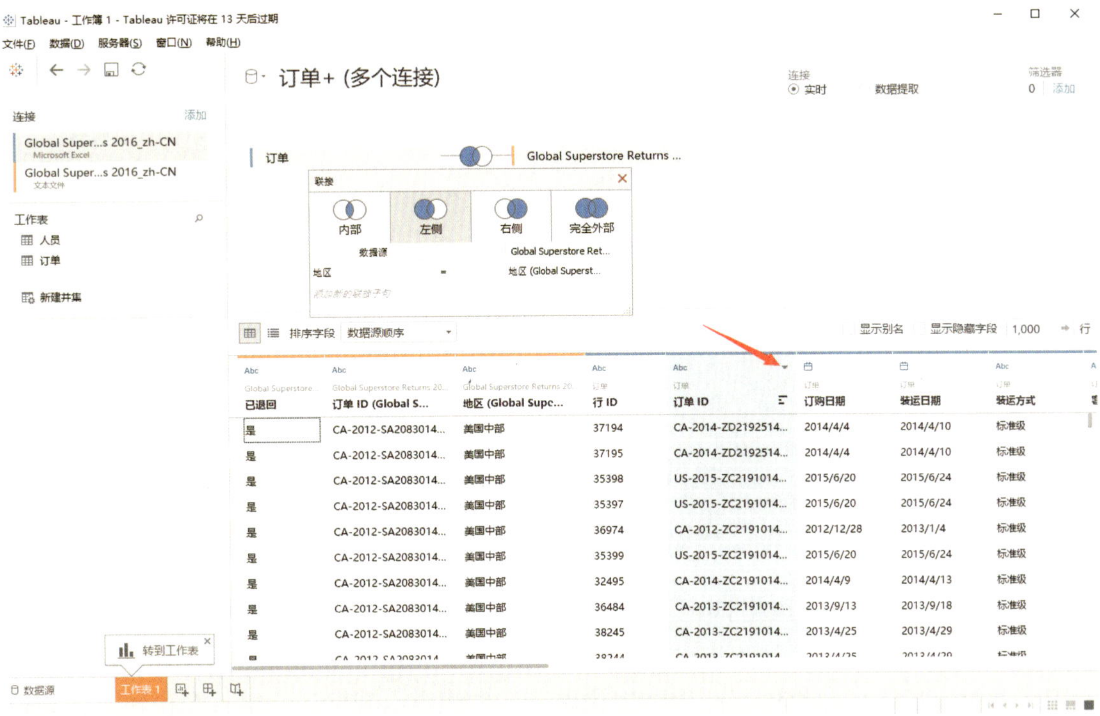

图 3–63　数据字段拆分

（5）单击工作表进行数据探索。由此进入了数据分析阶段。

先对界面进行分析介绍：将在左侧看到数据列（也称为“字段”），并根据维度和度量划分。分类数据、定性数据和时间数据列为维度。定量数值数据列为度量。Tableau 会自动检查每列的数据类型，并相应地做出拆分。

数据的维度用蓝色表示，度量用绿色表示。这和之前见到的颜色编码一样，蓝色表示离散数据，绿色表示连续数据。离散数据只能为特定的值，例如整型或类别，而连续数据可以是任何值。

维度并非必须是离散的，度量并非必须是连续的。在某些情况下，可以将离散数据转换为连续数据，例如时间。右击字段，或点击小三角形即可调出菜单。但是分类数据不能这么操作，因为分类数据不能是连续的。还可以将连续数据转换为离散数据。

Tableau 会自动将度量求总计，但是维度就不会，即它会执行求和和平均值等运算。维度用来对数据分组，并设置粒度。

制作第一个图表：可以通过选择要绘制的数据，方法是将相关字段拖到列或行功能区上（如图 3–64 所示）。当将离散字段拖到列功能区中时，系统会创建一个离散轴。当使用连续字段时，系统会创建一个连续轴；还可以直接将字段拖到工作表上。

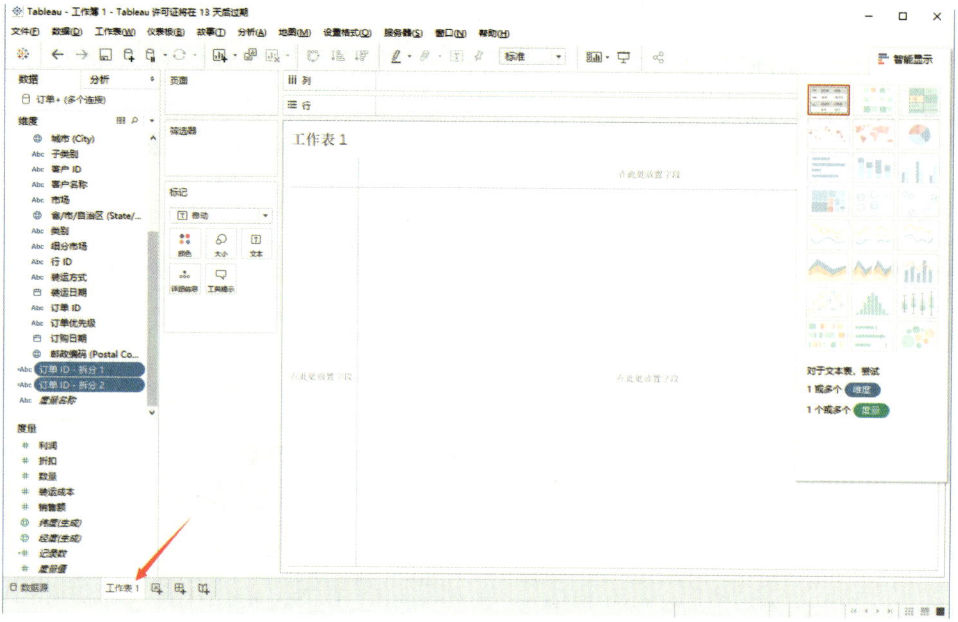

图 3–64　图表制作界面

（6）将目标数据字段拖拽至行或列。在数据字段拖拽的时候，右侧会展现出智能显示模块，在这里，会根据不同的数据字段展呈现不同的可以使用的图表。点击它们，会对该数据字段下的数据进行图表可视化展示。左侧会出现标记、筛选器模块，此模块下可以更改图标颜色等，如图 3–65 所示。

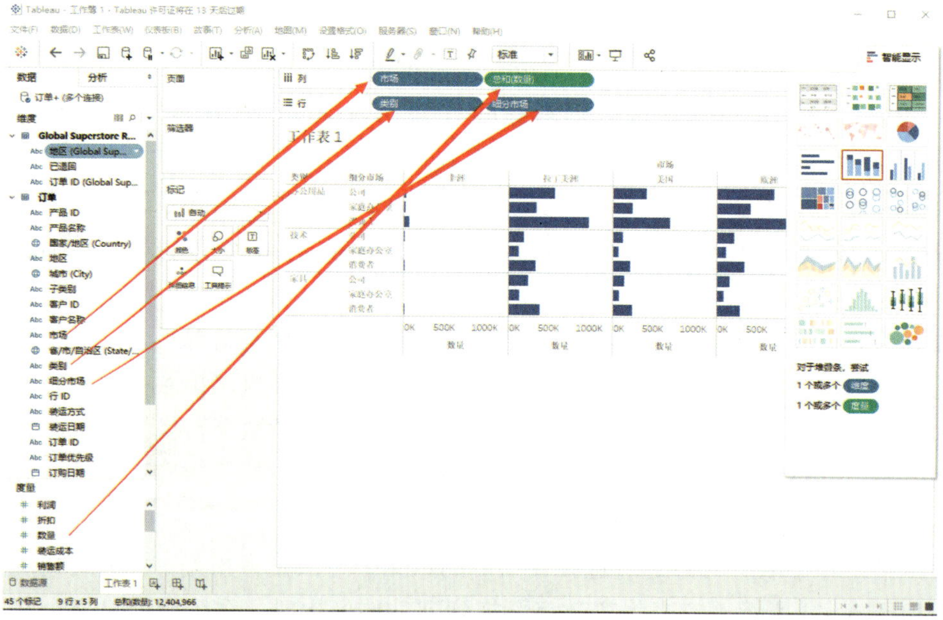

图 3–65　数据排列

（7）构建视图，如图 3-66 所示。

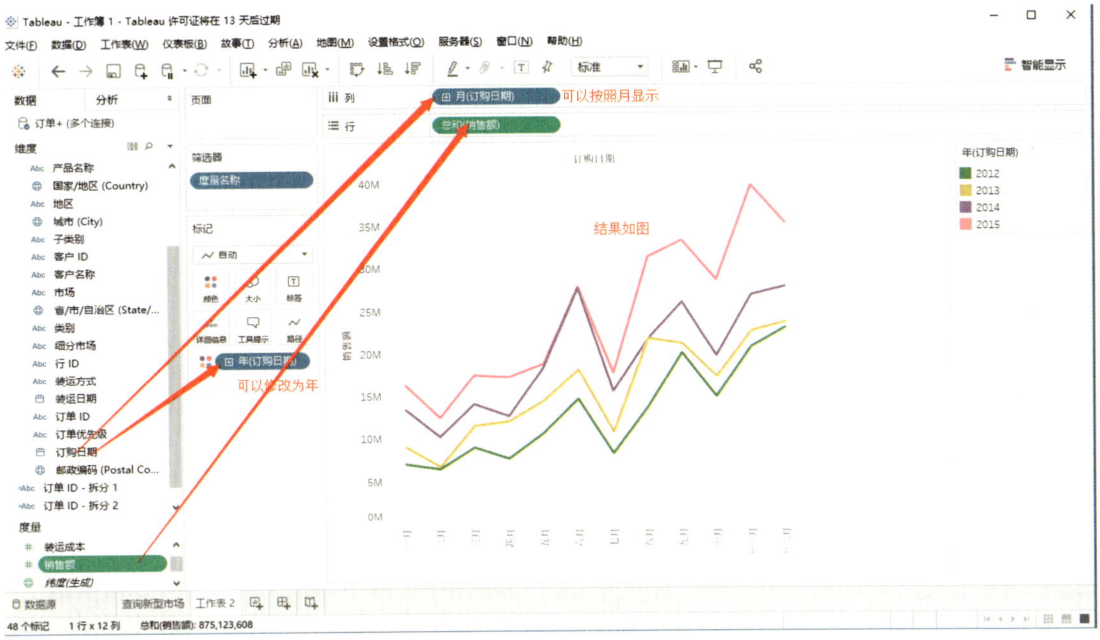

图 3-66　构建视图

（8）数据显示。当鼠标移动到图片上时会有提示，可以看到具体的数据，如图 3-67 所示。

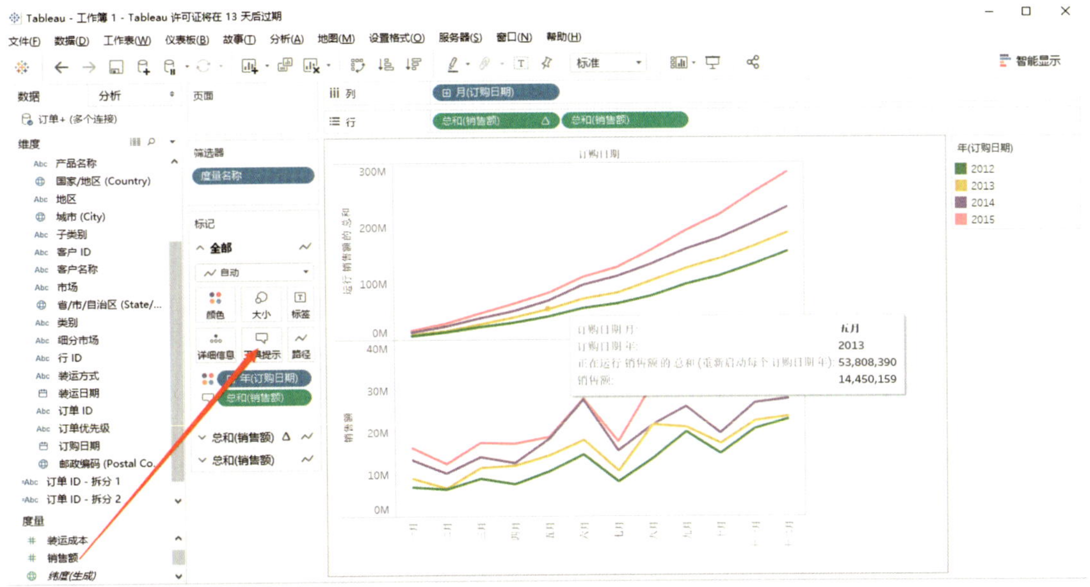

图 3-67　显示数据

（9）添加注释。单击图片右键可以添加注释，如图 3–68 所示。

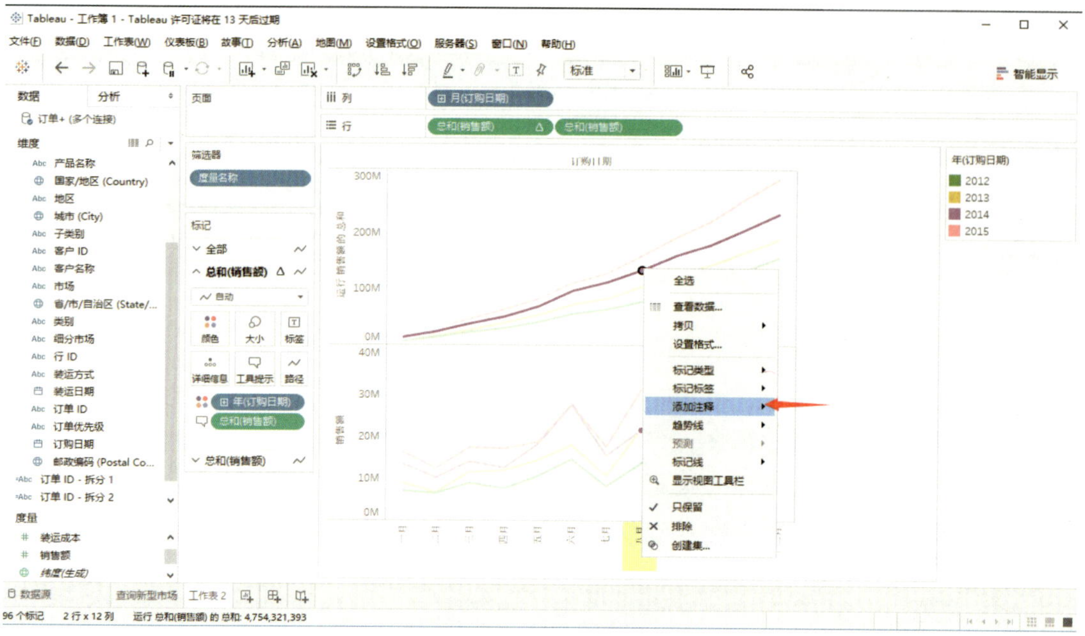

图 3–68　添加注释

（10）导出原始数据。图片右键，选择拷贝—数据，然后粘贴到 Excel 中就可以了，如图 3–69 所示。

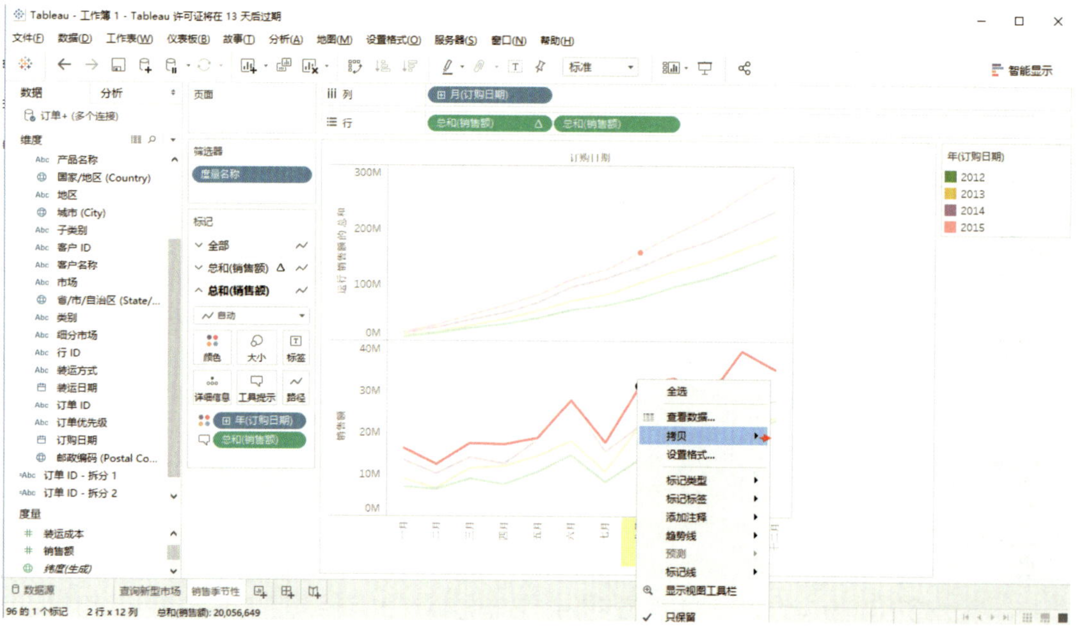

图 3–69　拷贝复制

（11）复制为交叉表。选择表单击右键—选择交叉表，形成二维表格，方便数据整理，如图 3–70 所示。结果如图 3–71 所示。

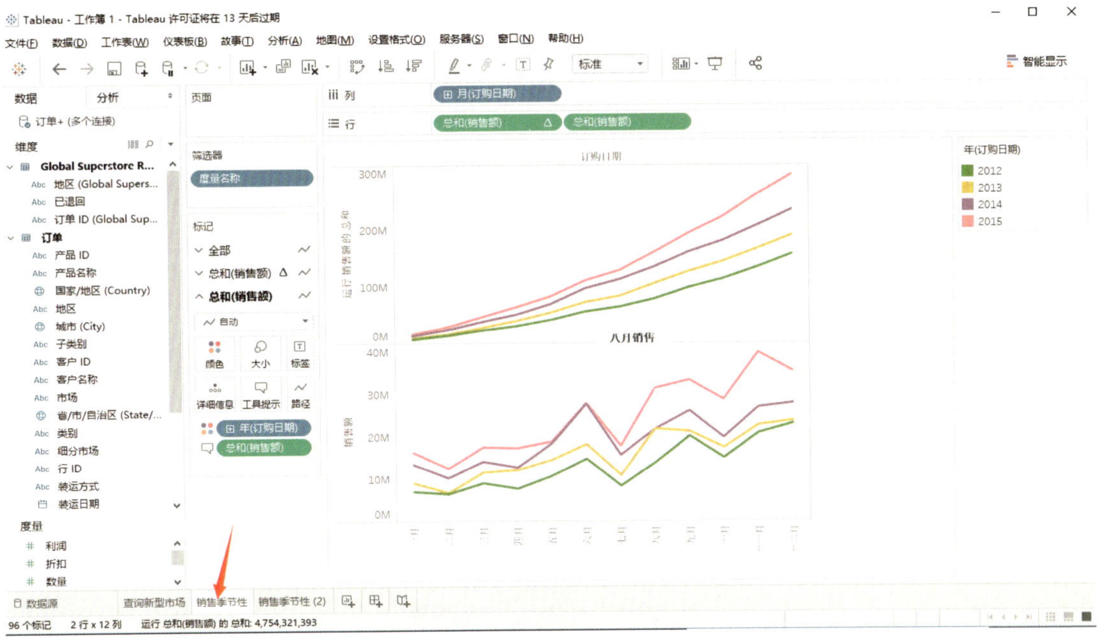

图 3–70 制作交叉表

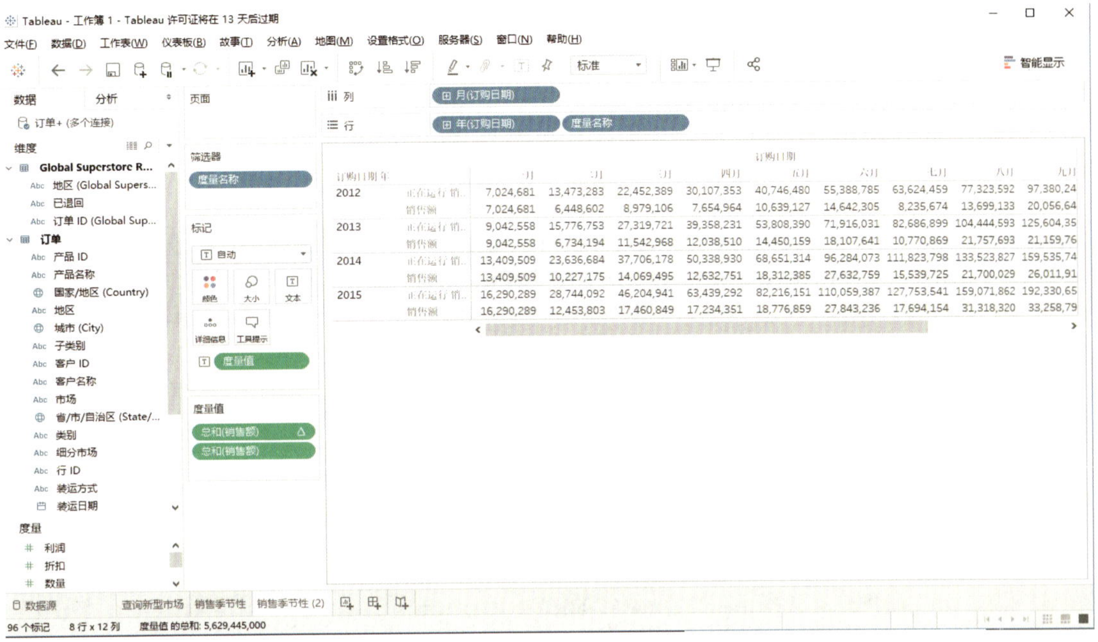

图 3–71 交叉表

（12）进行行列交换（若有需要），如图 3–72 所示。

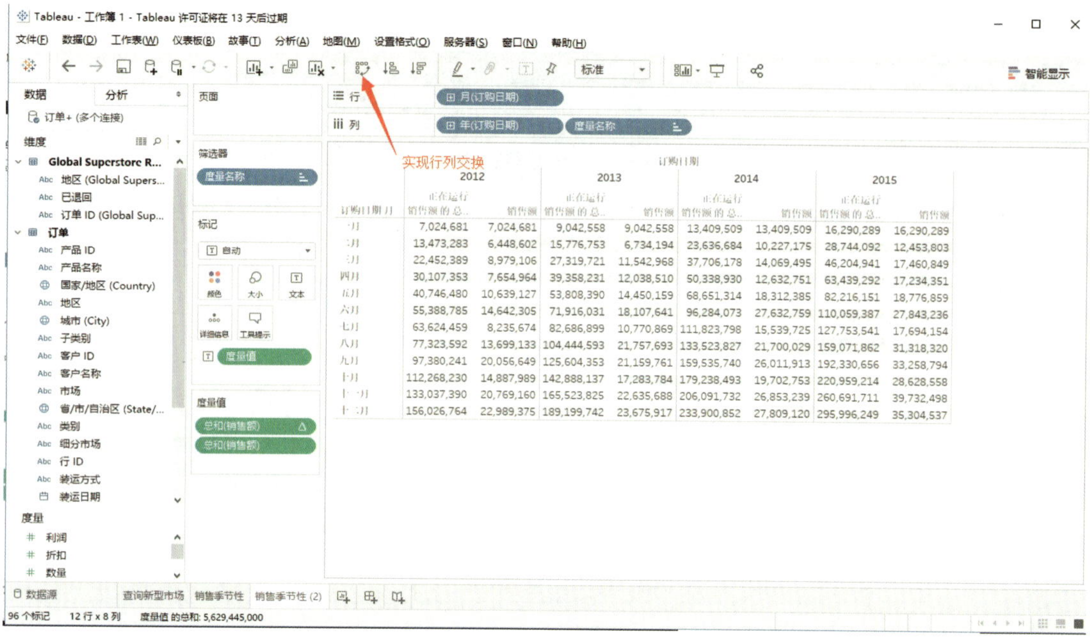

图 3–72　交叉表行列交换

3.4.3 Tableau 在电力系统中的应用

Tableau 作为一款可视化工具，在各个行业均有其用武之地，在电力行业中也经常用到其可视化展示功能。

例如可用 Tableau 可视化展示各所茶区相关线路台区情况：

（1）原始数据整理与导入。各供电所茶区情况统计如图 3–73 所示。

供电所	10kV 线路	台区数量（台）	炒茶户数（户）	配电变压器容量（kVA）	茶容量（kVA）	茶容量占比（%）
和平所	7	48	112	14610	4209	29
城北所	12	50	77	12815	3111	24
煤山所	6	37	67	9560	2007	21
泗安所	6	28	50	5745	2430	42
林城所	6	23	55	4345	1472	34
总计	37	186	361	47075	13229	28

图 3–73　各供电所茶区情况统计

（2）柱状图展示各所炒茶户与供电情况分布，如图 3–74 所示。

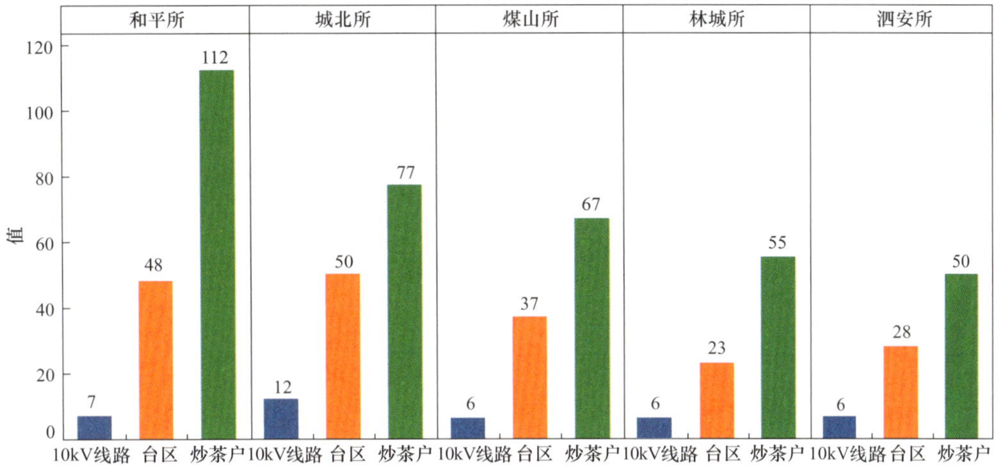

图 3–74　各供电所炒茶户及供电情况分布

3.4.4 软件特点

1. 优点

（1）学习成本很低，可以快速上手。

（2）对于不太掌握统计原理的人，也能完成非常有价值的分析。

（3）文科同学也能够快速完成过去 IT 和数据分析人才才能完成的工作。

（4）数据可视化独具特色，嵌入了地图和钻取。

（5）海量数据处理非常快。

（6）可以实现 Dashboard 和动态数据更新。

（7）所见即所得，也能够见图见数，见数见图。

（8）完成基本统计预测和趋势预测。

（9）Web 服务器应用——商业智能。

（10）数据源丰富。

（11）输出方便，等等。

2. 缺点

（1）是基于数据查询的工具，难以处理不规范数据，难以转化复杂模型。

（2）对输入数据类型有要求，运行起来比较慢，且只能支持个人电脑，这也是很多 Newsroom 后来抛弃它的原因。

（3）本身没有后端数据仓库，宣称自己是内存 BI，实际用起来对硬件要求极高，对于超千万条的数据分析，必须借助于其他 ETL 工具处理好数据再进行前端分析。

（4）无法支持中国式复杂表样。

（5）本地化服务差。

4 统计分析方法

4.1 统计学概述

统计学是一项综合性学科，本身是由方式和理论相互组合到一起的，在对数据进行归纳以及处理的过程中，通常会应用统计学。统计学是一项漫长古老并且应用效果好的综合性学科。近年来，统计学在中国的发展有了很大的飞跃，呈现多元化发展的趋势。统计学自身的发展领域变得更加宽广，在计算机科学、信息科学、经济学、管理学、金融工程等领域都有广泛的应用并与之有力结合，共同发展。

4.1.1 统计学在大数据背景下的挑战

1. 数据的来源问题

传统的数据主要通过抽样调查获取，或者来源于组织内部，而大数据与传统数据的来源不同，主要来源于互联网。随着科学技术的快速发展，个人电脑的逐渐普及，移动智能终端的盛行，社交网络的快速发展，以及越来越多的人能够在越来越多的地方实现上网，收集数据的途径更加多元化，也更加广泛。大数据蕴含着巨大的潜在价值，在人们的生产和生活中已成了重要的生产要素和组织资产，起到的作用可以与物质和人力资本相提并论。相应的，各类追逐利益的组织（特别是企业）既要对怎样收集大量有效信息进行考虑，同时又希望能够独自占有这些信息。比如电商行业“封杀”现象，表面看来是这些企业所宣传的想要对公司的信息安全进行保护，但是实际根源是这些企业担心自身的内部商业信息被泄漏，其他的企业掌握了用户流量的命脉。因此，统计学在大数据背景下面临的一个重要挑战就是解决数据的封闭性问题。除此之外，对于经济统计而言，数据也在发生变化，不再只是标准结构的数据，因此，统计人才也需要开发并掌握资料收集的新技术。

2. 统计软件与方法的问题

当前使用的统计软件是以相关的信息计算机技术为基础研发而成的，既可以使数据的处理效率得到很大的提升，也可以使统计的操作过程进一步简化，使统计实践操作的质量得到有效提高。SPSS、SAS 等是当前经常使用的统计软件，但是在大数据背景下，这些软件仍然存在着一定的局限性，存储以及传输功能等需要进一步完善。但是统计软件并不能简单地就实现完善和升级，很多技术问题都需要解决。而且，在大数据背景下，数据不仅数量庞大，而且更新得非常快，信息的来源非常广泛，信息的结构也比较多元，在这些因素的影响下，数据分析和处理的难度也大大增加。同时因为没有健全的统计方法，也给统计学的发展带来了挑战。

4.1.2 大数据背景下统计学面临的机遇

在大数据背景下，统计学虽然面临着各种挑战，但同时也有了更多的机遇。

1. 统计效率提升

大数据背景下，统计学科进行统计的效率有了大幅提升，虽然数据的更新速度在大数据背景下有所加快，数据信息也越来越多样化，但是传统统计的缺陷正好可以得到弥补，因为采用传统的统计方法统计的数据信息比较滞后，并不能对当前的数据信息情况进行充分反应，这就使统计的时效被降低，而大数据正好可以使统计的时效性得到提升。同时，在统计并分析数据的过程中需要对大量的动态数据进行收集，而高速传输正是传统的统计软件不能够实现的，不能及时地对动态数据进行更新，大数据解决了这个问题。

2. 统计学科的应用范围扩大

传统的统计学实践操作的主要目的是对结果和原因进行了解，但是以大数据为基础而建立的统计学科的变化比较大，进行实践操作的主要目的是对具体的过程进行了解。在传统的研究中收集相关的数据通常是为了研究问题，而在大数据背景下，并不是在研究问题的目的下而收集数据，而是通过收集的数据来发现问题，从而针对发现的问题来进行研究，这样的研究方式使统计学的应用范围得到很大的扩展。比如，传统的卫生统计等相关的统计仅仅是作为一种参考信息，但是在大数据背景下，数据自身就隐含着许多有价值的信息，众多的用户收集的网络数据包括各个方面，分析用户收集的数据，可以对用户及行业发展的需求进行了解，从而根据用户的需求来制定来产品，促进行业的发展。

3. 统计学科体系得到补充和延伸

统计学科应用了大数据之后，使得样本的选择和标准的划分都发生了变化，样本的统计向总计统计转变，难度也得到降低，并使样本统计的缺陷得到弥补，补充并延伸了统计学科体系。

4.2 统计学基本分析方法

现代世界是一个大数据驱动的世界，数据源是无限的，极大的数据集被存储在中心数据仓库中。近些年来，为了从这些巨型数据集中提取有价值的信息，从原始数据中发现新知识的方法爆炸性地增长，数据挖掘方法及其应用得到广泛研究。在国内外，成熟的数据挖掘方法有很多研究，根据其发现或挖掘的知识或模式类型分为相关知识、分类知识、聚类知识、分类预测或回归预测知识等；在国际学术交流会上出现不少新的挖掘方法：社区挖掘、相互最近邻查询、基于云理论的方法、证据理论等。下面对常用的数据挖掘方法进行分析。

4.2.1 关联分析方法

关联分析方法是通过发现数据仓库中有价值的属性或项目之间的相关规则从而挖掘出相关式的知识或信息的方法，其任务就是减少大量难懂的、无序可循的数据，使之成为少量的、方便观察理解的静态资料或信息。相关知识的发现在商业领域中的应用最经典的实例是购物篮分析。根据不同的分类标准可以有不同的分类方法，且其实现的算法并不唯一，如表 4–1 所示。

表 4–1　关联规则的分类和实现算法对比

分类标准	分类方法	实现算法	分析
处理的值的类型	布尔关联规则和数量关联规则	Apriori 算法、FP–growth 算法、Eclat 算法	Apriori 算法是挖掘布尔相关规则频繁项集的算法，属于单维、单层相关规则；FP–growth 算法比 Apriori 算法大约快一个数量级；而 Eclat 算法加入了倒排的思想
数据维数	单维关联规则和多维关联规则		
抽象层次	单层关联和广义关联规则		

Apriori 算法的核心是基于两阶段频集思想的递推算法，属于单维、单层、布尔相关规则。韩家讳等人为提高 Apriori 算法的算法性能，提出了基于 FP 树生成频繁项集的 FP–growth 算法。Eclat 算法与 F–Pgrowth 和 Apriori 算法不同，Eclat 算法加入了倒排的思想。

下面介绍两种主流的关联分析方法：

（1）Apriori 算法。该算法是挖掘相关规则所需频繁项集的基本方法，也是最经典的相关规则挖掘算法。它由 R.Aarawal 和 R.Srikant 与 1994 年提出，并根据有关频繁项集特性的先验知识（Prior Knowledge）命名。Apriori 算法是第一个相关挖掘算法，开创性地使用了基于支持度剪枝的技术，成功地处理了组合爆炸问题，并且系统地控制了候选项集的指数增长。算法的核心思想是基于频繁集理论的一种递推方法，其目的是根据最小支持度阈值和最小置信度阈值从给定的数据集中挖掘出期望的相关规则。

（2）FP–growth 算法即频繁模式增长（Frequent Pattern Growth），简称 FP 增长，它由 Han.Pei 和 Yin 于 2000 年提出的，能够在不产生候选项集的情况下产生所有的频繁项集。FP 增长算法与 Apriori 算法采用了完全不同的方法来发现频繁项集。FP 增长算法使用一种称作 FP-tree 的紧凑数据结构存储频繁项的数据，在不产生候选项集的情况下，可以从该结构中直接提取频繁项集。FP-tree 对输入数据进行压缩表示，它通过依次逐个读入事务，并把每个事务映射到 FP-tree 中的一条路径进行构造。FP-tree 中除根节点外的每个节点对应数据库中 1 个项，从根节点到子孙节点的一条路径对应一个项集。FP 增长算法在不生成候选项的情况下完成 Apriori 算法的功能。

FP 增长算法是采用分治策略将一个问题分解成较小的子问题，从而发现以某个特定后缀结尾的所有频繁项集：①将代表频繁项集的数据库压缩到一颗频繁模式树（FP-tree），该树仍保留项集的相关信息；②把这种压缩后的数据库划分成一组条件数据库，每个数据库相关一个频繁项或模式段，并分别挖掘每个条件数据库。该算法和 Apriori 算法最大的不同有两点：不产生候选集；只需要两次遍历数据库，大大提高了效率。

但是，FP 增长算法有以下几点不足之处：①如果每条事务都很长，在构建新的 FP-tree 时，将数据存放在内存中时需要较深的递归，这样就会大量消耗内存；②新条件构造 FP-tree 时，需要进行条件频繁项支持度计数、排序、产生条件模式基、构造条件 FP-tree 等费时的操作，这将增加算法运行时间；③对于单路径，由树节点的所有组合方式生成频繁项集。但是采用这种方法必须每次判断 FP-tree 是否是单路径，从而降低了程序效率。

4.2.2 回归分析方法

回归分析是一种基于统计理论的监督学习模型，目标是确定数据输入和输出之间的映射关系，与分类不同，回归分析的目标输出是连续的。

在回归分析中，变量分为自变量和因变量两类，自变量可以视为函数的输入；因变量可以视为函数的输出，回归分析是通过一组自变量和因变量对应的数据集合，分析其间的映射关系，即寻找自变量和因变量之间的映射函数。

回归分析的主要研究内容包括以下四个方面：

（1）从数据集出发（包括输出输入和输出），建立输出和输出之间的映射关系模型，确定模型的位置参数，模型的选择需要考虑过拟合问题，参数的优化方法一般是最小二乘法。

（2）对训练结果进行校验，分析其可靠性。

（3）因果关系挖掘，即在多元回归分析中，判断自变量对输出结果的影响力，通常采用逐步回归、向前回归和向后回归等方法。

（4）基于关系映射模型，对现实应用问题进行预测分析。

在回归分析面向实际应用问题，建立问题的回归模型具有典型的步骤：

（1）确定变量。确定数据输入和输出，即自变量和因变量，此外，回归分析是监督学习过程，所以还需要采集训练数据。

（2）选择模型。可以将回归分析视为寻找自变量和因变量之间的映射函数的过程，更具体一点，是要首先确定一个函数类型，回归分析是寻找函数中的系数的过程。

（3）参数估计与因变量分析。在确定了变量和函数类型的情况下，参数估计是依据训练数据，计算模型中各项参数的值，使得最终模型能够反映自变量和因变量之间的映射关系；由于因变量的确定是人工归纳的，具有一定的经验主义色彩，并不能一定真实反映实际问题，需要分析自变量在问题中的重要程度，一般依据系数大小决定。

（4）计算预测误差。对模型的可靠性进行判断，只有检验误差相对较小，才能将模型最终应用于问题的预测。

（5）确定预测值。利用建立的回归模型，判断新的因变量对应的目标输出。

在数据挖掘中回归分析应用的例子很多，例如回归分析可用来预测由微波遥感探测的森林里的生物的数量；可以估计在给出诊断结果的情况下病人能存活的概率；可以作为一个广告花费函数来预测消费者对新产品的需求。

4.2.3 分类方法

在数据挖掘的知识模式中，分类是比较重要的一种模式，分类分析方法也是一种十分必要和高效率的分析方法，在数据挖掘的分类工具中，决策树分类的功能比较全。决策树的基本思想是空间划分，通过递归的方式把关于自变量的 W 维空间划分为不重叠的矩形。如图 4–1 所示，决策树首先按 X_1 是否大于 0.7 将空间划分为两部分，然后再在这两部分分别按 X_2 划分空间。整个空间被划分为四个矩形，各自对应一个分类结果。决策树算法的比较，如表 4–2 所示。

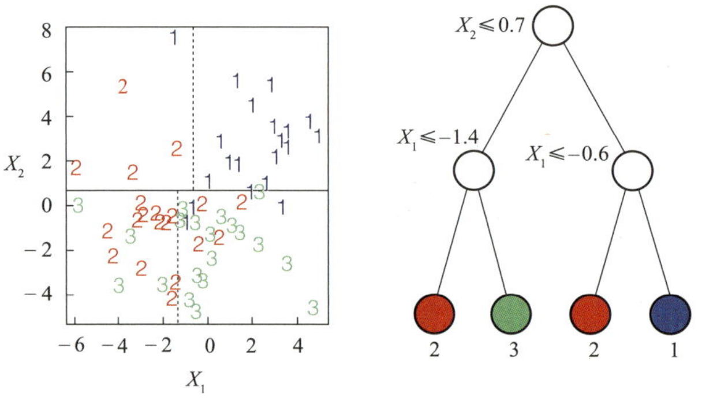

图 4–1 决策树分类示意图

表 4–2 决策树算法的比较

决策树算法	算法分析	使用分析
ID3 算法、C4.5、C5.0、CART（分类回归树）	采用分治策略，ID3 算法是各算法的代表，其他算法在其原理之上改进产生，利用信息增益寻找数据库中具有最大信息量的属性字段建立决策树的节点	具有描述简单、分类速度快的特点，适合大规模数据处理

续表

决策树算法	算法分析	使用分析
KNN 法	在类别决策时只与极少量的相邻样本有关，较好地避免样本的不平衡问题，但是计算量较大	适合类域的交叉或重叠较多的待分样本集
Reverse KNN 法	能降低 KNN 算法的计算复杂度，提高分类的效率	适用样本容量比较大的类域的自动分类，若样本容量小易产生误分
Bayes 法	一种在已知先验概率与类条件概率的情况下模式分类方法。需要获得类别总体的概率分布和各类样本的概率分布函数（或密度函数）	要求样本相互独立，且样本足够大

4.2.4 聚类分析方法

聚类分析是一种统计分析方法，也称为群分析，主要研究样品或指标间的分类问题。在商业领域中一般是基于不同聚类分析的计算方法，分为基于分块的聚类方法、基于分层的聚类方法、基于密度的聚类方法、基于网格的聚类方法、基于模型的聚类方法；其具体实现算法又分为K-Means算法、K-Medoids算法、Clara算法、Clarans算法等。K-Means算法接受输入量 K；而后将 n 个数据对象划分为不同的聚类，聚类数为 K 个且达到以下目标：所聚类别内部的对象相似度较高；而所聚类别外部的对象相似度较小。聚类相似度可以利用所聚类别内部对象的属性度量的均值计算而来，该均值也成了所聚类别的中心。其他聚类算法比较如表 4-3 所示。

表 4-3　聚类算法对比分析表

聚类算法名称	算法分析	使用分析
K-Means 算法	该算法接受输入量 K；而后将 n 个数据对象划分为不同的聚类，聚类数为 K 个，聚类相似度可以利用属性的均值，即聚类的中心计算而来	容易解释、易于理解
改进 K-Medoids 算法	选取一个对象叫作 Medoid，标识了这个类，起到 K-Means 算法的中心的作用	对脏数据和噪声数据不敏感，适合小数据量的处理
Clara 算法	用实际数据的抽样来代替整个数据，然后再在这些不变的抽样数据上，利用 K-Medoids 算法得到最佳的 Medoid	基于采样的方法，能够处理大量的数据
Clarans 算法	Clarans 算法在每一次寻找最佳的 Medoid 的循环过程中所采用的采样都是因变化而不同的	需要人为地设定循环次数

典型 K-Means 算法的基本过程示意图如图 4-2 所示。

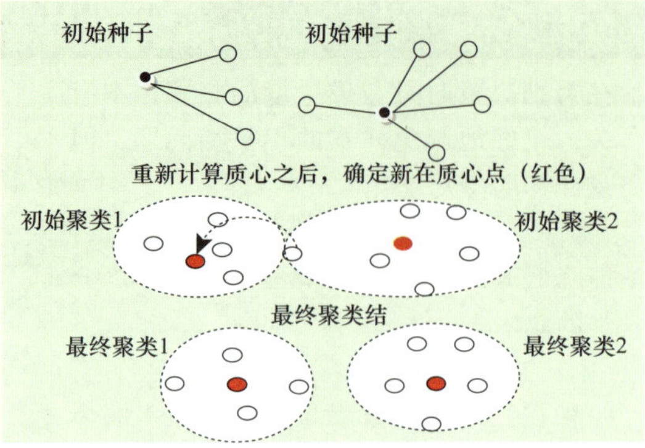

图 4-2　典型 K-Means 算法的基本过程示意图

聚类分析算法的研究很具有挑战性，但又因其可广泛应用的特性得到很多人认可，使得聚类分析技术的应用领域不断向前拓宽，研究不断向前深入，随着聚类算法的研究和应用的深入，也总结出了聚类算法的很多一般要求：

（1）可伸缩性。很多聚类分析算法在小规模数据处理方面会得到很好的效果，但是实际应该过程中所产生的数据库中的数据对象往往是巨大的，这就要求聚类分析算法拥有良好的伸缩性，进而可以应对大型的数据。需要指出的是当算法的伸缩性不强或者仅适合小规模的数据处理时，采用抽样方法来对大型数据进行处理有时并不能得到较好的处理结果，因为通常会得到歪曲的结果。

（2）可以处理不同字段。算法要能够处理多种字段，包括数值型，离散型，二值型，顺序型以及符号型和多种类型数据的混合型。

（3）能够处理任意形状的数据集合。很多算法的相似性都是用某种距离来定义的。这一类算法的不足点在于针对那些大小相似并且密度接近球型或者圆形的簇比较高效，而处理其他类型的数据时聚类效果不能令人满意。但是在实际应用的数据库之中，其数据类型是很复杂的，且分布也可能是任意形状的，因此要求聚类算法也具备能够发现任意形状的簇的能力。

（4）尽量降低用户输入的参数的数目。有一些聚类分析算法，在实际应用过程中需要使用者给出一些参数，例如密度阈值等。由于这些参数直接决定了聚类分析的结果，使得聚类分析与输入的参数密切相关，而参数的确定又是一件非常不容易的事情。特别是涉及一些高维数据时参数更加难以确定，这样不仅对用户造成了一定的负担，也使得结果难以预测。因此，一个好的聚类算法应该尽量减少由使用者决定的参数。

（5）抗噪声的能力。现实数据库中的数据几乎都或多或少的含有一定的量的噪声。一些算法对噪声十分敏感，这就可能导致得不到预期的效果，甚至出现错误的聚类结果。所以，要求聚类分析算法要具备抵抗一定的噪声的能力。

（6）聚类的最终结果要对数据对象输入的先后顺序不敏感。有些聚类算法对数据记录的输入顺序十分敏感，即对同一组记录采用不同的顺序输入交给同一个聚类算法进行处理，得出的结果可能相差非常大。因而，要求聚类分析算法要对数据输入的先后顺序不敏感。

（7）能处理高维数据。目前，绝大部分的聚类算法在应对低维数据时会有非常好的效果。但是现实中的数据库由于数据对象具有很多属性，即数据对象多数都是高维的，且在数据处理阶段也可能会合成一些高维数据，而高维数据的处理与低维数据处理方法有很大不同，这就使得很多聚类算法难以得到满意的聚类结果。目前，在高维数据进行聚类的研究并没有向低维空间研究的那么深入，高维空间聚类难度十分巨大，要考虑多种因素。

（8）能满足一定的约束限制。实际应用中经常会对聚类的数据添加各种约束条件，希望在添加了约束条件之后聚类算法仍然能够得到较好的聚类结果。

（9）最终的聚类结果要容易理解和应用。其实聚类结果最后还是得交给人来分析的，因此希望聚类的结果是可以理解、易于理解的，而且要求聚类的结果是可以被应用的。因此规定聚类分析的结果可以在特殊的环境特定的语义相联系。

4.2.5 方差分析方法

方差分析是一种统计分析方法，是通过推断控制变量各水平下观测变量的总体分布是否有显著差异来实现其分析目标的。与此同时，方差分析对观测变量各总体的分布有以下两个基本假设前提：①观测变量各总体应服从正态分布；②观测变量各总体的方差应相同。

基于这两个基本假设，方差分析对各总体分布是否有显著差异的推断就转化成为各总体均值是否存在显著差异的推断了。总之，方差分析从对观测变量的方差分解入手，通过推断控制变量各水平下各观测变量总体的均值是否存在显著差异，分析控制变量是否给观测变量带来了显著影响，进而剖析控制变量各个水平对观测变量影响的程度。

方差分析一般用于两个及两个以上样本数据的显著性检验。它是由英国统计学家R.A.Fisher首创，后来为了纪念Fisher，把方差分析叫作F检验。在方差分析中，造成不同实验组之间均数差别的来源有：①无法控制的随机因素，这种因素存在于研究本身；②人为地在研究过程中施加对观测结果有影响的可控因素。方差分析的内容较多，本书介绍的是单因变量多因素方差分析，以一次完成对多个总体的均值是否相同的检验。单因变量多因素方差分析是研究多个因素在不同水平的情况下对实验结果的影响以及各因素之间相互作用对实验的影响。方差分析的基本思想是：将总变异分解成不同来源的变异，然后对不同来源的变异对总变异的影响进行研究，得到不同的影响因素对最终结果的效用大小。方差分析原理图如图4–3所示。

图 4-3　方差分析原理图

方差分析是将误差来源进行划分，从而分析变量之间的关系，也是通过将误差来源进行细致的划分找出要研究的关键因素。它主要用来分析分类型自变量与数值型因变量之间的关系。方差分析是研究哪些变量会对最终结果产生显著影响的，利用方差分析可以比较直接、准确地分析出关键因素，因此，在数据分析时采用的是方差分析法。方差分析的应用条件：

（1）总体是正态分布，一般进行方差分析时对于分布的正态性要求不强，但如果有证据表明总体分布不是正态时，要将数据进行正态转化。

（2）变异可以分成不同的来源，并且不同来源的变异必须在意义上明确且彼此相互独立。

（3）实验处理内的方差彼此间无显著差异。

4.2.6 主成分分析方法

主成分分析是设法将原来众多具有一定相关性的指标（比如 P 个指标），重新组合成一组新的相互无关的综合指标来代替原来的指标。通常数学上的处理就是将原来 P 个指标作线性组合，作为新的综合指标。如果将选取的第一个线性组合即是第一个综合指标记为 F_1，则希望 F_1 尽可能多地反映原来指标的信息。最经典的方法就是用 F_1 的方差来表达，即 Var（F_1）越大，表示 F_1 包含的信息越多。因此在所有的线性组合中所选取的 F_1 应该是方差最大的，故称为 F_1 为第一主成分。如果第一主成分不足以代表原来 P 个指标的信息，再考虑选取 F_2 即选取第二个线性组合，为了有效地反映原来信息，F_1 已有的信息就不需要再出现在 F_2 中，用数学语言表达就是要求 COV（F_1，F_2）=0，称 F_2 为第二主成分，以此类推可以造成第三、四，……，第 P 个主成分。在实际工作中，就挑选前几个最大主成分，将主成分分析推广，就是因子分析。

主成分分析作为一种最常用的数据降维算法，也可看作是一种掌握事物主要矛盾的多元统计分析方法，是最为常用的特征提取方法，它通过对原始数据进行加工处理，使得问题处理的难度和复杂度大大简化，可以提高数据的信噪比，以改善原始数据的抗干扰能力。从概率统计观点可知，随机变量的方差代表其含有的信息，方差值越大包含的信息就越多，若变量的方差为零（常数），则该变量不含有任何信息。

主成分分析算法能够克服某种单一的指标不能反映数据信息，大量指标虽然能反映信息但是造成信息冗余的缺点。主成分分析算法就是将复杂的数据信息转化成为少量的数据信息，而且，这些少量的数据信息还能够反映原始数据的数据信息。

主成分分析主要包括以下四个计算步骤：

（1）将原始数据进行统一处理，然后标准化。

（2）根据标准化数据矩阵建立协方差矩阵。

（3）根据协方差矩阵计算特征值，并且得到主成分贡献率和累计的方差贡献率。

（4）建立因子载荷矩阵，计算主成分。

主成分分析算法在目前的学习和研究中有着广泛的应用。

4.2.7 预测方法

预测方法是一种挖掘连续取值数据或信息中预测知识的一种重要方法。传统的应用方法主要有时间序列分析、线性与非线性回归模型分析、灰色系统模型分析、马尔可夫分析法等；现在前沿的应用算法主要是神经网络和支持向量机算法，它可用来抽取能够描述重要数据集合或预测未来数据趋势的模型，在商业领域主要应用于销售量、市场占有份额预测方面。

（1）神经网络是一种算法数学模型，通过模仿动物神经网络行为特征，可以进行分布式处理和并行信息处理，其中的前馈式网络、反馈式网络和自组织网络是三种特别典型和普遍应用的网络模型。神经网络可以不断调整模型的自适应函数估计器以模拟任意的函数关系。它可以同时处理定量和定性知识，可以用于回归和分类，而且网络有很强的稳定性和容错性,然而它容易陷入局部最小点,易出现过度拟合,导致泛化能力较差。

（2）支持向量机（Support Vector Machines，SVM）是一种机器学习方法，其理论基础是统计学习理论，主要原则就是结构风险最小化。SVM 开始于分类问题，发展到求解回归问题，如今已深入线性和非线性回归问题建模。对于回归问题，需要依靠不敏感损失函数。在解决小样本数据中具有一定的优势，可以实现非线性和高维模式识别的任务。然而它对于大规模凸二次规划的数据集效率很低、对奇异值的稳健性不高。

4.3 电网企业统计分析案例

4.3.1 相关分析方法

相关分析是研究两个或两个以上处于同等地位的随机变量间的相关关系的统计分析方法。客观事物间的关系可分为函数关系和统计关系两类，相关分析主要针对事物之间统计关系进行分析。例如，家庭的收入与支出、空气中的相对湿度与降雨量之间的相关关系都是相关分析研究的问题，这些关系不能够像函数关系那样利用函数表达式描述。

事物之间的统计关系并非像函数关系那样易于直接分析和观察，但却普遍存在。统计分析重点在于甄别客观事物之间关系的强弱、程度，是一种行之有效的分析方法。

分析事物之间相关程度的相关系数有多种方法，参数的计算方法、特征特性也各不相同。有些是对称性的，有的是基于卡方向量，有的主要关注的是预测效果。按相关的程度分为完全相关、不完全相关和不相关，完全相关是指其中一个标志的数量变化由另一个标志的数量变化所确定，主要是函数关系；两个标志彼此互不影响，其数量变化各自独立，称为不相关；两个现象之间的关系，介乎完全相关与不相关之间称不完全相关。按相关的方向分为正相关和负相关，正相关指相关关系表现为因素标志和结果标志的数量变动方向一致；负相关指相关关系表现为因素标志和结果标志的数量变动方向是相反的。按相关的形式分为线性相关和非线性相关，一种现象的一个数值和另一现象相应的数值在直角坐标系中确定为一个点，称为线性相关。按影响因素的多少分为单相关和复相关，如果研究的是一个结果标志同某一因素标志相关，就称单相关；如果分析若干因素标志对结果标志的影响，称为复相关或多元相关。

现有的异常检测方法主要是通过对正常样本的描述，给出一个正常样本在特征空间中的区域，对于不在这个区域中的样本，视为异常。这些方法的主要缺点是，异常检测器只会对正常样本的描述做优化，而不会对异常样本的描述做优化，这样就有可能造成大量的误报，或者只检测到少量的异常。

1. 孤立森林算法简介

孤立森林，不再是描述正常的样本点，而是要孤立异常点，由周志华等人于2008年在第八届IEEE数据挖掘国际会议上提出，异常特点：①异常数据只占很少量；②异常数据特征值和正常数据差别很大。

目前学术界对异常的定义有很多种，在孤立森林（iForest）中，异常被定义为“容易被孤立的离群点”，可以将其理解为分布稀疏且离密度高的群体较远的点。在特征空间里，分布稀疏的区域表示事件发生在该区域的概率很低，因而可以认为落在这些区域里的数据是异常的。孤立森林是一种适用于连续数据的无监督异常检测方法，即不需要有标记的样本来训练，但特征需要是连续的。对于如何查找哪些点容易被孤立，iForest使用了一套非常高效的策略。在孤立森林中，递归地随机分割数据集，直到所有的样本点都是孤立的。在这种随机分割的策略下，异常点通常具有较短的路径。

2. 皮尔逊相关系数简介

在统计学中，皮尔逊相关系数（Pearson correlation coefficient），又称皮尔逊积矩相关系数（Pearson product-moment correlation coefficient，简称PPMCC或PCCs），是用于度量两个变量X和Y之间的相关（线性相关），其值介于-1与1之间。在自然科学领域中，皮尔逊相关系数广泛用于度量两个变量之间的相关程度，其值介于-1与1之间。它是由卡尔·皮尔逊从弗朗西斯·高尔顿在19世纪80年代提出的一个相似却又稍有不同的想法演变而来的。这个相关系数也称作皮尔逊积矩相关系数。

（1）定义。两个变量之间的皮尔逊相关系数定义为两个变量之间的协方差和标准差的商：

$$\rho_{X,Y}=\frac{\mathrm{cov}(X,Y)}{\sigma_X\sigma_Y}=\frac{E[(X-\mu_X)(Y-\mu_Y)]}{\sigma_X\sigma_Y}$$

式中：

$\rho_{X,Y}$——总体皮尔逊相关系数；

$\mathrm{cov}(X,Y)$——协方差；

$\sigma_X\sigma_Y$——标准差。

皮尔逊相关系数常用英文小写字母 r 代表：

$$r=\frac{\sum_{i=1}^{n}(X_i-\overline{X})(Y_i-\overline{Y})}{\sqrt{\sum_{i=1}^{n}(X_i-\overline{X})^2}\sqrt{\sum_{i=1}^{n}(Y_i-\overline{Y})^2}}$$

r 亦可由 (X_i，Y_i) 样本点的标准分数均值估计，得到与上式等价的表达式：

$$r=\frac{1}{n-1}\sum_{i=1}^{n}\left(\frac{X_i-\overline{X}}{\sigma_X}\right)\left(\frac{Y_i-\overline{Y}}{\sigma_Y}\right)$$

式中：

$\frac{X_i-\overline{X}}{\sigma_X}$——标准分数；

$\overline{X}$——样本平均值；

σ_X——样本标准差。

（2）数学特性。总体和样本皮尔逊系数的绝对值小于或等于 1。如果样本数据点精确的落在直线上（计算样本皮尔逊系数的情况），或者双变量分布完全在直线上（计算总体皮尔逊系数的情况），则相关系数等于 1 或 –1。皮尔逊系数是对称的：

$$corr(X,Y)=corr(Y,X)$$

皮尔逊相关系数有一个重要的数学特性是，因两个变量的位置和尺度的变化并不会引起该系数的改变，也就是说，如果把 X 移动到 $a+bX$ 和把 Y 移动到 $c+dY$，其中 a、b、c 和 d 是常数，并不会改变两个变量的相关系数（该结论在总体和样本皮尔逊相关系数中都成立）。更一般的线性变换则会改变相关系数：

由于 $\mu_X=E(X)$，$\sigma_X^2=E[(X-E(X)^2)]=E[X^2]-E^2(X)$，$Y$ 也类似，并且：

$$E[(X-E(X))(Y-E(Y))]=E(XY)-E(X)E(Y)$$

故相关系数也可以表示成：

$$\rho_{X,Y}=\frac{E(XY)-E(X)E(Y)}{\sqrt{E(X^2)-(E(X))^2}\sqrt{E(Y^2)-(E(Y))^2}}$$

对于样本皮尔逊相关系数：

$$r_{xy}=\frac{\sum x_iy_i-n\bar{x}\bar{y}}{(n-1)s_xs_y}=\frac{n\sum x_iy_i-\sum x_i\sum y_i}{\sqrt{n\sum x_i^2-(\sum x_i)^2}\sqrt{n\sum y_i^2-(\sum y_i)^2}}$$

以上方程给出了计算样本皮尔逊相关系数简单的单流程算法，但是其依赖于涉及的数据，有时它可能是数值不稳定的。

4.3.2 线路、变压器、用户对应关系相关分析案例

（1）户变对应关系识别。以某台区为例进行户变对应关系识别。该台区下共有155户用户，分析采用了各用户均有电压记录的96个时刻，各用户两两间皮尔逊相关系数分布如图4–4所示。

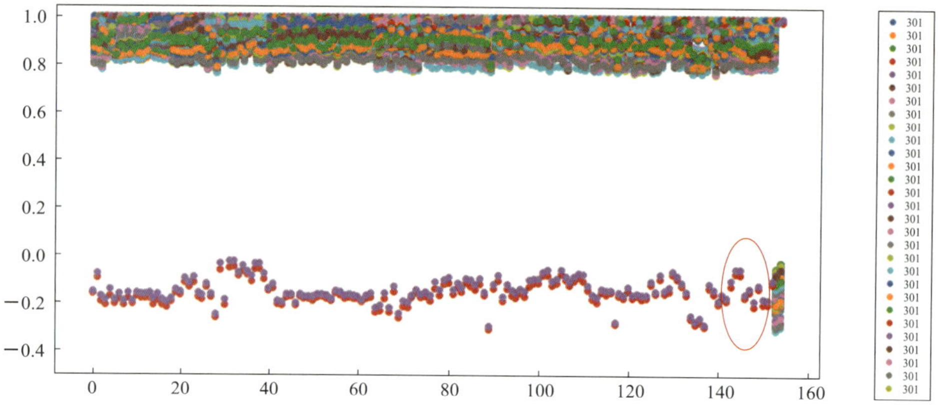

图4–4　用户相关性特征提取

根据实际情况对用户间相关系数均值进行排序，若某用户相关性分析情况偏离总体用户分布，则可判定该用户为可疑用户，为属于其他台区的用户。这里采用孤立森林算法进行离群点检测，检测对象为各用户与其他用户间的相关系数序列（包括其自身），检测结果如表4–4所示。

表4–4　户变关系孤立森林检测结果

序号	检测结果	用户编号	序号	检测结果	用户编号	序号	检测结果	用户编号
0	1	3012256768	51	1	3011019422	102	1	3011046214
1	1	3011046229	52	1	3011019423	103	1	3011046215
2	1	3011229204	53	1	3011019424	104	1	3011046216
3	1	3011030549	54	1	3011019425	105	1	3011046217
4	1	3011030550	55	1	3011019426	106	1	3011046218
5	1	3011020311	56	1	3011019427	107	1	3011046219
6	1	3011020312	57	1	3011019428	108	1	3011046220
7	1	3011020313	58	1	3011019429	109	1	3011046221
8	1	3011020314	59	1	3011019430	110	1	3011046222
9	1	3011020315	60	1	30110194321	111	1	3011046223
10	1	3011020316	61	1	3011019432	112	1	3011027792
11	1	3011020317	62	1	3011019433	113	1	3011027793

续表

序号	检测结果	用户编号	序号	检测结果	用户编号	序号	检测结果	用户编号
12	1	3011020318	63	1	3011019434	114	1	3011027794
13	1	3011030551	64	1	3012222122	115	1	3011027795
14	1	3011030553	65	1	3011018419	116	1	3011027796
15	1	3011030554	66	1	3011018420	117	1	3011018068
16	1	3011030555	67	1	3011018421	118	1	3011027797
17	1	3011030556	68	1	3011018422	119	1	3011027798
18	1	3011030557	69	1	3011018423	120	1	3011027799
19	1	3011030558	70	1	3011018424	121	1	3011027800
20	1	3011030559	71	1	3011018425	122	1	3011027801
21	1	3011030560	72	1	3011028167	123	1	3011027802
22	1	3011030561	73	1	3011028168	124	1	3011027803
23	1	3011030562	74	1	3011044551	125	1	3011027804
24	1	3011030563	75	1	3011024118	126	1	3011027805
25	1	3011030564	76	1	3011025655	127	1	3011046230
26	1	3011031379	77	1	3011024119	128	1	3011046231
27	1	3011038760	78	1	3011024120	129	1	3011046232
28	1	3011022418	79	1	3011024121	130	1	3011046233
29	1	3011027538	80	1	3011024123	131	1	3011046234
30	1	3011023444	81	1	3011024122	132	1	3011046227
31	1	3011027539	82	1	3011024124	133	1	3011045263
32	1	3011027540	83	1	3011024126	134	1	3011022240
33	1	3011027541	84	1	3011024127	135	1	3011022242
34	1	3011027542	85	1	3011024128	136	1	3011022243
35	1	3011027543	86	1	3011024129	137	1	3011022244
36	1	3011027544	87	1	3011024125	138	1	3012097962
37	1	3011027545	88	1	3011247375	139	1	3011227573
38	1	3011027546	89	1	3012196625	140	1	3012024776
39	1	3011027547	90	1	3011018035	141	1	3011039697
40	1	3011003007	91	1	3011018036	142	1	3011045713
41	1	3011003013	92	1	3011018037	143	1	3011046224
42	1	3011019413	93	1	3011018039	144	1	3011046225
43	1	3011019414	94	1	3011018040	145	1	3011046226
44	1	3011019415	95	1	3011018041	146	1	3011030521
45	1	3011019416	96	1	3011018042	147	1	3011030522
46	1	3011019417	97	1	3011018043	148	1	3011030523
47	1	3011019418	98	1	3011018044	149	1	3011030524
48	1	3011019419	99	1	3011046211	150	1	3011030525
49	1	3011019420	100	1	3011046212	151	1	3011030526
50	1	3011019421	101	1	33011046211	152	1	3011046228

检测结果为 -1 表示该用户属于异常用户，经核实，不对应用户全部检出并与现场一致，检出率 100%，准确率 100%。

（2）线变对应关系识别。以城北供电所川口 759 线为例进行户变对应关系识别。该台区下共有 51 组配变用户，分析采用了各用户均有电压记录的 96 个时刻。各配变间皮尔逊相关系数分布如图 4-5 所示。

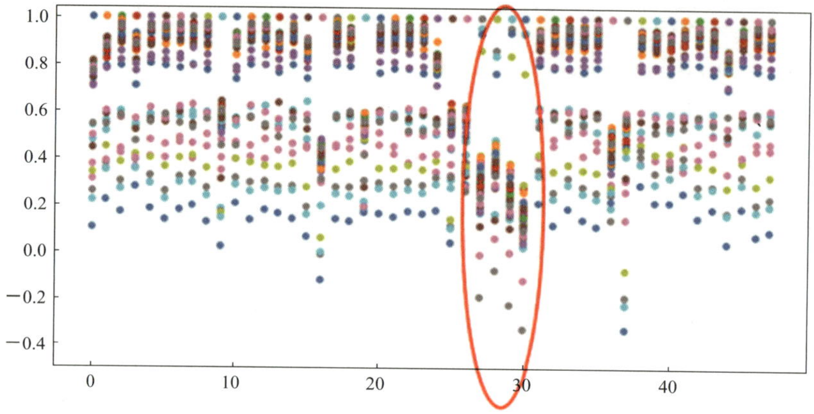

图 4-5　线路配变相关性特征提取

孤立森林异常检测分析：分析流程与户变对应识别流程一致，本例辨识准确率为 80%，检出率为 100%。

最小改接次数下的三相不平衡优化结果：按照 10% 的目标，通过寻优算法计算，只需改接 8 次，三相不平衡度即可达到为 9.671%。

5　机器学习及其在电网数据中的应用

5.1 机器学习概述

5.1.1 机器学习定义

机器学习是人工智能的一个重要分支。机器学习已广泛应用于数据挖掘、计算机视觉、自然语言处理、生物特征识别、搜索引擎、医学诊断、检测信用卡欺诈、证券市场分析、DNA 序列测序、语音和手写识别、战略游戏和机器人等领域。

人工智能的研究历史有着一条从以推理为重点，到以知识为重点，再到以学习为重点的自然、清晰的脉络。显然，机器学习是实现人工智能的一个途径，即以机器学习为手段解决人工智能中的问题。不同学者从不同角度，对机器学习有以下三种定义：

（1）机器学习是一门人工智能的科学，该领域的主要研究对象是人工智能，特别是如何在经验学习中改善具体算法的性能。

（2）机器学习是对能通过经验自动改进的计算机算法的研究。

（3）机器学习是使用数据或以往的经验，用以优化计算机程序的性能标准。

机器学习在近 30 多年已发展为一门多领域交叉学科，涉及概率论、统计学、逼近论、凸分析、计算复杂性理论等多门学科。机器学习理论主要是设计和分析一些让计算机可以自动学习的算法。机器学习算法是一类从数据中自动分析获得规律，并利用规律对未知数据进行预测的算法。因为学习算法中涉及了大量的统计学理论，机器学习与推断统计学联系尤为密切，也被称为统计学习理论。算法设计方面，机器学习理论关注可以实现的、行之有效的学习算法。很多推论问题属于无程序可循难度，所以部分机器学习研究是开发容易处理的近似算法。

一般来说，把机器学习分成监督学习和无监督学习，它们都有训练集，且都有输入和输出。监督学习和无监督学习的差别在于训练集数据是否有标签。

监督学习每一个数据都有人为打上的标签，从给定的训练数据集中学习出一个函数，当新的数据到来时，可以根据这个函数预测结果。常见的监督学习算法包括回归分析和统计分类。

无监督学习与监督学习相比，训练集数据没有人为标签。常见的无监督学习算法有生成对抗网络和聚类。

另外，还有介于监督学习与无监督学习之间的半监督学习，以及强化学习，它是为了达成目标，随着环境的改变而逐步调整其行为，并评估每一个行动之后收到的回馈是正向的或负向的。

5.1.2 监督学习

监督学习，是机器学习的一种方法，可以通过训练样本学习或构建一种模型，并以此模型推测新的样本。训练样本是由输入（通常是向量）和输出所组成。输出可以是一个连续的值（称为回归分析），或是预测一个分类标签（称作分类）。

监督学习的任务是在观察完一些事先标记过的训练样本（输入和输出）后，通过任何可能出现的输入去预测输出。要达到此目的，学习者必须以合理的方式从现有的样本中一般化到没有被观察到的情况。在人类和动物感知中，则通常被称为概念学习。

为了解决一个给定的监督学习的问题（如手写辨识），须考虑以下步骤：

（1）决定训练样本的范例的形态。在做其他事前，工程师应决定要使用哪种样本为范例。譬如可能是一个手写字符，或整个手写的词汇，或一行手写文字。

（2）收集训练样本。样本需要具有真实世界的特征。所以，可以由人类专家或（机器或感测器的）测量中得到的输入样本和相应输出。

（3）决定学习函数的输入特征的表示法。学习函数的准确度与输入的样本如何表示有很大的关联度。传统上，输入的样本会被转成一个特征向量，包含了许多该样本的特征。特征的个数不宜太多，但也要足够大，才能准确地预测输出。

（4）决定要学习的函数和其对应学习算法所使用的数据结构。譬如，工程师可能选择人工神经网络和决策树。

（5）完成设计。工程师接着用收集到的样本来训练学习算法，并调整算法的参数。参数调整后，算法可以运行在测试集上进行验证。

监督学习的各种分类器各有其优势和劣势。分类器的表现很大程度上与被分类的样本特性有关。并没有某一单一分类器可以在所有给定的问题上都表现最好，各种经验法则常被用来比较分类器的表现及寻找会决定分类器表现的样本特性。决定适合某一问题的分类器仍旧是一项艺术，而非科学。

目前最广泛被使用的分类器有人工神经网络、支持向量机、最近邻居法、高斯混合模型、朴素贝叶斯方法、决策树和径向基函数分类。

5.1.3 无监督学习

无监督学习是机器学习的一种方法，没有给定事先标记过的训练示例，自动对输入的数据进行分类或分群。无监督学习的主要运用包含聚类分析、关系规则、维度缩减。

它是监督学习和强化学习之外的一种选择。

一种常见的无监督学习是数据聚类。在人工神经网络中，生成对抗网络（Generative Adversarial Networks, GAN）、自组织映射（Self Organizing Mapping, SOM）和适应性共振理论（Adapitive Resonance Theory, ART）也是最常用的无监督学习。

GAN 通过让两个神经网络相互博弈的方式进行学习。该方法由伊恩·古德费洛等人于 2014 年提出。GAN 由一个生成网络与一个判别网络组成。生成网络从潜在空间中随机取样作为输入，其输出结果需要尽量模仿训练集中的真实样本。判别网络的输入则为真实样本或生成网络的输出，其目的是将生成网络的输出从真实样本中尽可能分辨出来。而生成网络则要尽可能地欺骗判别网络。两个网络相互对抗、不断调整参数，最终目的是使判别网络无法判断生成网络的输出结果是否真实。GAN 常用于生成以假乱真的图片。此外，该方法还被用于生成影片、三维物体模型等。另外，虽然生成对抗网络原先是为了无监督学习提出的，它也被证明对半监督学习、完全监督学习、强化学习是有用的。

ART 模型允许集群的个数可随着问题的大小而变动，并让用户控制成员和同一个集群之间的相似度分数，通过一个由用户自定被称为警觉参数的常量来实现。ART 也用于模式识别，如自动目标识别和数字信号处理。第一个版本为“ART1”，是由卡本特和葛罗斯柏格所发展的。

K-Means 是分散性聚类，是最常见的聚类算法之一。K-Means 表示以空间中 K 个点为中心进行聚类，对最靠近它们的对象归类。

已知观测集，其中每个观测都是一个 d 维实向量，K-Means 要把这 n 个观测划分到 K 个集合中（$K \leqslant n$），使得组内平方和（within-cluster sum of squares，WCSS）最小。

DBSCAN（Density-based spatial clustering of applications with noise）是 1996 年由 Martin Ester, Hans-Peter Kriegel, Jörg Sander 及 Xiaowei Xu 提出的聚类分析算法。这个算法是以密度为本的：给定某空间里的一个点集合，这算法能把附近的点分成一组（有很多相邻点的点），并标记出位于低密度区域的局外点（最接近它的点也十分远）。DBSCAN 是最常用的聚类分析算法之一，也是科学文章中最常引用的聚类分析算法之一。

DBSCAN 需要两个参数：ε（eps）和形成高密度区域所需要的最少点数（minPts），它由一个任意未被访问的点开始，探索这个点的 ε 邻域，如果 ε 邻域里有足够的点，则建立一个新的聚类，否则这个点被标记为杂音。注意这个点之后可能被发现在其他点的 ε 邻域里，而该 ε 邻域可能有足够的点，届时这个点会被加入该聚类中。如果一个点位于一个聚类的密集区域里，它的 ε 邻域里的点也属于该聚类，当这些新的点被加进聚类后，如果它（们）也在密集区域里，它（们）的 ε 邻域里的点也会被加进聚类里。这个过程将一直重复，直至不能再加进更多的点为止，这样，一个密度连结的聚类被完整地找出来。然后，一个未曾被访问的点将被探索，从而发现一个新的聚类或杂音。

算法可以以下伪代码表示：

```
DBSCAN(D, eps, MinPts) {
   C = 0
   for each point P in dataset D {
     if P is visited
        continue next point
     mark P as visited
     NeighborPts = regionQuery(P, eps)
     if sizeof(NeighborPts) < MinPts
        mark P as NOISE
      else {
        C = next cluster
        expandCluster(P, NeighborPts, C, eps, MinPts)
      }
   }
}
expandCluster(P, NeighborPts, C, eps, MinPts) {
   add P to cluster C
   for each point P' in NeighborPts {
     if P' is not visited {
        mark P' as visited
        NeighborPts' = regionQuery(P', eps)
        if sizeof(NeighborPts') >= MinPts
           NeighborPts = NeighborPts joined with
NeighborPts'
      }
      if P' is not yet member of any cluster
        add P' to cluster C
   }
}
regionQuery(P, eps)
    return all points within P's eps-neighborhood
(including P)
```

应注意，这个算法可以用以下方式简化：①“has been visited”和“belongs to cluster C”可被结合起来；②“expandCluster”副程式不必被抽出来，因为它只在一个位置被调用。以上算法没有以简化方式呈现，以反映原本出版的版本。另外，regionQuery 是否包含 P

并不重要，它等价于改变 MinPts 的值。

5.2 深度学习

5.2.1 神经网络

神经网络是人工神经网络的简称，是麦卡洛克和皮茨在 1943 年基于数学和一种称为阈值逻辑的算法创造的一种神经网络的计算模型。在机器学习和认知科学领域，神经网络是一种模仿生物神经网络（动物的中枢神经系统，特别是大脑）的结构和功能的数学模型或计算模型，用于对函数进行估计或近似。神经网络由大量的人工神经元联结进行计算。大多数情况下人工神经网络能在外界信息的基础上改变内部结构，是一种自适应系统，通俗地讲就是具备学习功能。

神经网络历史简述如下：

20 世纪 40 年代，神经网络被提出。

20 世纪 60 年代，深度神经网络被提出。

1989 年，识别数字的神经网（LeNet）出现。

20 世纪 90 年代，浅层神经网硬件出现（Intel ETANN）。

2011 年，DNN 语音识别取得突破性进展（Microsoft）。

2012 年，用于视觉的 DNN 开始替代人工（AlexNet）。

2014 年至今，DNN 加速器研究兴起（Neuflow、DianNao 等等）。

图 5-1 的柱形图是这些年来 ImageNet 竞赛中每届冠军的表现。可以看到最初算法精确度的错误率在 25% 或更多。2012 年，多伦多大学的 AlexNet 团队通过 GPU 来提升其计算能力，并采用深度神经网络方法，把错误率降低了近 10%。他们的成功带来了深度学习风格算法的井喷，以及图像识别技术的持续进步。

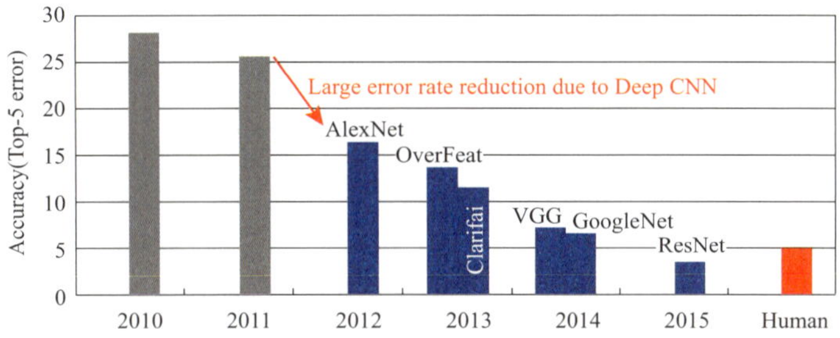

图 5-1　ImageNet 竞赛结果

神经网络是一种非线性统计性数据建模工具，神经网络通常是通过一个基于数学统计学类型的学习方法得以优化，所以也是数学统计学方法的一种实际应用，通过统计学的标准数学方法能够得到大量的可以用函数来表达的局部结构空间。在人工智能学的人工感知领域，应用数学统计学研究来做人工感知方面的决定问题（也就是说通过统计学的方法，人工神经网络能够类似人一样具有简单的决定能力和简单的判断能力），这种方法相比于正式的逻辑学推理演算更具有优势。与其他机器学习方法一样，神经网络广泛用于各种传统基于规则编程难以解决的问题上，例如机器视觉和语音识别等。

典型的神经网络具有以下三个部分：

（1）结构（Architecture）：结构指定了网络中的变量和它们的拓扑关系。例如，神经网络中的变量可以是神经元连接的权重（Weights）和神经元的激励值（Activities of the Neurons）。

（2）激励函数（Activation Rule）：大部分神经网络模型具有一个短时间尺度的动力学规则，来定义神经元如何根据其他神经元的活动来改变自己的激励值。一般激励函数依赖于网络中的权重（即该网络的参数）。

（3）学习规则（Learning Rule）：学习规则指定了网络中的权重如何随着时间推进而调整。这一般被看作是一种长时间尺度的动力学规则。一般情况下，学习规则依赖于神经元的激励值。它也可能依赖于监督者提供的目标值和当前权重的值。例如，用于手写识别的一个神经网络，有一组输入神经元。输入神经元会被输入图像的数据所激发。在激励值被加权并通过一个函数（由网络的设计者确定）后，这些神经元的激励值被传递到其他神经元。这个过程不断重复，直到输出神经元被激发。最后，输出神经元的激励值决定了识别出来的是哪个字母，如图 5-2 所示。

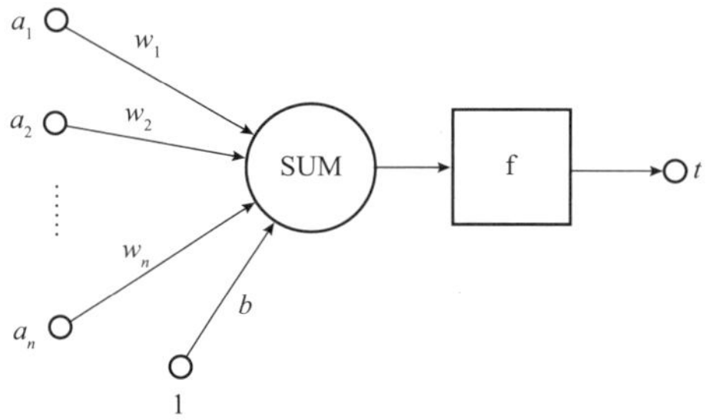

图 5-2　神经元示意图

图 5-2 中 $a_1 \sim a_n$ 为输入向量的各个分量；$w_1 \sim w_n$ 为神经元各个突触的权值；b 为偏置；f 为传递函数，通常为非线性函数。一般有 traingd()，tansig()，hardlim()。以下默认为 hardlim()；t 为神经元输出。

可见，一个神经元的功能是求得输入向量与权向量的内积后，经一个非线性传递函数得到一个标量结果。

单个神经元的作用：把一个 n 维向量空间用一个超平面分割成两部分（称之为判断边界），给定一个输入向量，神经元可以判断出这个向量位于超平面的哪一边。

最基本的神经元网络形式，由有限个神经元构成，所有神经元的输入向量都是同一个向量。由于每一个神经元都会产生一个标量结果，所以单层神经元的输出是一个向量，向量的维数等于神经元的数目，如图 5-3 所示。

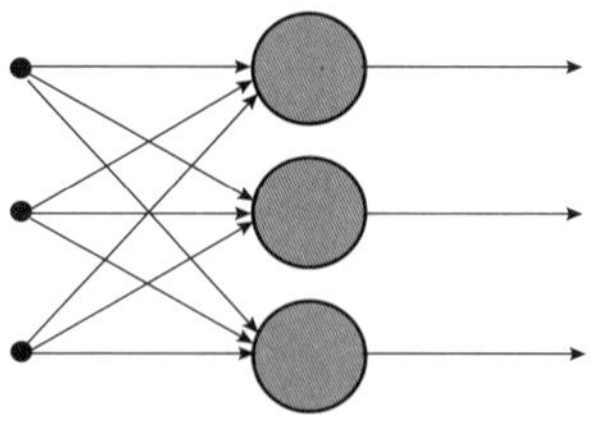

图 5-3 单层神经元图

多层神经网络图如图 5-4 所示，网络中最左边的一层被称作输入层，其中的神经元被称为输入神经元。最右边的一层是输出层，包含的神经元被称为输出神经元。网络中间的一层被称作隐藏层，在一些网络中往往有多个隐藏层。可以看到，输入向量连到许多神经元上，这些神经元的输出又连到一堆神经元上，这一过程可以重复很多次。数值向量在不同神经元之间传导。

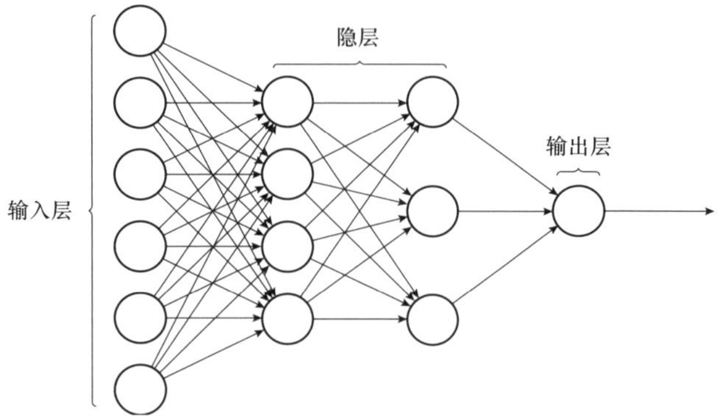

图 5-4 多层神经元网络图

神经网络是一个能够学习、总结归纳的系统，也就是说它能够通过已知数据的实验来学习和归纳总结。神经网络通过对局部情况的对照比较（这些比较是基于不同情况下的自动学习和要实际解决问题的复杂性所决定的），它能够推理产生一个可以自动识别的系统。与之不同的是基于符号系统下的学习方法，它们也具有推理功能，只是它们是创建在逻辑算法的基础上，也就是说它们之所以能够推理，基础是需要有一个推理算法则的集合。

通常来说，一个神经元网络是由一个多层神经元结构组成。每一层神经元拥有输入（它的输入是前一层神经元的输出）和输出。每一层 Layer(i)，是由 N_i（N_i 代表在第 i 层上的 N）个网络神经元组成，每个 N_i 上的网络神经元把对应在 N_i–1 上的神经元输出作为它的输入，把神经元和与之对应的神经元之间的连线用生物学的名称，叫作突触。在数学模型中每个突触有一个加权数值，称作权重，那么第 i 层上的某个神经元所得到的势能等于每一个权重乘以第 i_{-1} 层上对应的神经元的输出，然后全体求和得到了第 i

层上的某个神经元所得到的势能，然后势能数值通过该神经元上的激活函数（常是Σ函数）以控制输出大小，因为其可微分且连续，方便差量规则处理。求出该神经元的输出，应注意的是该输出是一个非线性的数值，也就是说通过激励函数求的数值根据极限值来判断是否要激活该神经元，换句话说对一个神经元网络的输出是否线性不感兴趣。

一种常见的多层结构的前馈网络由三部分组成：

（1）输入层，众多神经元接受大量非线形输入消息。输入的消息称为输入向量。

（2）输出层，消息在神经元链接中传输、分析、权衡，形成输出结果。输出的消息称为输出向量。

（3）隐藏层，简称隐层，是输入层和输出层之间众多神经元和链接组成的各个层面。隐层可以有一层或多层。隐层的节点（神经元）数目不定，但数目越多神经网络的非线性越显著，从而神经网络的强健性（控制系统在一定结构、大小等的参数摄动下，维持某些性能的特性）更显著。习惯上会选输入节点 1.2 至 1.5 倍的节点。

这种网络一般称为感知器（对单隐藏层）或多层感知器（对多隐藏层），神经网络的类型已经演变出很多种，这种分层的结构也并不是对所有的神经网络都适用。

通过训练样本的校正，对各个层的权重进行校正而创建模型的过程，称为自动学习过程。具体的学习方法则因网络结构和模型不同而不同，常用反向传播算法来验证。

5.2.2 深度学习

1. 深度学习简述

深度学习（深度神经网络的简称）是人工智能（Artificial Intelligence，AI）框架下的一部分。而 AI 是利用科学与工程学创造具有如同人类那样能实现目标的智能机器。AI 这个词就是这位计算机科学家在 20 世纪 50 年代所创造出的。深度学习和整个人工智能的关系就如图 5-5 所示。

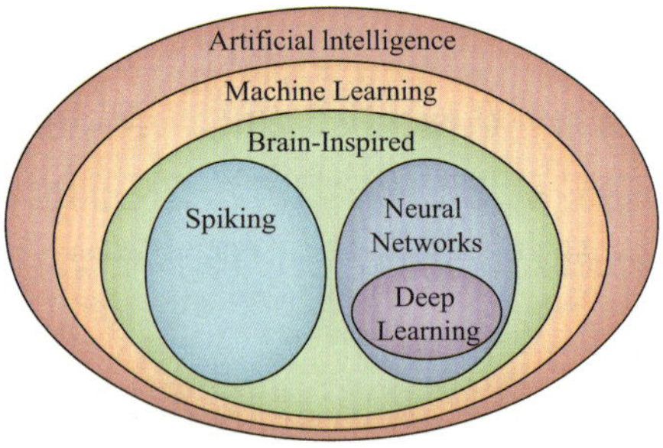

图 5-5 深度学习在人工智能大框架下的位置

2. 从神经网络到深度神经网络

神经网络从神经元涉及对输入值求加权和进行计算这一概念获得灵感。这些加权和对应于突触完成值的缩放以及其与神经元值间的组合。此外，因为计算与神经元级联相关联，并且其为简单线性代数的运算，所以神经元不会仅仅输出加权和。相反，在神经元中有函数执行组合输入的运算，而这种函数应该是非线性运算。在非线性运算的过程中，神经元只有在输入超过一定阈值时才生成输出。因此通过类比，神经网络将非线性函数运用到输入值的加权和中。

图 5-6 给出了一些简单的神经网络例子。

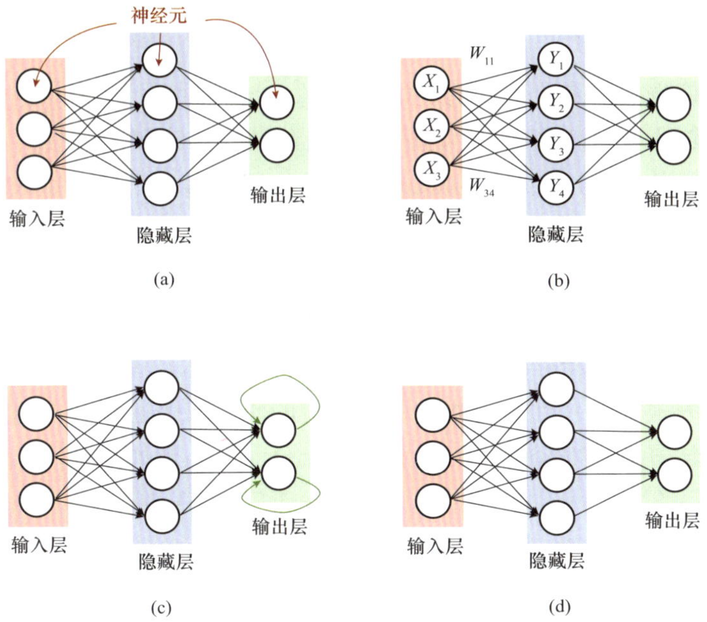

图 5-6　简单的神经网络例子

（a）神经元；（b）计算权重和；（c）前馈循环网络；（d）全连接层

图 5-6（a）中展示了计算神经网络的示意图。图的前端是输入层，该层会接收输入数据值。这些数据值前向传播到神经网络中间层的神经元中，中间层也常称为神经网络的隐藏层。一个或多个隐藏层的加权和最终前向传播到输出层，该输出层会最终向用户呈现神经网络的输出结果。为了将脑启发的术语和神经网络相匹配，神经元的输出通常称为激活，并且突触如图 5-6（b）所示通常称为权重。

$$y_j = f(\sum_{i=1}^{3} W_{ij} \times x_i)$$

式中：

W_{ij}——权重；

x_i——输入激活；

y_i——输出激活；

$f(\cdot)$——非线性激活函数。

图 5-6（c）显示处理输入的网络有前馈和循环两种主要形式。前馈网络中，所有

计算都是在前一层输出基础上进行的一系列运作。最终一组运行就是网络的输出，比如一张图片包括某个特定物体的概率是多少，某段音频出现某个单词的概率是多少，或者下一步行动的建议等。在这类深度神经网络中，网络并无记忆，输出也总是与之前网络输入顺序无关。

相反，循环网络是有内在记忆的，允许长期依存关系影响输出。在这些网络中，一些中间运行生成的值会被存储于网络中，也被用作与处理后一输入有关的其他运算的输入。

深度神经网络也可以是全连接的，如图 5–6（d）最左部分所示。在一个全连接层中，所有输出与所有输入都是相连接的。这需要相当数量的存储和计算空间。在许多应用中，可以移除激活之间的一些连接，方法就是将权重设置为零而不影响准确性。结果会产生一个稀疏连接层。图 5–6（d）最右端的层就是一个稀疏连接层。

通过限制对结果有影响的权重数量，也可以实现更高效的计算。如果每个输出仅仅是一个固定大小输入窗口的函数，就会出现这类结构化稀疏性。如果这套权重被用于每一个输入计算，就会进一步提高效率。这一权重共享能显著降低权重的存储要求。

在神经网络的领域内，有一门称为深度学习的研究。普通神经网络基本上层级不会很多，而在深度学习里，神经网络的层级数量十分巨大，现如今基本上神经网络可以达到 5 ~ 1000 多层。

3. 深度神经网络模型

深度神经网络（Deep Neural Network，DNN）是一种具备至少一个隐层的神经网络。与浅层神经网络类似，深度神经网络也能够为复杂非线性系统提供建模，但多出的层次为模型提供了更高的抽象层次，因而提高了模型的能力。深度神经网络通常都是前馈神经网络，但也有语言建模等方面的研究将其拓展到递归神经网络。卷积深度神经网络（Convolutional Neural Networks, CNN）在计算机视觉领域得到了成功的应用。此后，卷积神经网络也作为听觉模型被使用在自动语音识别领域，较以往的方法获得了更优的结果。

深度神经网络是一种判别模型，可以使用反向传播算法进行训练，如图 5–7 所示。权重更新可以用随机梯度下降法求解：

$$\Delta W_{ij}(t+1)=\Delta W_{ij}(t)+\eta\frac{\partial C}{\partial W_{ij}}$$

式中：

η——学习率；

C——代价函数。

这一函数的选择与学习的类型（例如监督学习、无监督学习、强化学习）以及激活函数相关。

图 5-7 为深度神经网络模型图。

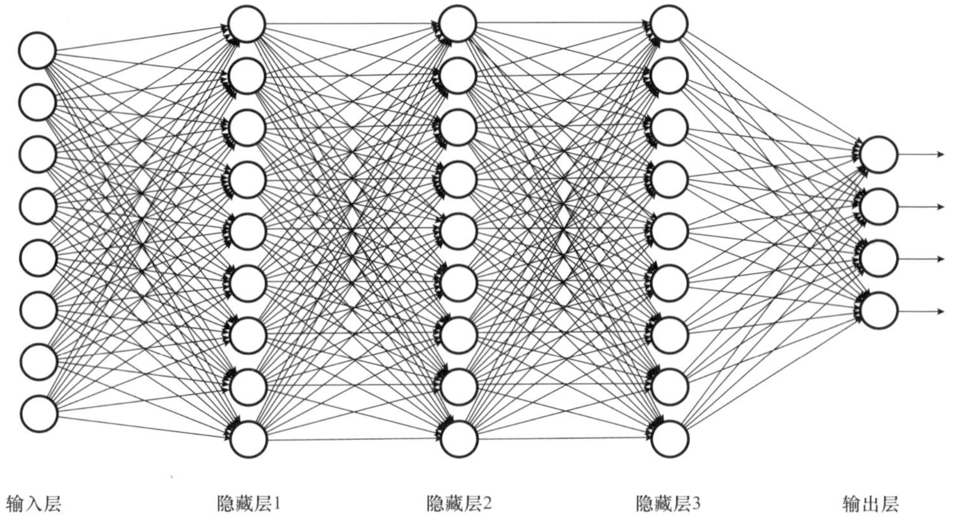

图 5-7 深度神经网络图

卷积神经网络由一个或多个卷积层和顶端的全连通层（对应经典的神经网络）组成，同时也包括关联权重和池化层。这一结构使得卷积神经网络能够利用输入数据的二维结构。与其他深度学习结构相比，卷积神经网络在图像和语音识别方面能够给出更优的结果。这一模型也可以使用反向传播算法进行训练。相比较其他深度、前馈神经网络，卷积神经网络需要估计的参数更少，使之成为一种颇具吸引力的深度学习结构。

4. 深度神经网络应用

从多媒体到医疗，深度神经网络对很多应用大有裨益。深度神经网络主要应用领域有图像和视频、语音和语言、医疗、游戏和机器人等。

5.3 基于机器学习方法的电网数据分析

5.3.1 电网数据描述

打造 95598 光明服务工程，深入开展为民服务创先争优活动，始终是各地供电公司为民服务的着力点和落脚点。

由此，采用机器学习方法对某供电公司 2016~2018 年的投诉意见综合表进行分析讨论。投诉意见综合表其中投诉和意见均包含序号、工作单编号、国网工单编号、状态、组号、业务类型、当前步骤、受理人员、受理时间、受理内容、用户编号、用户名称、故障地址、联系地址、联系电话、回访内容、一级分类、二级分类、业务子类、供电单位、抄表段、处理结果、处理单位、处理部门、关联工单、问题原因分类、工单分级、责任部门、归档时间、挂起时间、挂起原因、满意度考核、服务渠道、省级回退责任原因。投诉意见综合表如表 5-1 所示。

表 5-1　投诉意见综合表

2	序号	工作单编号	国网工单编号	状态	组号	业务类型	当前步骤	受理人员	受理时间	受理内容
3	1	160130339	20160130	激活	160130	投诉	投诉处理	030042	2016-01-30 21:24	【频繁停电】客户反映该地点一年内，每
4	2	160130337	20160130	激活	160130	投诉	投诉处理	030023	2016-01-30 11:23	【表计线接错】户号为3318119734客户来
5	3	160127323	20160127	激活	160127	投诉	投诉处理	030030	2016-01-27 15:24	【人员态度】客户来电投诉地址：湖州吴
6	4	160126316	20160126	完成	160126	投诉	结束	030037	2016-01-26 11:20	【催缴费】客户来电投诉催错费短信，导
7	5	160125312	20160125	完成	160125	投诉	结束	030019	2016-01-25 19:27	【人员态度】客户投诉湖州市安吉县电费
8	6	160125309	20160125	完成	160125	投诉	结束	030043	2016-01-25 11:20	【催缴费】客户投诉供电公司的催费人员
9	7	160122286	20160122	完成	160122	投诉	结束	030038	2016-01-22 17:00	【频繁停电】客户来电反映，从去年九月
10	8	160121277	20160121	完成	160121	投诉	结束	030039	2016-01-21 19:13	【业扩报装】客户来电反映1月7日申请三
11	9	160121275	20160121	完成	160121	投诉	结束	030033	2016-01-21 12:54	【频繁停电】客户反映该地点近两个月，
12	10	160120270	20160120	完成	160120	投诉	结束	030045	2016-01-20 13:53	【停电问题】客户来电投诉制锁541线在
13	11	160120268	20160120	完成	160120	投诉	结束	030044	2016-01-20 10:27	【停电问题】客户来电反映之前收到该地
14	12	160120268	20160120	完成	160120	投诉	结束	030043	2016-01-20 08:43	【表计线接错】户号为3620048682客户来
15	13	160116254	20160116	完成	160116	投诉	结束	030046	2016-01-16 16:01	【人员违规】客户投诉浙江省湖州市安吉
16	14	160116253	20160116	完成	160116	投诉	结束	030038	2016-01-16 10:55	【电能计量】客户来电反映，1月15日电
17	15	160114243	20160114	完成	160114	投诉	结束	030045	2016-01-14 09:48	【用电变更】客户来电投诉浙江省湖州市

序号	工作单编号	国网工单编号	状态	组号	业务类型	当前步骤	受理人员	受理时间	受理内容	用户编号	户名称	联系地址	联系电话	一级分类	二级分类	业务
1	160131342	2016013100	激活	160131	意见	意见处理	03003972	2016-01-31	【计量箱破损】客户来电反映，对其计		刘先	Z--浙江省	1356722	供电业务	电能计量	计量
2	160131341	2016013100	完成	160131	意见	结束	03003372	2016-01-31	【安全距离】客户来电反映	372001780	钱元	浙江省湖	1351127	电网建设	供电设施	设备
3	160131341	2016013100	激活	160131	意见	意见处理	03006001	2016-01-31	【设备噪音】客户来电反映浙江省湖州		沈先	Z--浙江省	1565727	电网建设	噪音污染	噪音
4	160131340	2016013100	激活	160131	意见	意见处理	03006059	2016-01-31	【催收电费】户号为33181	331811292	徐成	浙江省湖	1336228	供电业务	抄表收费	催收
5	160131340	2016013100	完成	160131	意见	结束	03004371	2016-01-31	【未收到电力短信】客户来	331706790	金阿	浙江省湖	1336220	供电服务	电力短信	未收
6	160131340	2016013100	激活	160131	意见	意见处理	03006179	2016-01-31	【电力短信】客户来电反映，收到户号		闵金	浙江省湖	1375420	供电服务	电力短信	错发

5.3.2 电网数据分析

首先对 2018 年 1 月、3 月的异常数据进一步统计分析，分别对受理内容、联系地址、原因分析等内容进行词云图处理和聚类、文本关联等分析。

1. 受理内容分析

（1）通过程序（程序附后）获取词频词云。

前 20 关键词词频：[（‘尽快’，222），（‘停电’，178），（‘供电’，173），（‘处理’，172），（‘核实’，139），（‘不满’，125），（‘非常’，108），（‘来电’，93），（‘解释’，76），（‘合理’，74），（‘没有’，71），（‘至今’，57），（‘电费’，53），（‘地点’，52），（‘生活’，51），（‘生产’，50），（‘短信’，48），（‘人员’，47），（‘影响’，46），（‘居民’，45）]，通过词云图 Python 技术可得图 5-8 的词云图。

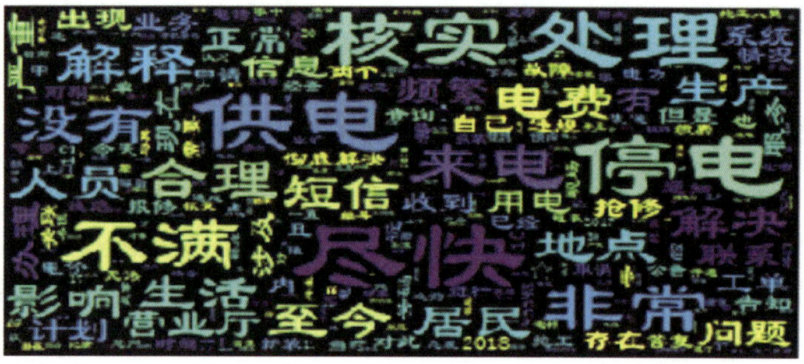

图 5-8　受理内容词云图

（2）采用 K-Means 聚类算法，将内容聚成如下的 10 类，结果如下：

Cluster 0：停电　非常　解释　合理　没有　至今　电费　地点　生产　短信

Cluster 1：不满　验表　处理　告诉　员工　咨询　四次　回复　回访　地址

Cluster 2：核实　验表　增容　告诉　员工　咨询　四次　回复　回访　地址

Cluster 3：生活　验表　增容　告知　告诉　员工　咨询　四次　回复　回访

Cluster 4：来电　验表　增容　告诉　员工　咨询　四次　回复　回访　地址

Cluster 5：处理　增容　告知　告诉　员工　咨询　四次　回复　回访　地址

Cluster 6：供电　增容　告知　告诉　员工　咨询　四次　回复　回访　地址

Cluster 7：尽快　验表　增容　告知　告诉　员工　咨询　四次　回复　回访

Cluster 8：解决　验表　增容　告知　告诉　员工　咨询　四次　回复　回访

Cluster 9：频繁　处理　告诉　员工　咨询　四次　回复　回访　地址　地市

最后采用 apriori 算法（程序附后），将文本进行关联分析，前面部分结果如下：

frozenset({‘停电’}) → frozenset({‘尽快’}) conf: 0.9710144927536233

frozenset({‘合理’}) → frozenset({‘不满’}) conf: 0.9054054054054055

frozenset({‘没有’}) → frozenset({‘尽快’}) conf: 0.9253731343283582

frozenset({‘解释’}) → frozenset({‘合理’}) conf: 0.9736842105263158

frozenset({‘非常’,‘核实’,‘供电’}) → frozenset({‘尽快’,‘处理’,‘不满’}) conf: 0.9493670886075949

例如，规则 frozenset({‘合理’}) → frozenset({‘不满’}) conf: 0.9054054054054055 表明一条记录中，如果出现合理一词，那么在出现不满一词的概率约为 90.54%。

2. 联系地址分析

（1）通过程序获取词频词云：[(‘吴兴区’，60)，(‘长兴县’，41)，(‘安吉县’，35)，（‘德清县’，30），（‘南浔区’，30），（‘递铺镇’，17），（‘织里镇’，13），（‘武康镇’，12），（‘八里店镇’，11），（‘练市镇’，9），（‘花园’，8），（‘和孚镇’，8），（‘夹浦镇’，8），（‘家园’，7），（‘开发区’，7），（‘桥’，7），（‘滨湖’，6），（‘城南’，5），（‘里’，5），（‘紫金’，5）]，如图 5-9 所示。

图 5-9　联系地址词云图

（2）根据 Apriori 算法进行关联分析，获得如下结果：

frozenset({‘武康镇’}) → frozenset({‘德清县’}) conf: 1.0

frozenset({‘织里镇’}) → frozenset({‘吴兴区’}) conf: 1.0

frozenset({‘递铺镇’}) → frozenset({‘安吉县’}) conf: 1.0

frozenset({‘八里店镇’}) → frozenset({‘吴兴区’}) conf: 1.0

例如，规则 frozenset({‘递铺镇’}) → frozenset({‘安吉县’}) conf: 1.0 表明一条记录中，如果出现递铺镇一词，那么在出现安吉县一词的概率约为 100%，表明他们有地属关系，同时也表明记录的完整性。

3. 原因分析

（1）通过程序（附后）进行原因的词频词云分析，如图 5-10 所示。

[（‘造成’，126），（‘停电’，120），（‘故障’，81），（‘导致’，78），（‘电费’，70），（‘线路’，63），（‘引起’，54），（‘情况’，50），（‘进行’，47），（‘供电所’，46），（‘供电’，45），（‘人员’，41），（‘及时’，40），（‘短信’，38），（‘处理’，37），（‘多次’，36），（‘10kV’，35），（‘沟通’，32），（‘设备’，31），（‘施工’，31）]

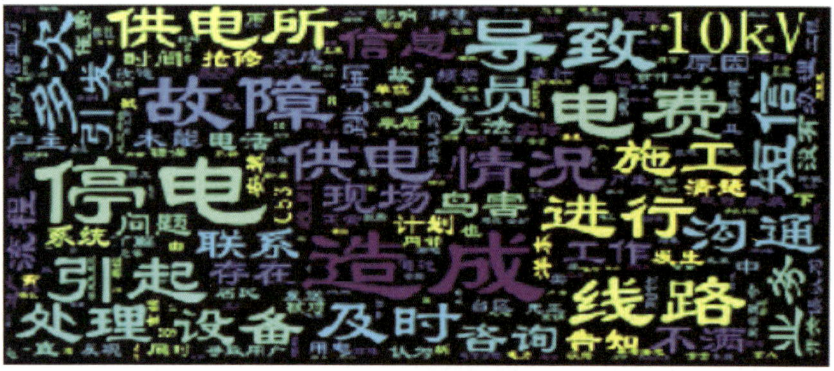

图 5-10　原因词云图

（2）利用 Apriori 算法（程序附后）进行关联分析：前面部分结果如下：

frozenset({‘单相接地’}) → frozenset({‘停电’，‘造成’}) conf: 1.0

frozenset({‘鸟害’}) → frozenset({‘停电’，‘发生’}) conf: 1.0

frozenset({‘跳闸’，‘10kV’}) → frozenset({‘停电’，‘引起’}) conf: 1.0

frozenset({‘线路’，‘高压’}) → frozenset({‘多次’，‘故障’，‘造成’}) conf: 1.0

例如，规则 frozenset({‘鸟害’}) → frozenset({‘停电’，‘发生’}) conf: 1.0 表明一条记录中，如果出现鸟害一词，那么在出现停电，发生两词的概率约为 100%，即每条记录中，如果出现鸟害一词，那么就出现停电、发生两词。表明他们有鸟害造成停电发生。

相应的代码如下。Apriori 算法代码实现：

```
from numpy import *
def loadDataSet():
  return listCount_18
# 获取候选 1 项集，dataSet 为事务集。返回一个 list，每个元素都是 set 集合
def createC1(dataSet):
    C1 = []   # 元素个数为 1 的项集（非频繁项集，因为还没有同最小支持度比较）
    for transaction in dataSet:
        for item in transaction:
            if not [item] in C1:
                C1.append([item])
    C1.sort()   # 这里排序是为了，生成新的候选集时可以直接认为两个 n 项候选集前面的部分相同
    # 因为除了候选 1 项集外其他的候选 n 项集都是以二维列表的形式存在，所以要将候选 1 项集的每一个元素都转化为一个单独的集合。
        return list(map(frozenset, C1))
#map(frozenset, C1) 的语义是将 C1 由 Python 列表转换为不变集合（frozenset，Python 中的数据结构）
# 找出候选集中的频繁项集
# dataSet 为全部数据集，Ck 为大小为 k（包含 k 个元素）的候选项集，minSupport 为设定的最小支持度
def scanD(dataSet, Ck, minSupport):
    ssCnt = {}   # 记录每个候选项的个数
    for tid in dataSet:
        for can in Ck:
            if can.issubset(tid):
                ssCnt[can] = ssCnt.get(can, 0) + 1
# 计算每一个项集出现的频率
    numItems = float(len(dataSet))
    retList = []
    supportData = {}
    for key in ssCnt:
        support = ssCnt[key] / numItems
        if support >= minSupport:
            retList.insert(0, key)  # 将频繁项集插入返回列表的首部
        supportData[key] = support
    return retList, supportData   #retList 为在 Ck 中
```

```
找出的频繁项集（支持度大于 minSupport 的），supportData 记录各频繁项集的支持度
    # 通过频繁项集列表 Lk 和项集个数 k 生成候选项集 C(k+1)。
    def aprioriGen(Lk, k):
        retList = []
        lenLk = len(Lk)
        for i in range(lenLk):
            for j in range(i + 1, lenLk):
                # 前 k-1 项相同时，才将两个集合合并，合并后才能生成 k+1 项
                L1 = list(Lk[i])[:k-2]; L2 = list(Lk[j])[:k-2]    # 取出两个集合的前 k-1 个元素
                L1.sort(); L2.sort()
                if L1 == L2:
                    retList.append(Lk[i] | Lk[j])
        return retList
    # 获取事务集中的所有的频繁项集
    # Ck 表示项数为 k 的候选项集，最初的 C1 通过 createC1() 函数生成。Lk 表示项数为 k 的频繁项集，supK 为其支持度，Lk 和 supK 由 scanD() 函数通过 Ck 计算而来。
    def apriori(dataSet, minSupport=0.5):
        C1 = createC1(dataSet)   # 从事务集中获取候选 1 项集
        D = list(map(set, dataSet))   # 将事务集的每个元素转化为集合
        L1, supportData = scanD(D, C1, minSupport)   # 获取频繁 1 项集和对应的支持度
        L = [L1]   # L 用来存储所有的频繁项集
        k = 2
        while (len(L[k-2]) > 0): #  一直迭代到项集数目过大而在事务集中不存在这种 n 项集
            Ck = aprioriGen(L[k-2], k)    # 根据频繁项集生成新的候选项集。Ck 表示项数为 k 的候选项集
            Lk, supK = scanD(D, Ck, minSupport)   # Lk 表示项数为 k 的频繁项集，supK 为其支持度
            L.append(Lk);supportData.update(supK)   # 添加新频繁项集和它们的支持度
            k += 1
        return L, supportData
    # print(L,suppData)
    # 获取关联规则的封装函数
```

```
def generateRules(L, supportData, minConf=0.7):  # supportData是一个字典
    bigRuleList = []
    for i in range(1, len(L)):  # 从为2个元素的集合开始
        for freqSet in L[i]:
            # 只包含单个元素的集合列表
            H1 = [frozenset([item]) for item in freqSet]  # frozenset({2, 3})转换为[frozenset({2}), frozenset({3})]
            # 如果集合元素大于2个，则需要处理才能获得规则
            if (i > 1):
                rulesFromConseq(freqSet, H1, supportData, bigRuleList, minConf) # 集合元素集合拆分后的列表 …
            else:
                calcConf(freqSet, H1, supportData, bigRuleList, minConf)
    return bigRuleList
# 对规则进行评估获得满足最小可信度的关联规则
def calcConf(freqSet, H, supportData, brl, minConf=0.7):
    prunedH = []  # 创建一个新的列表去返回
    for conseq in H:
        conf = supportData[freqSet]/supportData[freqSet-conseq]  # 计算置信度
        if conf >= minConf:
            print(freqSet-conseq,'-->',conseq,'conf:',conf)
            brl.append((freqSet-conseq, conseq, conf))
            prunedH.append(conseq)
    return prunedH
# 生成候选规则集合
def rulesFromConseq(freqSet, H, supportData, brl, minConf=0.7):
    m = len(H[0])
    if (len(freqSet) > (m + 1)): # 尝试进一步合并
        Hmp1 = aprioriGen(H, m+1) # 将单个集合元素两两合并
```

```
            Hmp1 = calcConf(freqSet, Hmp1, supportData, brl, minConf)
            if (len(Hmp1) > 1):    #need at least two sets to merge
                rulesFromConseq(freqSet, Hmp1, supportData, brl, minConf)
```

3. 电力客户投诉预测

采用局部加权回归预测方法，基于2016~2017年投诉数量对2018年情况预测，首先进行事件预测，如图5-11和图5-12所示。

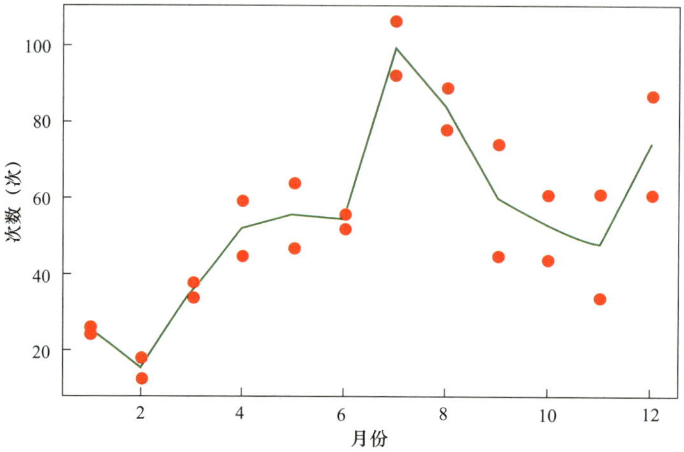

图5-11　2018年事件预测图

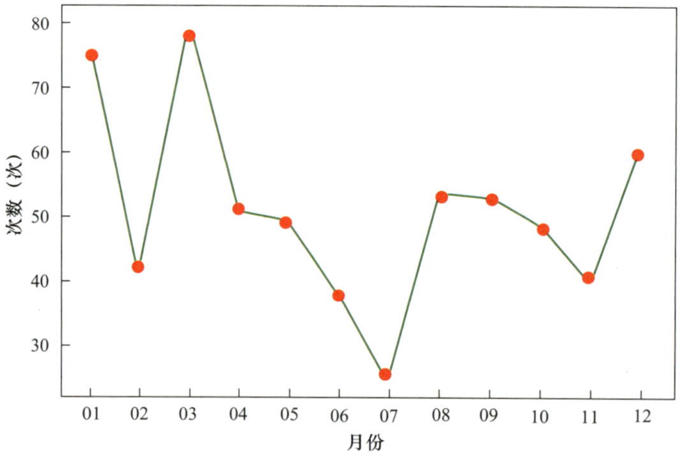

图5-12　2018年事件实况图

结论：由于2018年实际情况与预测不相符，所以根据2018年实际数据和预测的

2018 年数据分别结合 2016、2017 年数据预测 2019 年的情况，如图 5–13 和图 5–14 所示。

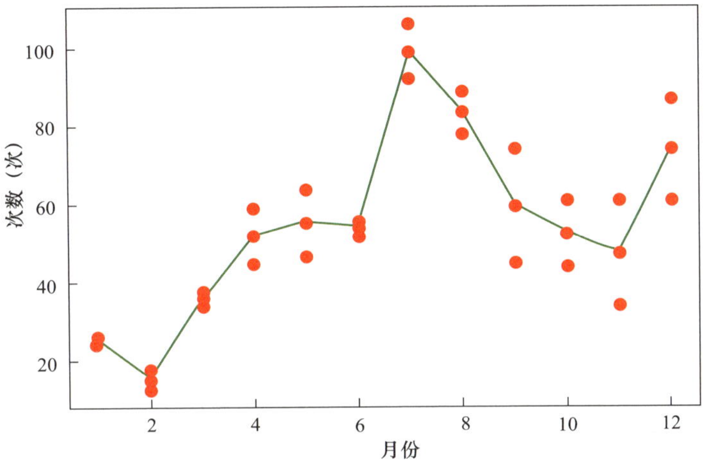

图 5–13 基于 2018 年预测数据的 2019 年事件预测图

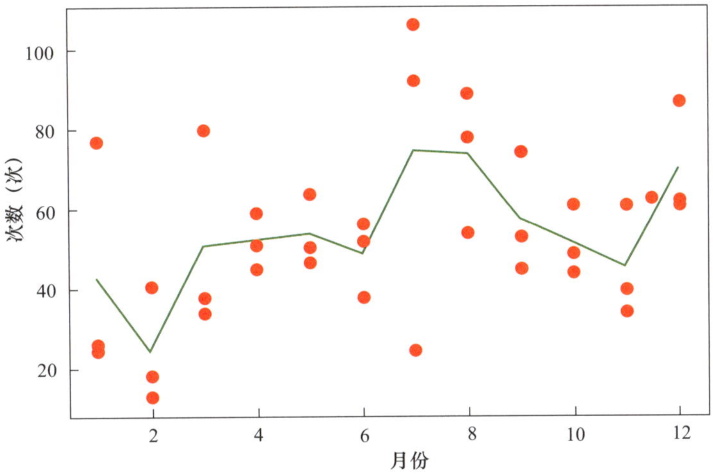

图 5–14 基于 2018 年真实情况的 2019 年事件预测图

结论：显然可以发现，18 年 1、3、7 月的异常数据对预测影响非常大，后面可以继续对异常的几个月进行具体原因分析。

附程序代码：

```
    from numpy import *
    import matplotlib.pyplot as plt
    def loadDataSet(fileName):
        numFeat = len(open(fileName).readline().split
(' ')) - 1        # 得到特征值的个数
```

```
        dataMat = []; labelMat = []
        fr = open(fileName)                                    # 打开
文件
        num=0
        for line in fr.readlines():                            # 读
取整行
            num=num+1
            if num==year:
                break# 控制年份
            lineArr =[]
            curLine = line.strip().split(' ')
# 将一行的不同特征分开
            for i in range(numFeat):
                lineArr.append(float(curLine[i]))
            dataMat.append(lineArr)
            labelMat.append(float(curLine[-1]))
        return dataMat,labelMat

    def lwlr(testPoint,xArr,yArr,k=1.0):
        xMat = mat(xArr); yMat = mat(yArr).T
        m = shape(xMat)[0]                                     #m 为
行数
        weights = mat(eye((m)))                                # 创建 m*m
的单位矩阵
        for j in range(m):
            diffMat = testPoint - xMat[j ,:]
               weights[j ,j ] = exp(diffMat*diffMat.T/
(-2.0*k**2))    # 对角线上的元素改为 exp(|x(i)-x|/(-2k*k))
        xTx = xMat.T * (weights * xMat)
        ws= xTx.I * (xMat.T * (weights * yMat))
# 求 w=(x.T*W*x).I*x.T*W*y
        return testPoint * ws

    def lwlrTestPlot(xArr,yArr,k=1.0):
```

```
        y = zeros(shape(yArr))
        Arr=[i[1] for i in xArr]
        xCopy = mat(xArr);x=mat(Arr).T        # 将列表转化
为矩阵
        xCopy.sort(0);x.sort(0)               # 给矩阵从小
到大排序
        for i in range(shape(xArr)[0]):
            y[i] = lwlr(xCopy[i],xArr,yArr,k)
# 调用 lwlr 函数
        return x,y
    if __name__=='__main__':
        year=25#16、17 预测 18
        a,b=loadDataSet('ex0.txt')
        plt.figure(1)
        c,d=lwlrTestPlot(a,b,0.3)
        plt.plot([i[1] for i in a],b,'or')
        plt.plot(c,d,'g')
        y=d[1::2] # 取偶数项
        print(y)
        plt.xlabel('月份，单位：月')
        plt.ylabel('次数，单位：次')
        plt.title('2018 年事件预测')
    plt.show()
```

6 电力数据可视化技术

6.1 数据可视化概述

6.1.1 可视化释义

数据可视化技术的基本思想是将数据库中每一个数据项作为单个图元元素表示，大量的数据集构成数据图像，同时将数据的各个属性值以多维数据的形式表示，可以从不同的维度观察数据，从而对数据进行更深入的观察和分析。

数据可视化主要是借助于图形化手段，清晰有效地传达与沟通信息。但是，这并不意味着，数据可视化就一定因为要实现其功能用途而令人感到枯燥乏味，或者是为了看上去绚丽多彩而显得极端复杂。为了有效地传达思想观念，美学形式与功能需要齐头并进，通过直观地传达关键的方面与特征，实现对于相当稀疏而又复杂的数据集的深入洞察。然而，设计人员往往不能很好地把握设计与功能之间的平衡，从而创造出华而不实的数据可视化形式，无法达到传达与沟通信息的目的。

数据可视化与信息图形、信息可视化、科学可视化以及统计图形密切相关。当前，在研究、教学和开发领域，数据可视化仍是一个极为活跃而又关键的方面。数据可视化实现了成熟的科学可视化领域与较年轻的信息可视化领域的统一。

数据可视化是指将数据以视觉形式来呈现，如图表或地图，以帮助人们了解这些数据的意义。文本形式的数据不够直接，而可视化的数据可以帮助人们快速、轻松地提取数据中的含义。用可视化方式，可以充分展示数据的模式、趋势和相关性，而这些在其他呈现方式中可能难以被发现。在简化数据量和降低大数据应用的复杂性中，大数据分析发挥着关键作用。可视化是其中一个重要的途径，它能够帮助大数据获得完整的数据视图并挖掘数据的价值。大数据分析和可视化应该无缝连接，才能在大数据应用中发挥最大的功效。

数据可视化可以是静态的或交互的。几个世纪以来，人们一直在使用静态数据可视化，如图表和地图。交互式的数据可视化则相对更为先进：人们能够使用电脑和移动设备深入到这些图表和图形的具体细节，然后用交互的方式改变他们看到的数据及数据的处理方式。广义的数据可视化涉及信息技术、自然科学、统计分析、图形学、交互、地理信息等多种学科，如图 6–1 所示。

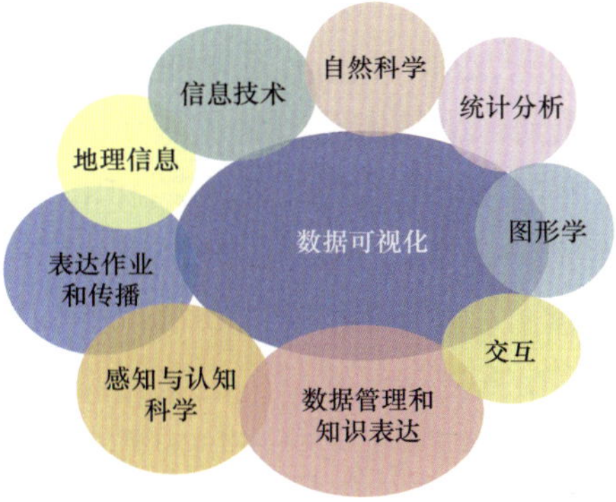

图 6–1 数据可视化含义

6.1.2 可视化意义

人类利用视觉获取的信息量远远超出其他器官。人类的眼睛是一对高带宽巨量视觉信号输入的并行处理器，拥有超强模式识别能力，使得人类通过视觉获取数据比任何其他形式的获取方式更好，大量视觉信息在潜意识阶段就被处理完成，人类对图像的处理速度比文本快 6 万倍。数据可视化正是利用人类天生技能来增强数据处理和组织效率。可视化可以帮助用户处理更加复杂的信息并增强记忆。大多数人对统计数据了解甚少，基本统计方法（平均值、中位数、范围等）并不符合人类的认知天性。最著名的一个例子是 Anscombe 的四重奏，如图 6–2 所示，根据统计方法看数据很难看出规律，但用可视化方法处理，规律就非常清楚。

a

I		II		III		IV	
x	*y*	*x*	*y*	*x*	*y*	*x*	*y*
10	8.04	10	9.14	10	7.46	8	6.58
8	6.95	8	8.14	8	6.77	8	5.76
13	7.58	13	8.74	13	12.74	8	7.71
9	8.81	9	8.77	9	7.11	8	8.84
11	8.33	11	9.26	11	7.81	8	8.47
14	9.96	14	8.10	14	8.84	8	7.04
6	7.24	6	6.13	6	6.08	8	5.25
4	4.26	4	3.10	4	5.39	19	12.5
12	10.84	12	9.13	12	8.15	8	5.56
7	4.82	7	7.26	7	6.42	8	7.91
5	5.68	5	4.74	5	5.73	8	6.89

b

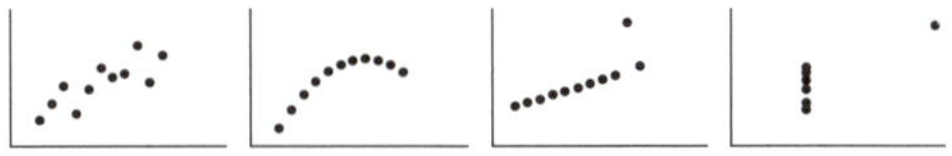

图 6–2 Anscombe 的四重奏

相比于传统文字数字形式，可视化具有以下四个优势：

（1）传递速度快，人脑对视觉信息的处理要比书面信息快很多。使用图表来总结复杂的数据，可以确保对关系的理解要比那些混乱的报告或电子表格更快。

（2）数据显示的多维性，在可视化的分析下，数据将每一维的值分类、排序、组合和显示，这样就可以看到表示对象或事件的数据的多个属性或变量。

（3）更直观的展示信息，大数据可视化报告使用户能够用一些简短的图形体现复杂信息，甚至单个图形也能做到。决策者可以轻松地解释各种不同的数据源。丰富但有意义的图形有助于让忙碌的主管和业务伙伴了解问题和未决的计划。

（4）大脑记忆能力的限制。实际上我们在观察物体的时候，我们大脑和计算机一样有长期的记忆（memory 硬盘）和短期的记忆（cache 缓存）。只有让要被记下的文字、诗歌、物体，一遍一遍地在短期重复记忆之后，它们才可能进入长期记忆。

很多研究已经表明，在进行理解和学习任务的时候，图文一起能够帮助读者更好地了解所要学习的内容，图像更容易理解，更有趣，也更容易让人们记住，经常所说的一图胜千言就是可视化对生活的影响。

6.1.3 可视化方法

在技术上，数据可视化最简单的理解，就是数据空间到图形空间的映射，如图 6–3 所示。

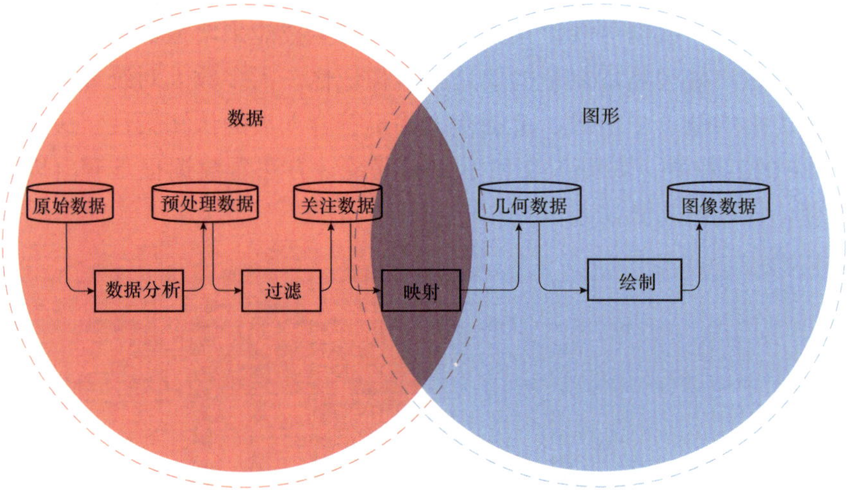

图 6–3　数据空间到图形控件的映射

一个经典的可视化实现流程，是先对数据进行加工过滤，转变成视觉可表达的形式（Visual Form），然后再渲染成用户可见的视图（View）。

优秀的可视化图形，除了有数据内涵外，还需要满足以下要素：

1. 色彩提升信息可视化的视觉效果

在信息可视化通过造型元素明确传达信息及叙述的基础上，把握好视觉元素中色彩的运用，使图形变得更加生动，信息表达得更加明确。色彩可以帮助人们对信息进行深入分类，丰富作品的表现形式，并且给受众带来视觉效果上的享受。

（1）色相、饱和度、明度。色相就是大家所说的红色、绿色等色彩；饱和度是指颜色的纯度；明度标识颜色的明暗程度。

（2）暖色和冷色。暖色比冷色看起来占用面积大。因此，即使红色和蓝色占用相同的面积，前者还是会从视觉上压倒后者。暖色看起来距离近，而冷色则看起来越来越远。

（3）四原色和三原色。青、品红、黄和黑是打印机用来完成四色印刷的四种墨水，这四种颜色按一定比例调制便可得到各种颜色。红、绿、蓝光源被混在一起用来显示电脑屏幕和电视显示器的颜色，色彩成分的范围都是从 0 ~ 255。

2. 排版布局增强信息可视化的叙事性

排版布局四大基本原则：

（1）对比（Contrast）：如果两个项不完全相同，就应当使之不同，而且应当是截然不同。

（2）重复（Repetition）：设计的某些方面在整个作品中重复。

（3）对齐（Alignment）：任何元素都不能在页面上随意安放。每一项都应当与页面上的某个内容存在某种视觉联系。

（4）亲密性（Proximity）：将相关的项组织在一起，使它们的物理位置相互靠近相关的项被看作凝聚为一体的一个组。把相关的元素分为一组，通过对齐、对比等手段突出重点，用重复和亲密性建立信息间的联系，那么，不论从理解上还是视觉上看布局都很有条理，能更清楚的表达信息。

3. 动态增加信息可视化的视觉体验

在信息可视化的视觉表达中，动态将相互分离的各种信息传播形式有机地融合在一起，进行有节奏地信息处理、传输和实现。通过造型和色彩的运动，满足受众的视觉感受，同时将信息内容更加深刻地传达给受众，使整个信息传达的过程更加轻松。

6.1.4 常用的数据可视化技术

在学术界与工程界，数据可视化工具非常多，学术界用得比较多的是 R 语言，ggplot2, Python 可视化库等，普通用户常用的是 Excel，商业上的产品是 Tableau, DOMO, PowerBI 等。每个工具都有各自的优缺点。

在可视化图表工具的表现形式方面，图表类型表现地更加多样化，丰富化。除了传统的饼图、柱状图、折线图等常见图形，还有气泡图、面积图、省份地图、词云、瀑布图、漏斗图等图表，甚至还有 GIS 地图。这些种类繁多的图形能满足不同的展示和分析需求。下面将介绍一些常用的可视化图形示例。

（1）指标图：可直观展示具体数据和同环比情况，如图 6-4 所示。

图 6-4　指标图

（2）计量图：可直观显示数据完成的进度，如图 6-5 所示。

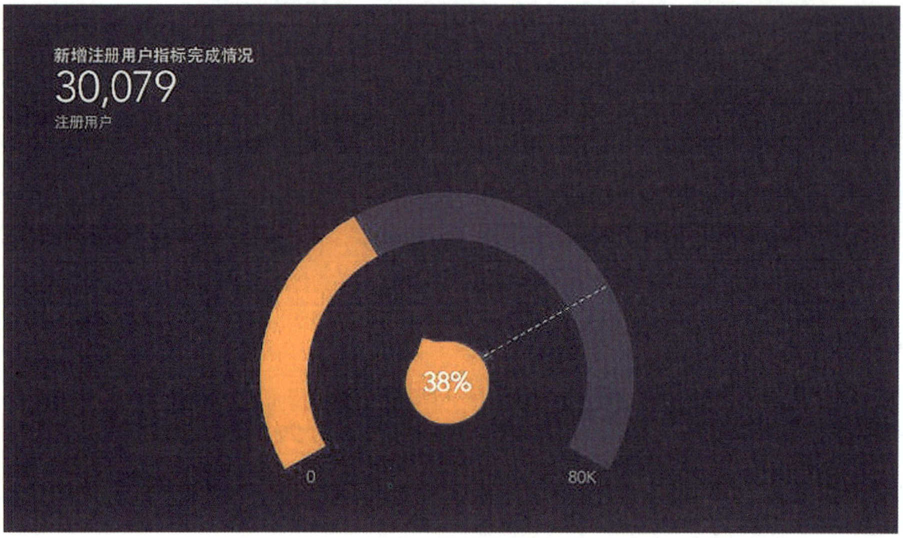

图 6-5　计量图

（3）折线图：可直观观察数据的变动走势，如图 6-6 所示。

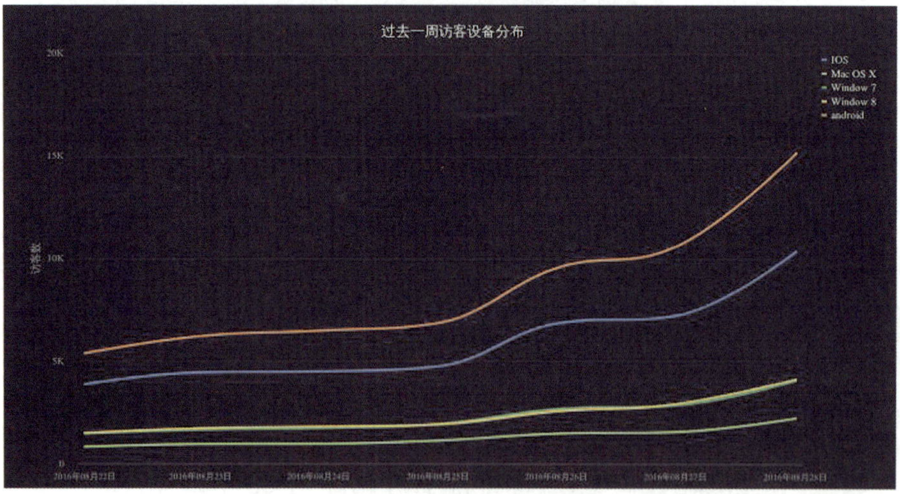

图 6-6　折线图

（4）柱状图：可直观展示对应的数据、可以对比多维度的数值，如图 6–7 所示。

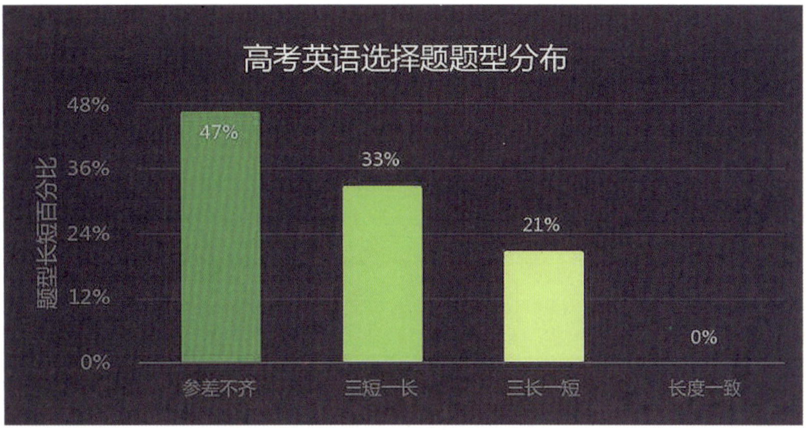

图 6–7　柱状图

（5）堆积柱状图：可直观展示数值累计对比，如图 6–8 所示。

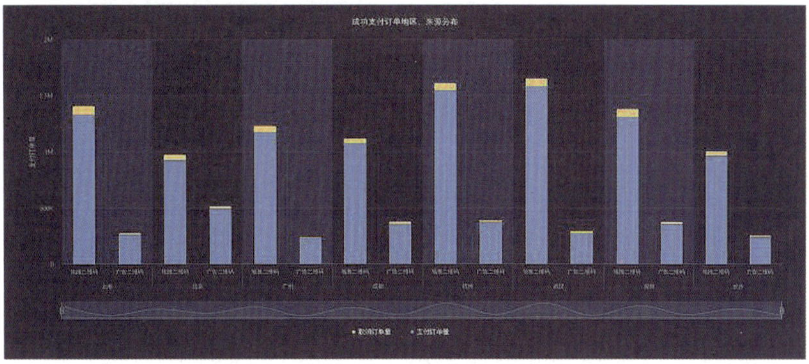

图 6–8　堆积柱状图

（6）条形图：可以理解成横向的柱状图，如图 6–9 所示。

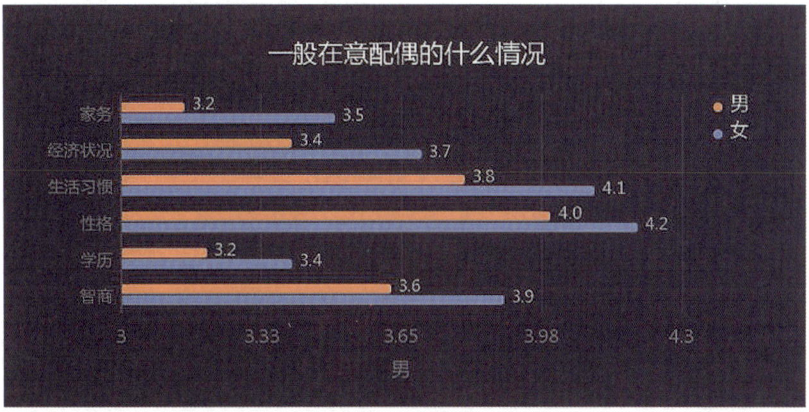

图 6–9　堆积柱状图

（7）双轴图：柱状图＋折线图，在一张图表包含更丰富的信息，如图 6–10 所示。

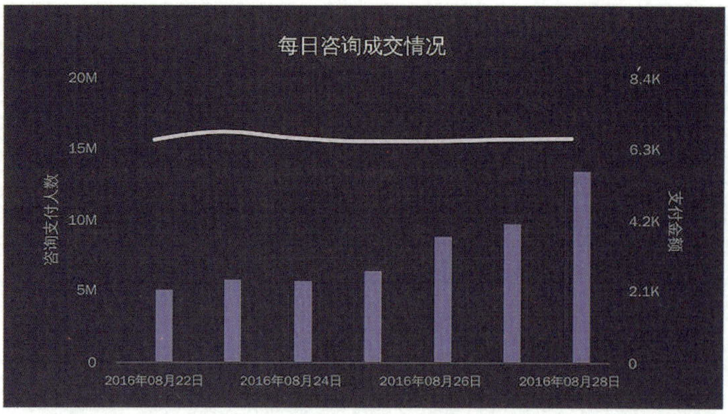

图 6–10　双轴图

（8）环图：直观分析数据所占比例，如图 6–11 所示。

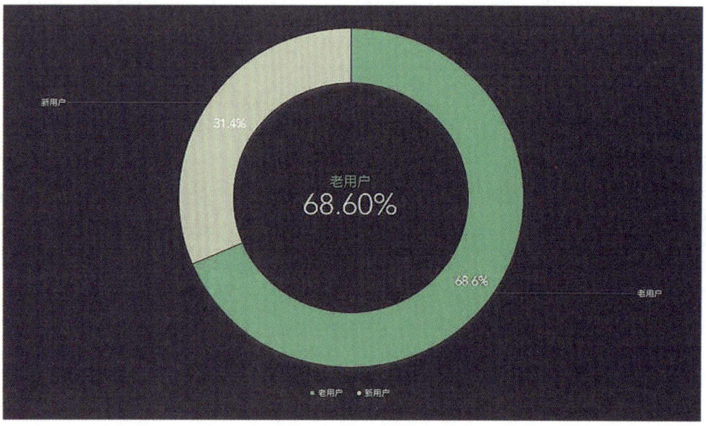

图 6–11　环图

（9）GIS 地图：更精准的经纬度地图，需要有经纬度数据，可以精确到乡镇等小粒度的区域，分析地区数据，如图 6–12 所示。

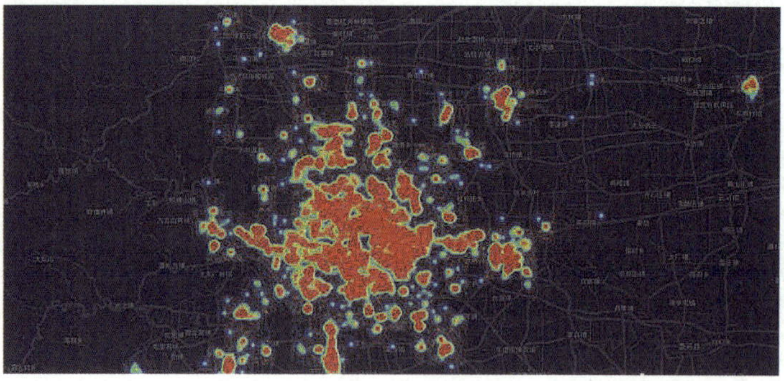

图 6–12　GIS 地图

（10）漏斗图：直观分析路径、数据转化情况，如图 6–13 所示。

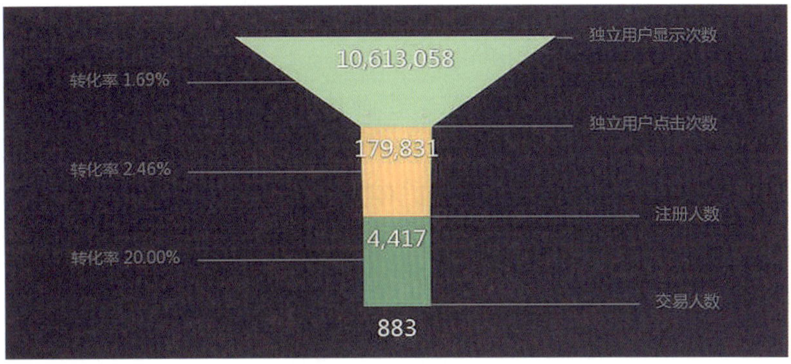

图 6–13　漏斗图

（11）词云图：直观分析展示词频分布等，如图 6–14 所示。

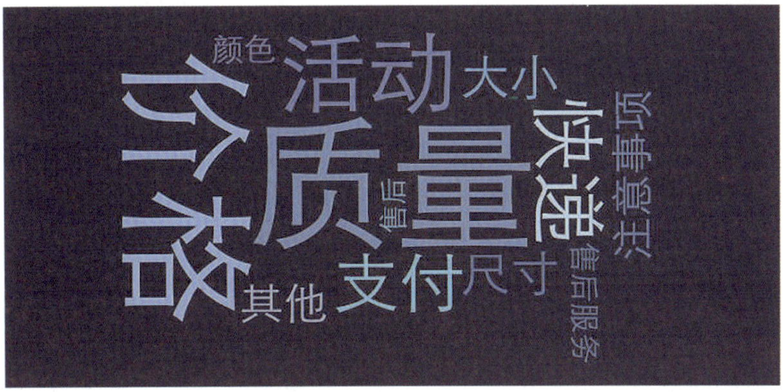

图 6–14　词云图

（12）矩形树图：分析不同维度数据的占比分布情况，如图 6–15 所示。

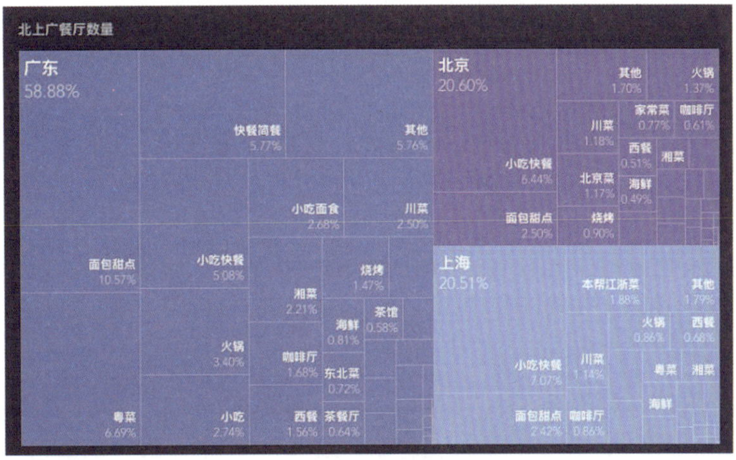

图 6–15　矩形树图

6.2 基于 Python 的电网数据可视化

6.2.1 Python 数据可视化库简述

通过 Python 程序库目录可以发现无论要画什么图，都能找到相对的库：从适用于眼球移动研究的 GazeParser，到用于可视化实时神经网络训练过程的 pastalog。有许多库只完成非常特定的任务，也有许多库可以用于更广泛的领域。

以 Matplotlib 为例，Matplotlib 是 Python 可视化程序库的泰斗。经过十几年它仍然是 Python 使用者最常用的画图库。它的设计和在 1980 年代被设计的商业化程序语言 Matlab 非常接近。

由于 Matplotlib 是第一个 Python 可视化程序库，有许多别的程序库都是建立在它的基础上或者直接调用它，比如 pandas 和 Seaborn 就是 Matplotlib 的外包，它是可以用更少的代码去调用 Matplotlib 的方法。

就像 Chris Moffitt 在 Python 可视化工具简介中提到的“功能非常强大，也非常复杂。”

Matplotlib 功能强大，生成的图标可以达到印刷品质，在各种学术会议里面出镜率不低。依托于 Python，可定制性相对于其他的图形库更高。Matplotlib 另一个优点是提供互动化的数据分析，可以动态地缩放图表，用作 adhoc analysis 非常合适。Matplotlib 是可以实现高度定制化绘图的，高度定制化可以获得最符合心意的可视化输出结果，但也因此需要设置更多的参数，因而代码更加复杂一些。

6.2.2 基于电网数据可视化

采用机器学习方法对国网某地 2016 ~ 2018 年的投诉意见综合表进行分析讨论。投诉意见综合表其中投诉和意见均包含序号、工作单编号、国网工单编号、状态、组号、业务类型、当前步骤、受理人员、受理时间、受理内容、用户编号、用户名称、故障地址、联系地址、联系电话、回访内容、一级分类、二级分类、业务子类、供电单位、抄表段、处理结果、处理单位、处理部门、关联工单、问题原因分类、工单分级、责任部门、归档时间、挂起时间、挂起原因、满意度考核、服务渠道、省级回退责任原因，如表 6-1 所示。

表 6-1　投诉意见综合表

2	序号	工作单编号	国网工单编号	状态	组号	业务类型	当前步骤	受理人员	受理时间	
3	1	160130339	20160130	激活	160130	投诉	投诉处理	030042	2016-01-30 21:24	【频繁停电】客户反映该地点一年内，每
4	2	1601303374	20160130	激活	160130	投诉	投诉处理	030023	2016-01-30 11:23	【表计线接错】户号为3318119734客户来
5	3	160127323	20160127	激活	160127	投诉	投诉处理	030030	2016-01-27 15:24	【人员态度】客户来电投诉地址：湖州吴
6	4	160126316	20160126	完成	160126	投诉	结束	030037	2016-01-26 11:20	【催缴费】客户来电投诉催错费短信，导
7	5	160125312	20160125	完成	160125	投诉	结束	030019	2016-01-25 19:27	【人员态度】客户投诉湖州市安吉县电费
8	6	160125309	20160125	完成	160125	投诉	结束	030043	2016-01-25 11:20	【催缴费】客户投诉供电公司的催费人员
9	7	1601222864	20160122	完成	160122	投诉	结束	030038	2016-01-22 17:00	【频繁停电】客户来电反映，从去年九月
10	8	160121277	20160121	完成	160121	投诉	结束	030039	2016-01-21 19:13	【业扩报装】客户来电反映1月7日申请三
11	9	1601212751	20160121	完成	160121	投诉	结束	030033	2016-01-21 12:54	【频繁停电】客户反映该地点近两个月，

续表

	序号	工作单编号	国网工单编号	状态	组号	业务类型	当前步骤	受理人员	受理时间	
12	10	1601202704	20160120	完成	160120	投诉	结束	030045	2016-01-20 13:53	【停电问题】客户来电投诉制锁541线在
13	11	1601202686	20160120	完成	160120	投诉	结束	030044	2016-01-20 10:27	【停电问题】客户来电反映之前收到该地
14	12	1601202680	20160120	完成	160120	投诉	结束	030043	2016-01-20 08:43	【表计线接错】户号为3620048682客户来
15	13	1601162540	20160116	完成	160116	投诉	结束	030046	2016-01-16 16:01	【人员违规】客户投诉浙江省湖州市安吉
16	14	1601162531	20160116	完成	160116	投诉	结束	030038	2016-01-16 10:55	【电能计量】客户来电反映，1月15日电
17	15	1601142439	20160114	完成	160114	投诉	结束	030045	2016-01-14 09:48	【用电变更】客户来电投诉浙江省湖州市

序号	工作单编号	国网工单编号	状态	组号	业务类型	当前步骤	受理人员	受理时间	受理内容	用户编号	户名称	联系地址	联系电话	一级分类	二级分类	业务
1	160131342	2016013100	激活	160131	意见	意见处理	03003972	2016-01-31	【计量箱破损】客户来电反映，对其计		刘先	Z--浙江省	1356722	供电业务	电能计量	计量
2	160131341	2016013100	完成	160131	意见	结束	03003372	2016-01-31	【安全距离】客户来电反映	372001780	钱元	浙江省湖	1351127	电网建设	供电设施	设备
3	160131341	2016013100	激活	160131	意见	意见处理	03006001	2016-01-31	【设备噪音】客户来电反映浙江省湖州		沈先	Z--浙江省	1565727	电网建设	噪音污染	噪音
4	160131340	2016013100	激活	160131	意见	意见处理	03006059	2016-01-31	【催收电费】户号为33181	331811292	徐成	浙江省湖	1336228	供电业务	抄表收费	催收
5	160131340	2016013100	完成	160131	意见	结束	03004371	2016-01-31	【未收到电力短信】客户来	331706790	金阿	浙江省湖	1336220	供电服务	电力短信	未收
6	160131340	2016013100	激活	160131	意见	意见处理	03006179	2016-01-31	【电力短信】客户来电反映，收到户号		闵金	浙江省湖	1375420	供电服务	电力短信	错发

1. 投诉工作表的分析及可视化

对投诉工作表受理内容进行分词，提取关键字，统计词频，共得到929条关键词，去掉出现频率不高的关键词，对余下数据进行可视化，得到图6–16。

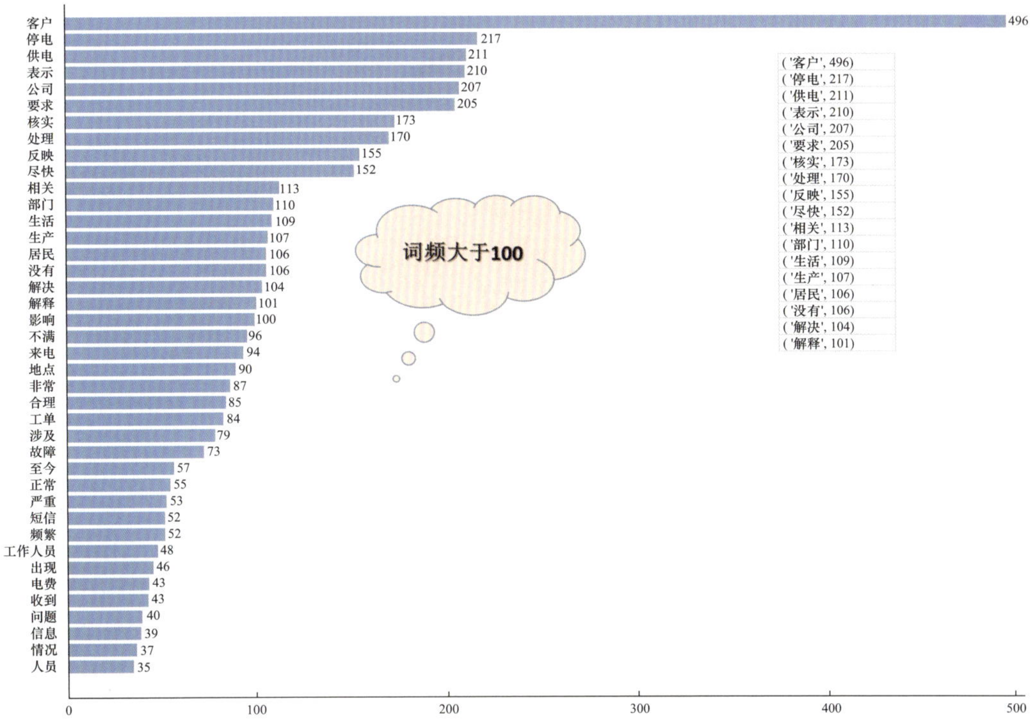

图6–16 受理内容管检测词柱图

从截取的部分图表分布情况以及数据观察，分析词频较高且有一定意义的关键词，可以得到停电、供电、尽快、没有、解决、解释等，由此可以推断客户投诉的多数情况可能是经常停电、供电不稳定、问题解决速度不快等问题。

接到投诉后对受理内容进多级细化分类，具体投诉情况见图6–17。从一级分类看主要是营业和供电质量两方面的投诉。

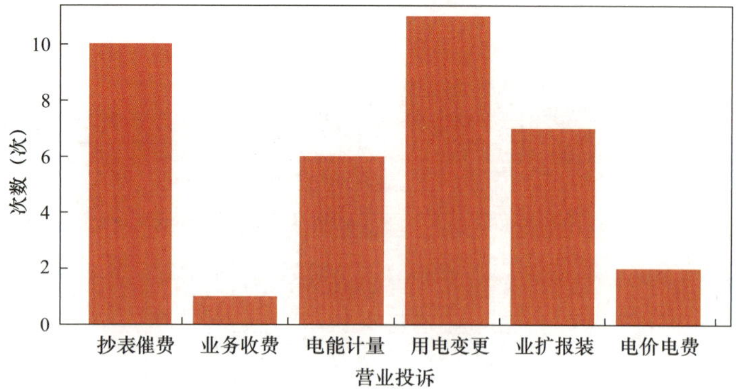

图 6–17　营业投诉统计图

营业投诉主要是由于用电变更、抄表催费，电能计量和业扩报装也占一定比重，如图 6–18 所示。

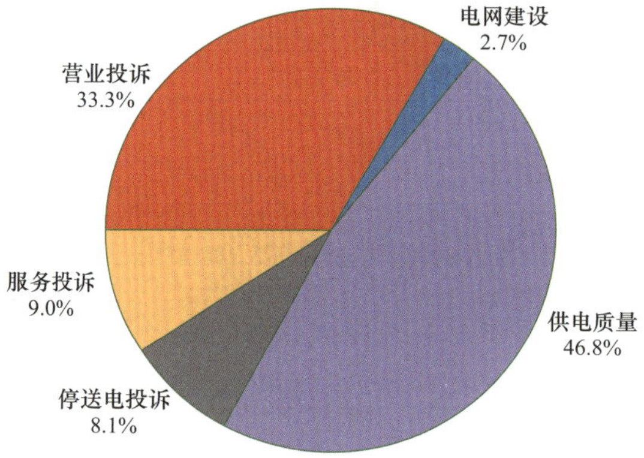

图 6–18　营业投诉一级分类统计图

供电质量的投诉主要是因为供电可靠性，如图 6–19 所示。

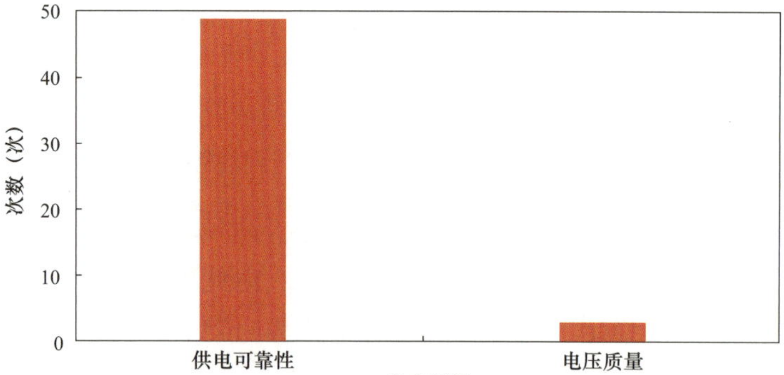

图 6–19　供电质量统计图

影响供电可靠性所有原因都是频繁停电，如图 6–20 所示。

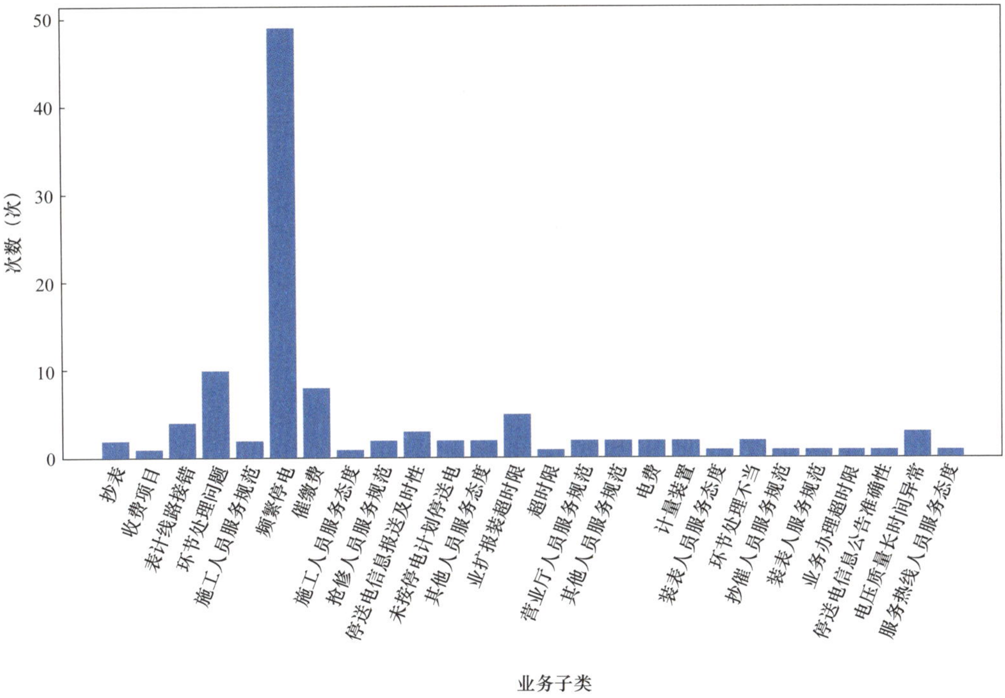

图 6–20 业务子类统计图

业务子类中 44.1% 都是频繁停电，如图 6–21 所示。

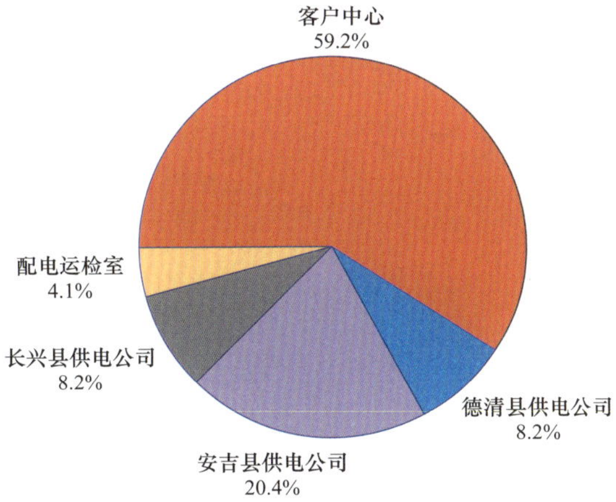

图 6–21 频繁类统计图

出现频繁停电情况的供电单位中“客户中心”占 59.2%，如图 6–22 所示。

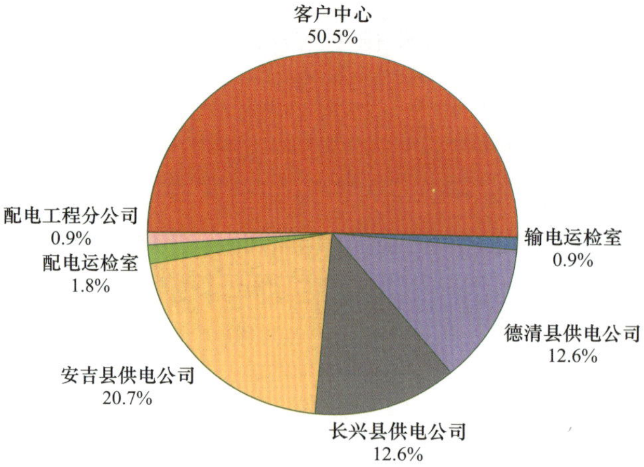

图 6–22　供电统计图

客户中心在对所有供电单位统计中投诉率是 50.5%。对投诉工作表处理情况进行分词，提取关键字，统计词频，共得到 3177 条关键词，去掉出现频率不高的关键词，对余下数据进行可视化，得到图 6–23。

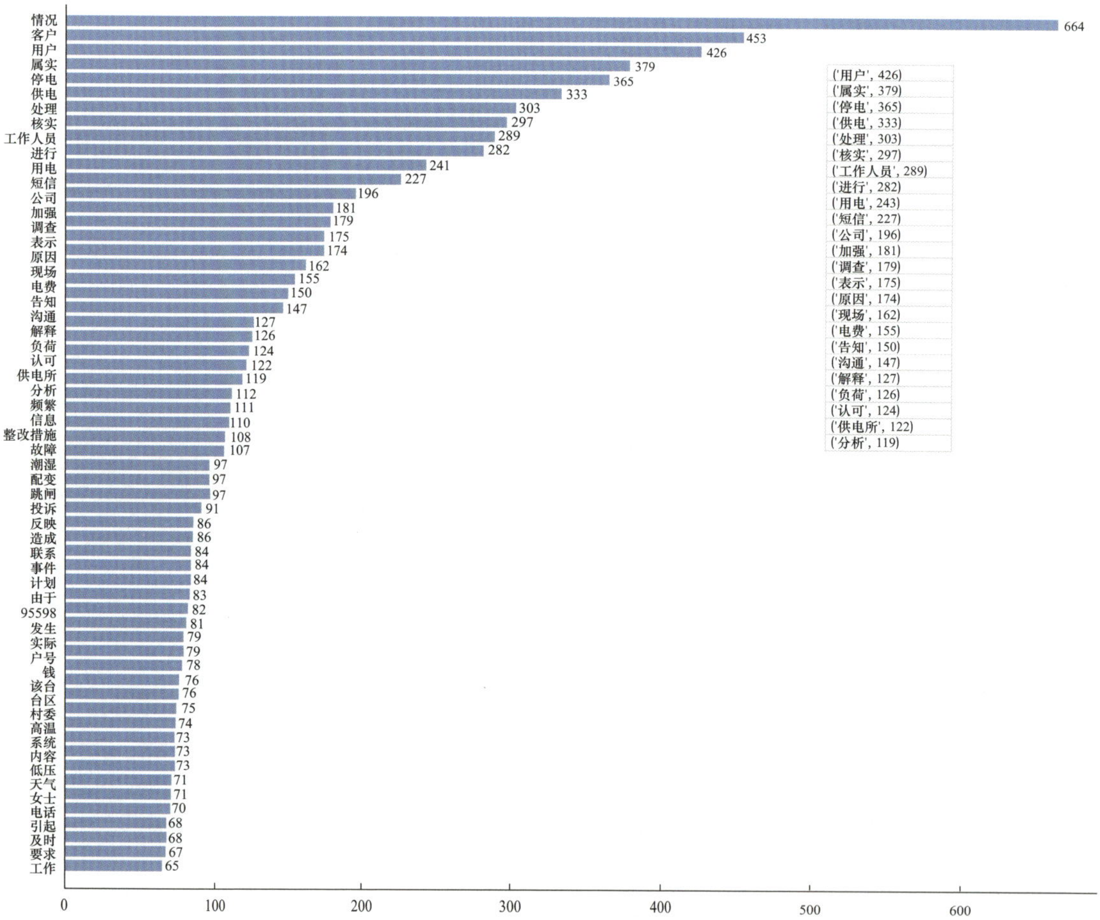

图 6–23　处理情况关键词柱状图

从截取的部分图表分布情况以及数据观察，分析词频较高且有一定意义的关键词，可以得到停电、供电、属实、用电、短信、加强、电费、负荷、认可、沟通、解释等，由此可以推断调查后的多数情况可能是经常停电属实，供电不稳定属实，原因可能供电所供电负荷增大、经过沟通解释用户大多认可处理结果等。

根据以上结果分析总结现状，收到投诉最主要的原因是频繁停电，而出现这一情况的供电公司客户中心占 59.2%，约占六成。

结合调查情况分析，出现该情况反映地点多数属配变供电，配变容量为 315kVA。该台区属城乡结合部，外来租房户较多，且多为服装加工行业，用电不固定，而近期高温天气，用电负荷剧增。收到投诉后，大多已及时得到妥善处理。

综合上述，各台区应因地制宜，结合当地住户实际情况，以及天气变化，适时调整供电政策。与此同时，天气炎热，用电增多，应加强安全用电知识及电力法律法规宣传；加强与用户沟通，告知利害关系；加强用电营业普查；及时与村委沟通，要求帮助解决。

2. 其他工作表的分析及可视化

意见分类统计图如图 6-24 所示。

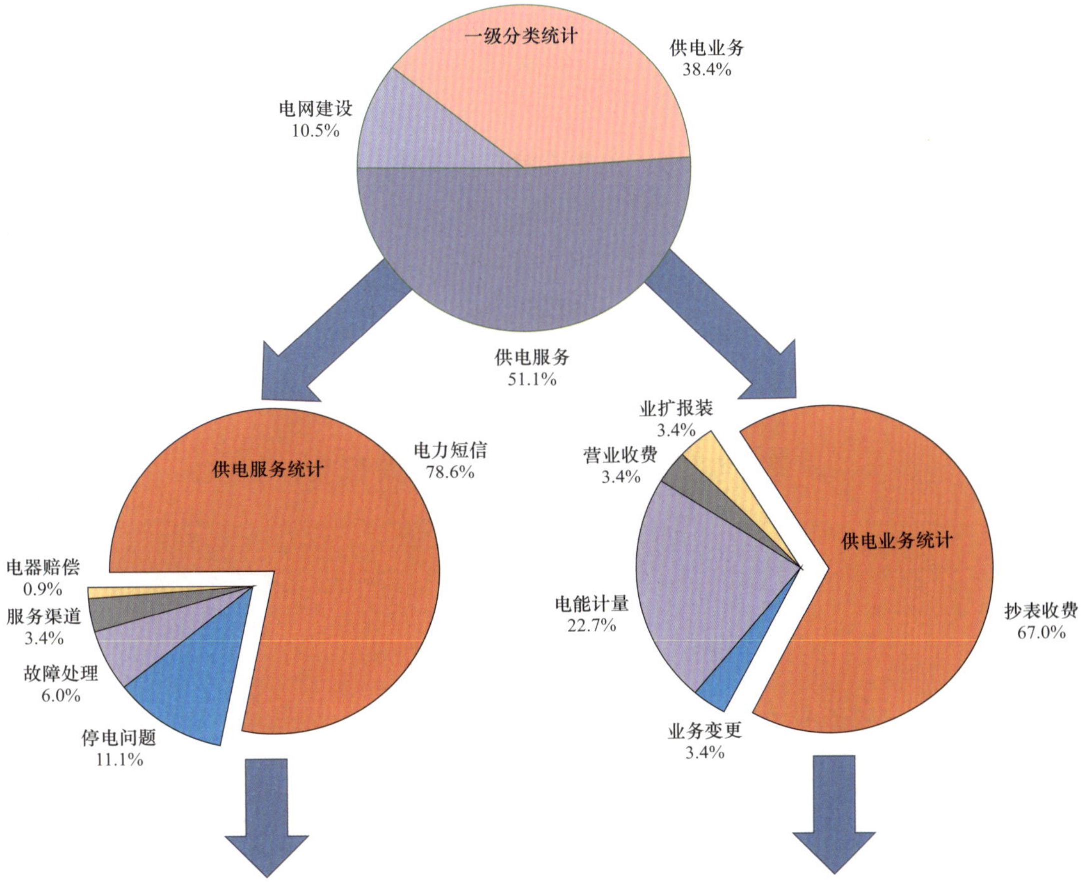

图 6-24　意见分类统计图（一）

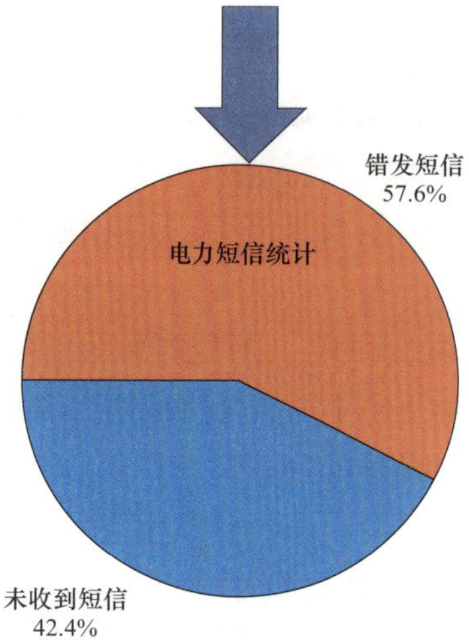

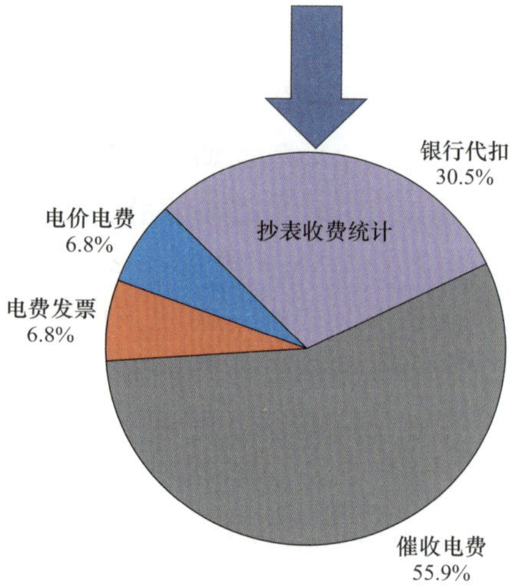

图 6–24　意见分类统计图（二）

根据以上结果分析总结现状，用户主要意见是在催收电费和短信服务两方面。

结合表中调查情况分析，用户对于催收电费不满多数是因为电费催费通知单张贴在客户家的门上，造成不好影响，以及短信业务的不完善造成的一系列误解。

综合上述，供电公司应加强短信业务的完善，尽早填补用户信息上的漏洞，以减少双方的麻烦。同时，对于一些问题，应多考虑人文因素，采取温和妥善的方式，以避免造成不必要的矛盾。

综合业务一级：统计图如图 6–25 所示。

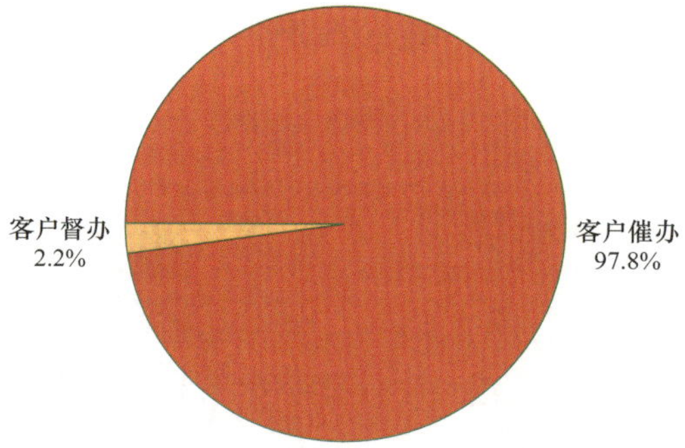

图 6–25　综合业务一级统计图

根据图 6–25 分析总结，综合业务 97.8% 都是客户催办。供电公司应提高工作效率，让客户尽量满意。

服务申请用电服务需求和用电异常统计图如图 6–26 所示。

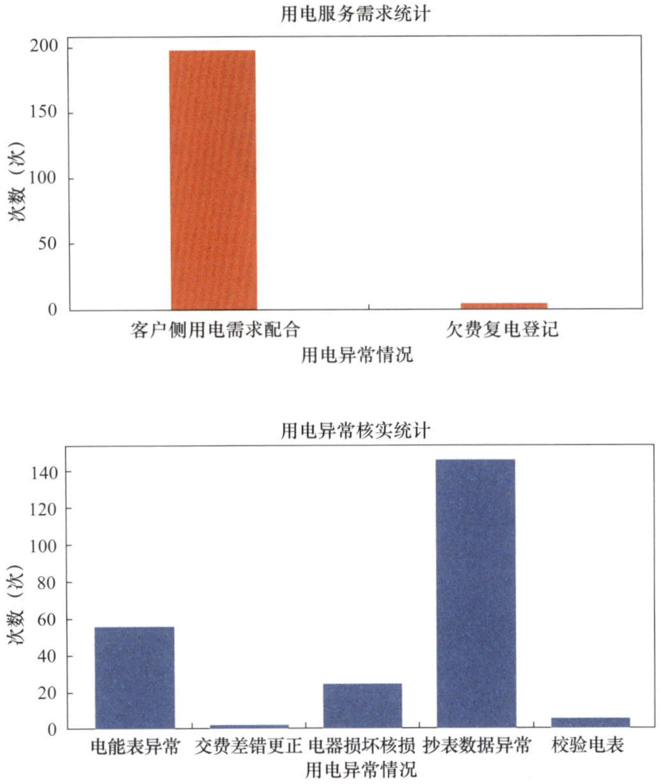

图 6–26　服务申请用电服务需求和用电异常核实统计图

服务申请一级分类统计图和业务子类统计图如图 6–27 和图 6–28 所示。

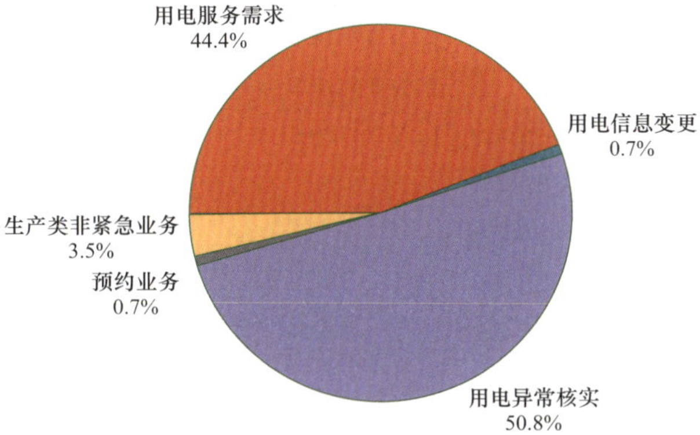

图 6–27　服务申请一级分类统计图

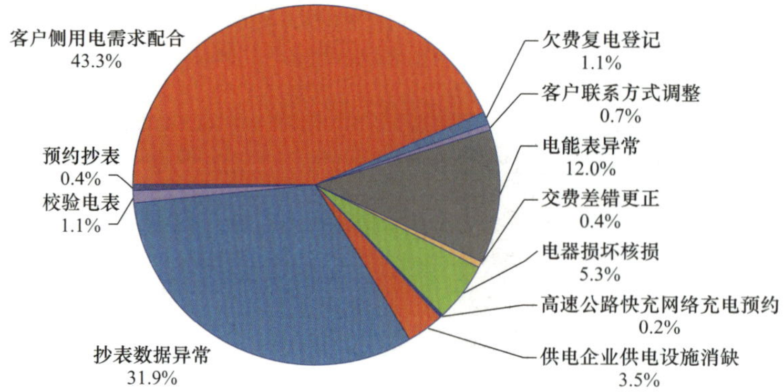

图 6-28　服务申请业务子类统计图

根据以上结果分析总结现状，用户的服务申请主要是客户侧用电需求配合及抄表数据异常两大类。

结合表中调查情况分析，这两大服务申请的服务渠道属于呼叫中心，供电公司基本能及时解决问题，服务态度良好，回访结果客户大多还是满意的，不满意情况极少。

使用的程序代码如下：

```
import pandas as pd
import numpy as np
import matplotlib.pyplot as plt
# 数据导入
df=pd.read_excel ("D:/ 工程训练必读 /1,2 项目数据及参考资料 / 电力用户画像数据 .xls",sheet_name=" 投诉 ")
# 获取工作表中指定列的值
data1=df['一级分类'].values
data2=df['二级分类'].values
data3=df['业务子类'].values
data4=df['供电单位'].values
size1=data1.size
size2=data2.size
size3=data3.size
size4=data4.size
# 数组元素统计
from collections import Counter
counter1=Counter(data1)
counter2=Counter(data2)
counter3=Counter(data3)
```

```
counter4=Counter(data4)

# 分别提取 counter 字典中所有键和值并作为数组保存用作画图
ck1=counter1.keys()
cv1=counter1.values()
ck2=counter2.keys()
cv2=counter2.values()
ck3=counter3.keys()
cv3=counter3.values()
ck4=counter4.keys()
cv4=counter4.values()
data=pd.DataFrame(df,columns=['一级分类','二级分类',
'业务子类','供电单位'])# 生成二维表
# 二维表中指定行元素筛选
data_gd=data[data['一级分类']=='供电质量']
data_yy=data[data['一级分类']=='营业投诉']
data_fw=data[data['一级分类']=='服务投诉']
data_tsd=data[data['一级分类']=='停送电投诉']
data_dw=data[data['一级分类']=='电网建设']

# 一级分类下二级分类元素统计并提取字典中键和值的数组
counter11=Counter(data_gd['二级分类'].values)# 供电质量
ck11=counter11.keys()
cv11=counter11.values()
counter12=Counter(data_yy['二级分类'].values)# 营业投诉
ck12=counter12.keys()
cv12=counter12.values()
counter13=Counter(data_fw['二级分类'].values)# 服务投诉
ck13=counter13.keys()
cv13=counter13.values()
counter14=Counter(data_tsd['二级分类'].values)# 停送电
投诉
ck14=counter14.keys()
cv14=counter14.values()
counter15=Counter(data_dw['二级分类'].values)# 电网建设
```

```
    ck15=counter15.keys()
    cv15=counter15.values()
    # 二级分类下业务子类元素统计并提取字典中键和值的数组
    data_kkx=data[data['二级分类']=='供电可靠性']
    counter21=Counter(data_kkx['业务子类'].values)# 供电可
靠性
    print(counter21)

    # 频繁停电与供电单位关系
    data_pf=data[data['业务子类']=='频繁停电']
    counter31=Counter(data_pf['供电单位'].values)# 频繁停电
    ck31=counter31.keys()
    cv31=counter31.values()
    print(counter31)
    # print('一级分类',size1)
    # print('二级分类',size2)
    # print(counter1)
    # print(counter2)

    # 绘制一级分类饼图
    # 设置绘图的主题风格（不妨使用 R 中的 ggplot 分隔）
    plt.style.use('ggplot')
    # 构造数据
    # print(ck1)
    # print(cv1)
    colors=['#9999ff','#ff9999','#7777aa','#2442aa','#
dd5555'] # 自定义颜色
    # 中文乱码和坐标轴负号的处理
    #plt.rcParams['font.sans-serif']=['Microsoft YaHei']
    plt.rcParams['font.sans-serif']=['SimHei']  # 用来正常显
示中文标签
    plt.rcParams['axes.unicode_minus']=False  # 用来正常显
示负号
    # 将横、纵坐标轴标准化处理
    plt.axes(aspect='equal')
```

```
# 控制 x 轴和 y 轴的范围
plt.xlim(0.4)
plt.ylim(0.4)
# 绘制饼图
plt.pie(x=cv1,# 绘图数据
        labels=ck1,# 添加水平标签
        autopct='%.1f%%',# 设置百分比格式，保留一位小数
        pctdistance=0.8,# 设置百分比标签圆心距
        labeldistance=1.15,# 设置水平标签圆心距
        startangle=180,# 设置饼图初始角度
        radius=1.5,# 设置饼图半径
        counterclock=False,# 是否逆时针
        wedgeprops = {'linewidth': 1.5,
'edgecolor':'green'},# 设置饼图内外边界的属性值
        textprops = {'fontsize':12, 'color':'k'}, # 设
置文本标签的属性值
       )
# 添加图标题
plt.title('一级分类统计')
# 显示图形
plt.show()

# 绘制供电质量饼图
# 设置绘图的主题风格（不妨使用 R 中的 ggplot 分隔）
plt.style.use('ggplot')
# 构造数据
# print(ck11)
# print(cv11)
#colors=['#9999ff','#ff9999','#7777aa','#2442aa','#
dd5555'] # 自定义颜色
# 中文乱码和坐标轴负号的处理
#plt.rcParams['font.sans-serif']=['Microsoft YaHei']
plt.rcParams['font.sans-serif']=['SimHei']  #用来正常显
示中文标签
plt.rcParams['axes.unicode_minus']=False  #用来正常显
```

```
示负号
    # 将横、纵坐标轴标准化处理
    plt.axes(aspect='equal')
    # 控制 x 轴和 y 轴的范围
    plt.xlim(0.4)
    plt.ylim(0.4)
    # 绘制饼图
    plt.pie(x=cv11,# 绘图数据
            labels=ck11,# 添加水平标签
            autopct='%.1f%%',# 设置百分比格式，保留一位小数
            pctdistance=0.8,# 设置百分比标签圆心距
            labeldistance=1.15,# 设置水平标签圆心距
            startangle=180,# 设置饼图初始角度
            radius=1.5,# 设置饼图半径
            counterclock=False,# 是否逆时针
            wedgeprops = {'linewidth': 1.5,
'edgecolor':'black'},# 设置饼图内外边界的属性值
             textprops = {'fontsize':12, 'color':'k'}, # 设
置文本标签的属性值
           )
    # 添加图标题
    plt.title(' 供电质量统计 ')
    # 显示图形
    plt.show()
    # 绘制营业投诉饼图
    # 设置绘图的主题风格（不妨使用 R 中的 ggplot 分隔）
    plt.style.use('ggplot')
    # 构造数据
    # print(ck12)
    # print(cv12)
    #colors=['#9999ff','#ff9999','#7777aa','#2442aa','#
dd5555'] # 自定义颜色
    # 中文乱码和坐标轴负号的处理
    #plt.rcParams['font.sans-serif']=['Microsoft YaHei']
    plt.rcParams['font.sans-serif']=['SimHei']  # 用来正常显
```

```
示中文标签
    plt.rcParams['axes.unicode_minus']=False #用来正常显
示负号
    # 将横、纵坐标轴标准化处理
    plt.axes(aspect='equal')
    # 控制 x 轴和 y 轴的范围
    plt.xlim(0.4)
    plt.ylim(0.4)
    # 绘制饼图
    plt.pie(x=cv12,# 绘图数据
          labels=ck12,# 添加水平标签
          autopct='%.1f%%',# 设置百分比格式，保留一位小数
          pctdistance=0.8,# 设置百分比标签圆心距
          labeldistance=1.15,# 设置水平标签圆心距
          startangle=180,# 设置饼图初始角度
          radius=1.5,# 设置饼图半径
          counterclock=False,# 是否逆时针
          wedgeprops = {'linewidth': 1.5, 'edgecolor':'black'},
# 设置饼图内外边界的属性值
           textprops = {'fontsize':12, 'color':'k'}, # 设置文
本标签的属性值
           )
    # 添加图标题
    plt.title('营业投诉统计')
    # 显示图形
    plt.show()

    # 绘制业务子类饼图
    # 设置绘图的主题风格（不妨使用 R 中的 ggplot 分隔）
    plt.style.use('ggplot')
    # 构造数据
    # print(ck3)
    # print(cv3)
    #colors=['#9999ff','#ff9999','#7777aa','#2442aa','#
dd5555'] # 自定义颜色
```

```
    # 中文乱码和坐标轴负号的处理
    #plt.rcParams['font.sans-serif']=['Microsoft YaHei']
    plt.rcParams['font.sans-serif']=['SimHei']# 用来正常显示
中文标签
    plt.rcParams['axes.unicode_minus']=False# 用来正常显示
负号
    # 将横、纵坐标轴标准化处理
    plt.axes(aspect='equal')
    # 控制 x 轴和 y 轴的范围
    plt.xlim(0.4)
    plt.ylim(0.4)
    # 绘制饼图
    plt.pie(x=cv3,# 绘图数据
          labels=ck3,# 添加水平标签
          autopct='%.1f%%',# 设置百分比格式，保留一位小数
          pctdistance=0.8,# 设置百分比标签圆心距
          labeldistance=1.15,# 设置水平标签圆心距
          startangle=180,# 设置饼图初始角度
          radius=1.5,# 设置饼图半径
          counterclock=False,# 是否逆时针
          wedgeprops = {'linewidth': 1.5, 'edgecolor':'blue'},
# 设置饼图内外边界的属性值
          textprops = {'fontsize':12, 'color':'k'},# 设置文本
标签的属性值
          )
    # 添加图标题
    plt.title('业务子类统计')
    # 显示图形
    plt.show()

    # 绘制频繁停电饼图
    # 设置绘图的主题风格（不妨使用 R 中的 ggplot 分隔）
    plt.style.use('ggplot')
    # 构造数据
    # print(ck31)
```

```
    # print(cv31)
    #colors=['#9999ff','#ff9999','#7777aa','#2442aa','#
dd5555'] # 自定义颜色
    # 中文乱码和坐标轴负号的处理
    #plt.rcParams['font.sans-serif']=['Microsoft YaHei']
    plt.rcParams['font.sans-serif']=['SimHei'] #用来正常显
示中文标签
    plt.rcParams['axes.unicode_minus']=False #用来正常显
示负号
    # 将横、纵坐标轴标准化处理
    plt.axes(aspect='equal')
    # 控制 x 轴和 y 轴的范围
    plt.xlim(0.4)
    plt.ylim(0.4)
    # 绘制饼图
    plt.pie(x=cv31,# 绘图数据
            labels=ck31,# 添加水平标签
            autopct='%.1f%%',# 设置百分比格式，保留一位小数
            pctdistance=0.8,# 设置百分比标签圆心距
            labeldistance=1.15,# 设置水平标签圆心距
            startangle=180,# 设置饼图初始角度
            radius=1.5,# 设置饼图半径
            counterclock=False,# 是否逆时针
            wedgeprops = {'linewidth': 1.5, 'edgecolor':'blue'},
#设置饼图内外边界的属性值
                textprops = {'fontsize':12, 'color':'k'},# 设置
文本标签的属性值
            )
    # 添加图标题
    plt.title(' 频繁停电统计 ')
    # 显示图形
    plt.show()

    # 绘制供电单位饼图
    # 设置绘图的主题风格（不妨使用 R 中的 ggplot 分隔）
```

```
plt.style.use('ggplot')
# 构造数据
# print(ck3)
# print(cv3)
colors=['#9999ff','#ff9999','#7777aa','#2442aa','#
dd5555'] # 自定义颜色
# 中文乱码和坐标轴负号的处理
#plt.rcParams['font.sans-serif']=['Microsoft YaHei']
plt.rcParams['font.sans-serif']=['SimHei'] #用来正常显
示中文标签
plt.rcParams['axes.unicode_minus']=False #用来正常显
示负号
# 将横、纵坐标轴标准化处理
plt.axes(aspect='equal')
# 控制 x 轴和 y 轴的范围
plt.xlim(0.4)
plt.ylim(0.4)
# 绘制饼图
plt.pie(x=cv4,# 绘图数据
    labels=ck4,# 添加水平标签
    autopct='%.1f%%',# 设置百分比格式，保留一位小数
    pctdistance=0.8,# 设置百分比标签圆心距
    labeldistance=1.15,# 设置水平标签圆心距
    startangle=180,# 设置饼图初始角度
    radius=1.5,# 设置饼图半径
    counterclock=False,# 是否逆时针
     wedgeprops = {'linewidth': 1.5, 'edgecolor':'green'},#
设置饼图内外边界的属性值
         textprops = {'fontsize':12, 'color':'k'},# 设置
文本标签的属性值
       )
# 添加图标题
plt.title('供电单位统计')
# 显示图形
plt.show()
```

6.3 基于 Tableau 的电力数据可视化

Tableau 的数据管理相对灵活，可以分为数据连接层（Connection）、数据模型层（DataModel）和数据可视层（VizQl），数据可视层（VizQl）是以数据连接层和数据模型层为基础的 Tableau 核心技术。

6.3.1 Tableau 的数据连接

数据连接层决定了访问数据源和获取源数据。

要在 Tableau 中创建视图，首先需要新建数据源，如图 6–29 所示。

图 6–29　新建数据源

打开 Tableau 软件，进入主界面后在页面左侧选择新建数据源，也可以主界面菜单栏选择数据→新建数据源，在次级界面就会看到 Tableau 支持的数据源类型，如图 6–30 所示。

图 6–30　Tableau 支持的数据类型

6.3.1.1 连接 Excel 文件

下面就以最常见的电子表格数据源为例介绍 Tableau 如何连接文件数据源。选择 Microsoft Excel，单击打开对话框中的重过载信息 .xls，如图 6–31 所示。

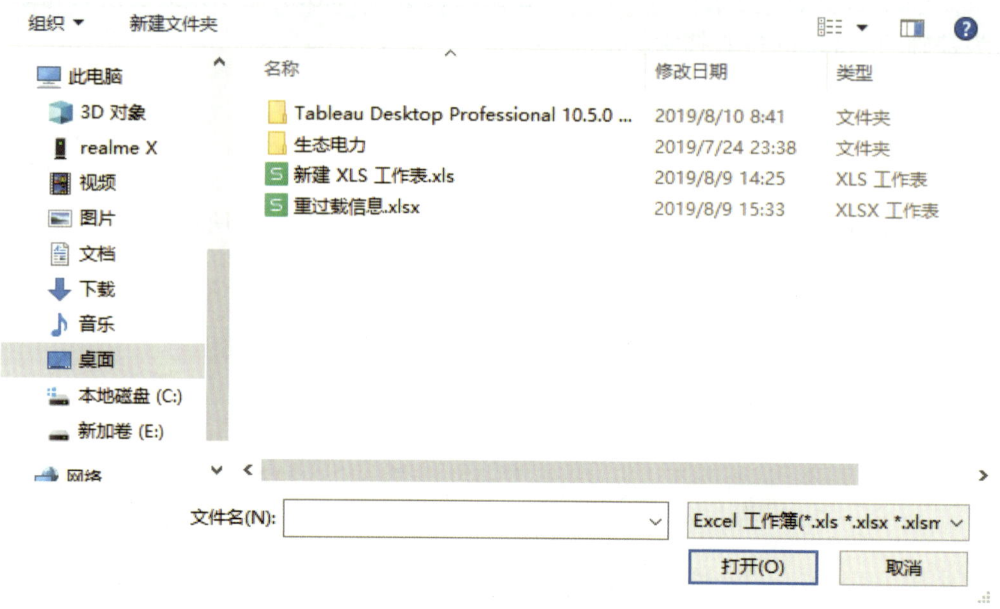

图 6–31　连接数据示例

根据界面上的文字提示，将表重过载信息拖入界面中的黄色框内，如图 6–32 所示，这时可在界面下方看到刚才拖入的工作表数据如图 6–33 所示。

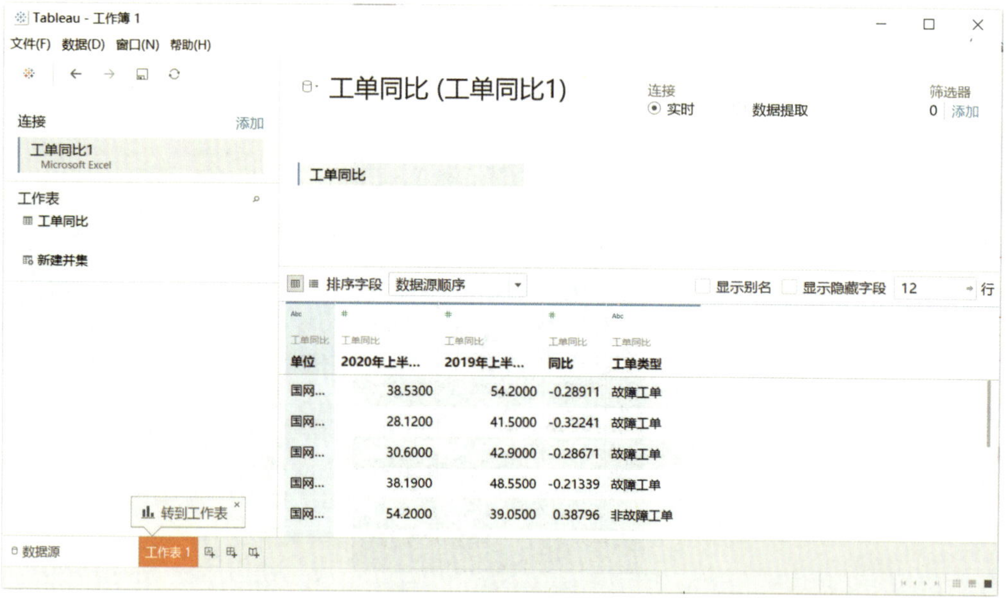

图 6–32　编辑数据源界面

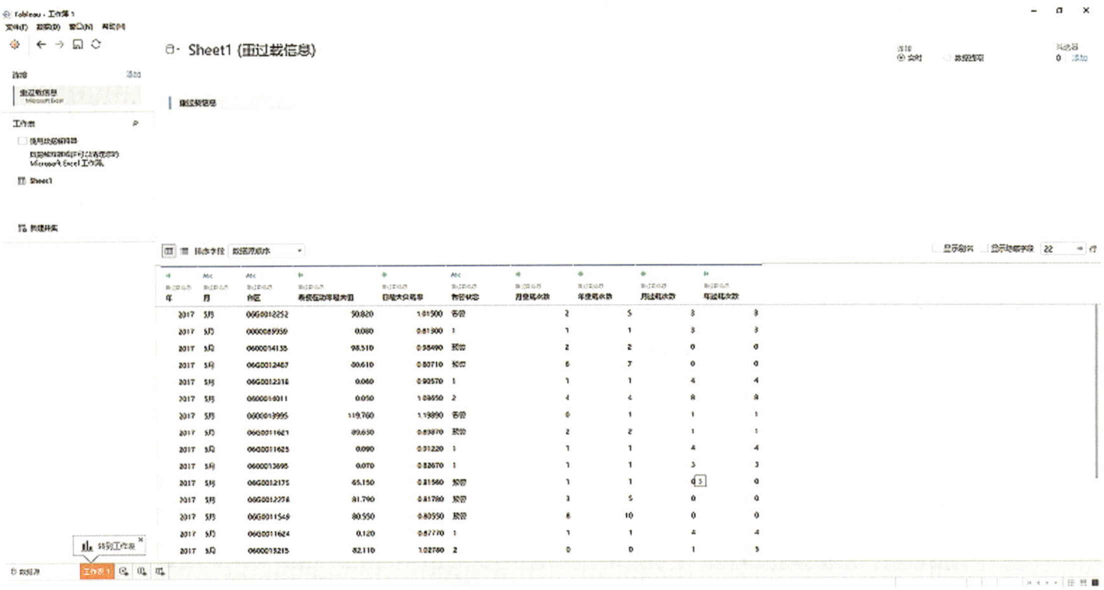

图 6-33 显示数据表

如果需要在下次使用时快速打开数据连接，可以将数据连接添加到已保存的数据源，如图 6-34 所示。在弹出的窗孔中选择保存，再次打开 Tableau 之后在开始界面就可以直接连接到已保存的数据源，如图 6-35 所示。

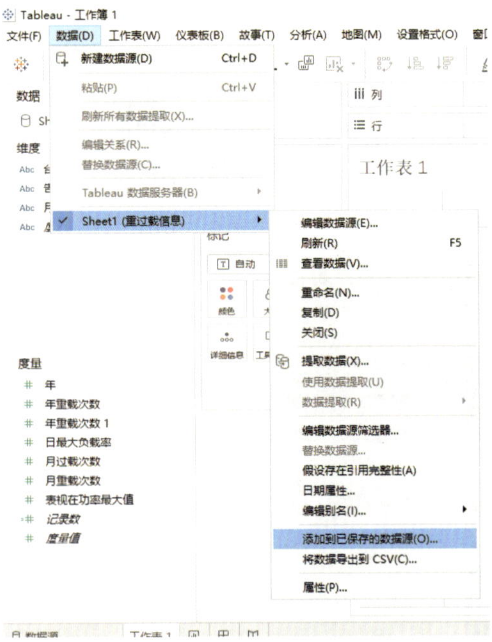

图 6-34 添加已保存的数据源

图 6-35 引用已保存的数据源

6.3.1.2 连接到 Access 文件

连接到 Access 数据源的操作步骤和连接到 Excel 的操作步骤基本类似，均在新建数据源界面实现。连接到 Access 文件，在选定数据表的界面左下角会出现新自定义 SQL 选项，用户可以选择使用 SQL 查询连接数据。

双击新自定义 SQL，在编辑自定义 SQL 文本框中输入 SQL 查询语句后点击确定，如图 6-36 所示，就完成了 Access 数据源的连接。

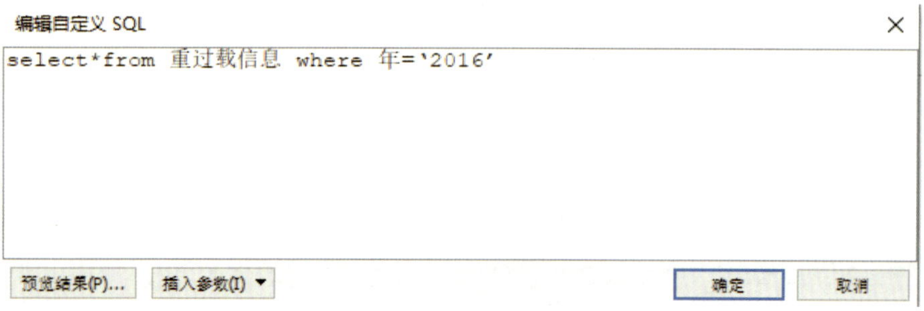

图 6-36 编辑自定义 SQL

6.3.1.3 连接到服务器数据源

连接到 Oracle 数据库，选择位于服务器选项下的 Oracle 数据库图标，在界面填写连接到数据库所需的相关信息，完成后点击确定，如图 6-37 所示。

图 6-37 连接到 Oracle

用户还可以选择连接到 Oracle Essbase，这是 Oracle 的多维数据库，当连接到多维数据源时，不能使用 SQL 或者 MDX 语句进行查询，而在 Tableau 创建实时可视化查询时会使用优化后的 MDX 语句进行操作。

6.3.1.4 筛选数据

直接使用数据源全量数据进行分析，可能会导致工作表响应迟缓。如仅需分析特定条件下的数据或者分析部分数据，可以使用数据源筛选器。

新建数据源的界面中，选择筛选器下方的添加，如图 6–38 所示。

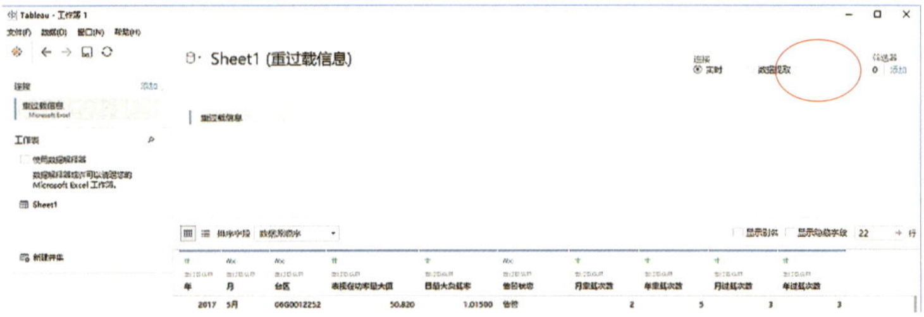

图 6–38　添加筛选器

在编辑数据筛选器对话框中选择添加进入添加筛选器对话框。选择日最大负载率为筛选字段，如图 6–39 所示。

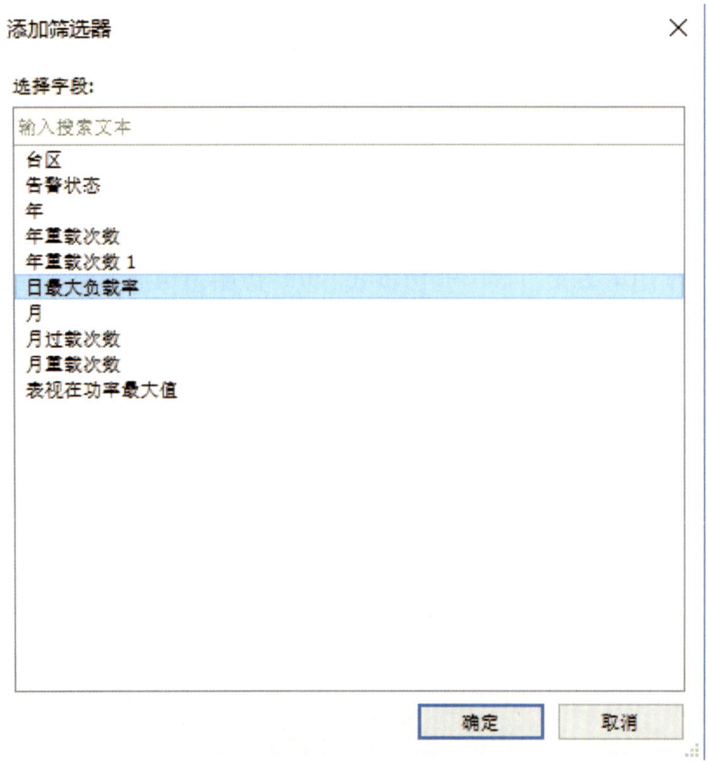

图 6–39　添加筛选条件

若要筛选出日最大负载功率大于 1.2 的子类别，则需要在筛选器 [日最大负载率] 对话框中将负载率中最小值设定为 1.2，图 6–40 所示。

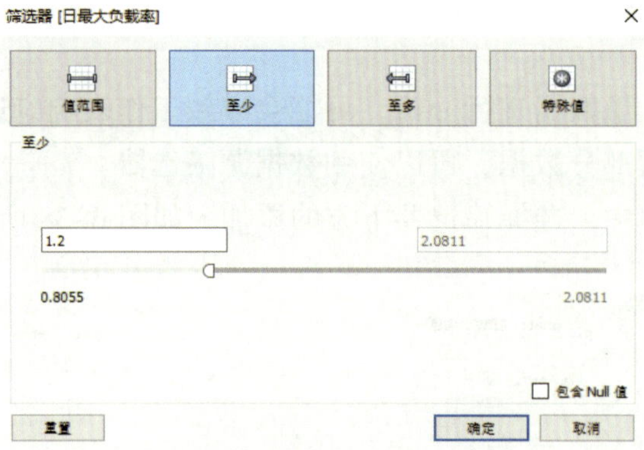

图 6–40　设置数据筛选器

如只需要分析 5 月份的负载率的情况，在编辑数据源筛选器对话框中选择 5 月，筛选出 5 月份负载率的子类别，如图 6–41 所示。

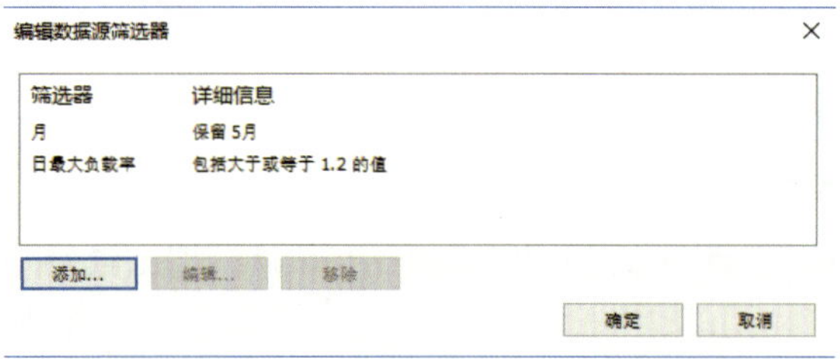

图 6–41　完成添加筛选数据

6.3.1.5 数据整合

Tableau 的数据源可以来自同一张数据表，也可以来自多张数据表、多个不同的文件。Tableau 的数据整合功能可以实现多张数据源的合并连接。

在前面已经通过 Tableau 的数据筛选功能添加了重过载信息数据源中的过载信息。

选择数据—数据源名称—编辑数据源。使用鼠标将台区基本信息表工作框选中，Tableau 会自动将重过载信息和台区基本信息连接，如图 6–42 所示。

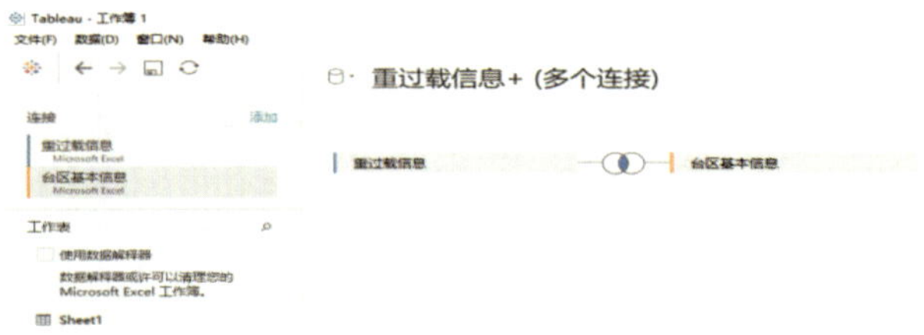

图 6–42　自动生成数据连接

这样连接两个数据表是按 Tableau 默认的内部连接方式进行表间的数据连接，用户也可以选择手动连接的方式对不同数据连接，其他的连接方式还包括了左侧、右侧、完全外部连接等，如图 6–43 所示。Tableau 会自动从多个数据表中选择同名的字段作为关联字段，也可以手动选择进行关联字段。

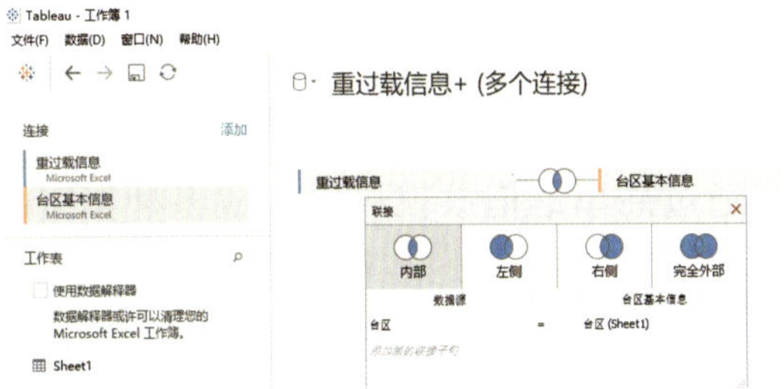

图 6–43　指定连接方式

完成表连接后，选择转到工作表，可以在工作去数据窗口中看到台区基本信息、重过载信息两张数据表的信息，如图 6–44 所示。

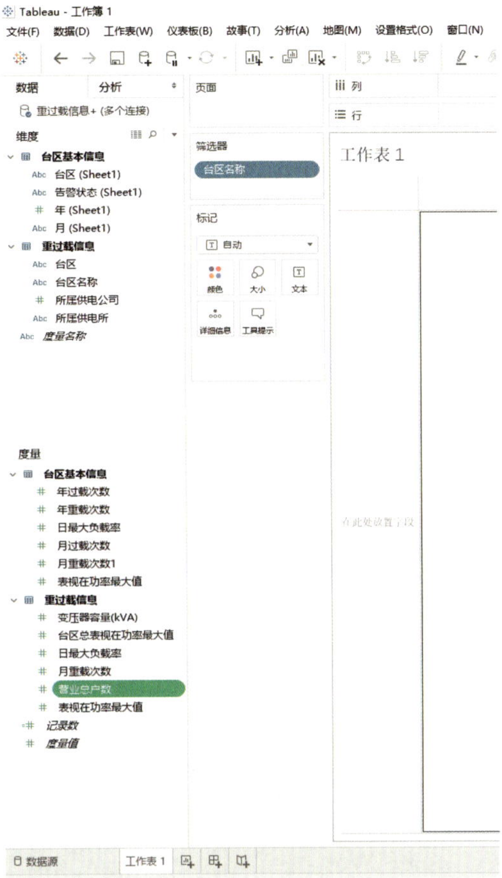

图 6–44　工作表中的数据连接

Tableau 的内部、左侧、右侧、完全外部这四种连接方式中，“内部”只列出与连接条件匹配的数据行；“左侧”表示不仅包含查询结果集合中符合连接条件的行，而且还包括左表的所有数据行；“右侧”表示不仅包含查询结果集合中的符合连接条件的行，而且还包括右表的所有数据行；“完全外部”表示包含查询结果集合中的包含左、右表的所有数据行。

6.3.2 可视化图表实现

与其他软件相比，Tableau 通过简单地拖放就可以生成各种类型的图形，为用户工作节约大量人力成本和时间，尤其是定期重复的工作。本章以电力行业数据及常见可视化分析需求为例，详细介绍如何使用 Tableau 创建一些可视化图表。

6.3.2.1 条形图

条形图是一种把连续数据画成数据条的表现形式，通过比较不同组的条形长度，从而对比不同组的数据量大小。描绘条形图的要素有组数、组宽度、组限三个。绘画条形图时，不同组之间是有空隙的。条形图可分为垂直条和水平条。

使用条形图可在各类别之间比较数据。创建条形图时会将维度放在行功能区上，并将度量放在列功能区上，反之亦然。

现以各省市售电量为例，介绍如何创建一个用于查看各省市售电量的条形图。

连接 2015 年各省市上半年售电量 .xlsx 数据源，单击连接到文件 Microsoft Excel，打开 2015 年各省市上半年售电量 .xlsx 文件，如图 6–45 所示。

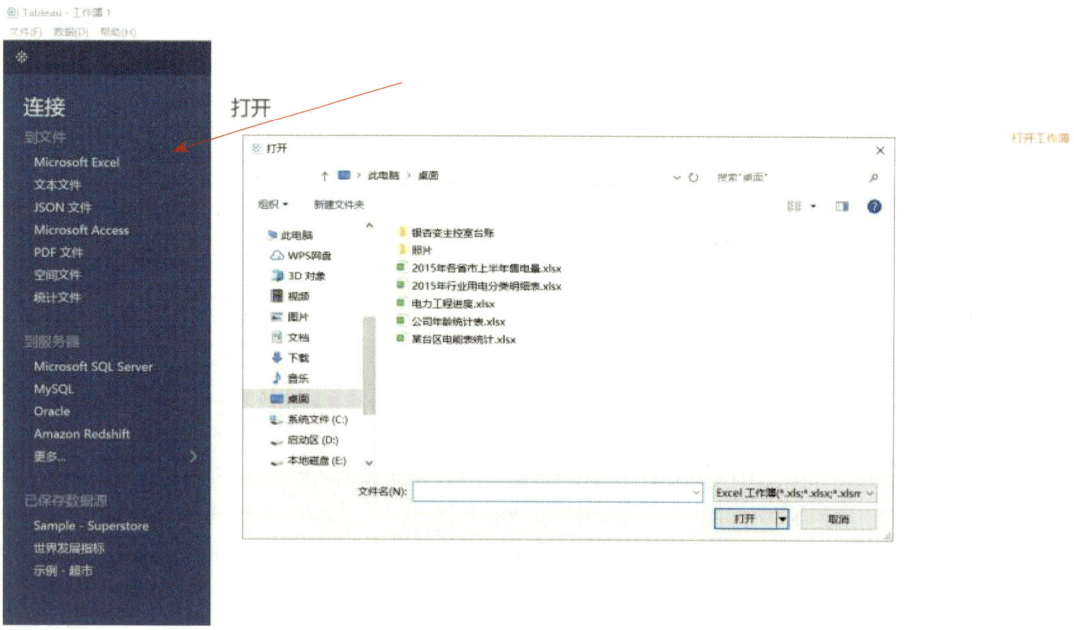

图 6–45　连接数据源

单击 Tableau 左下方的工作表 1 按钮，进入 Tableau 的工作表界面，如图 6–46 所示。

图 6–46　Tableau 的工作表界面

选择维度下的省市变量，将其拖放到行功能区，同时将度量下的售电量当期值拖放到列功能区，如图 6–47 所示。

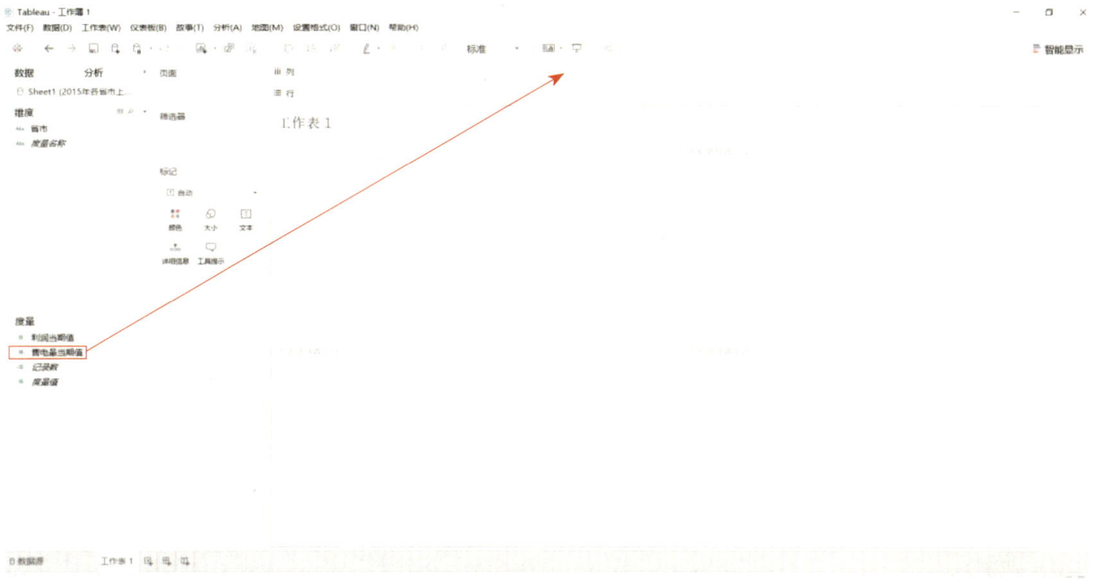

图 6–47　将变量拖放到行和列功能区

当省市和售电量当期值拖放完成后，Tableau 会自动生成条形图，显示售电量情况，如图 6–48 所示。

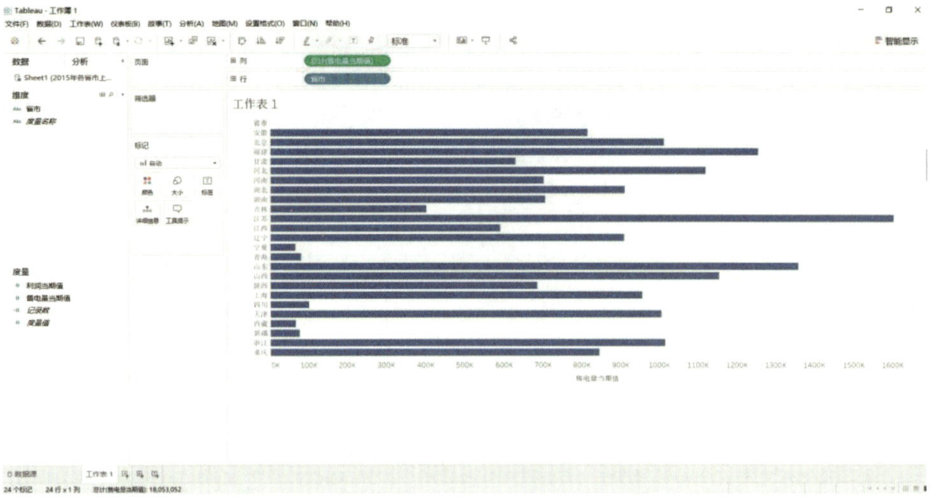

图 6-48　某省市售电量情况条形图

单击工具栏中的交换按钮，将水平条形图置换为垂直条形图，单击降序排序按钮，各城市售电量将按照降序排列，如图 6-49 所示。

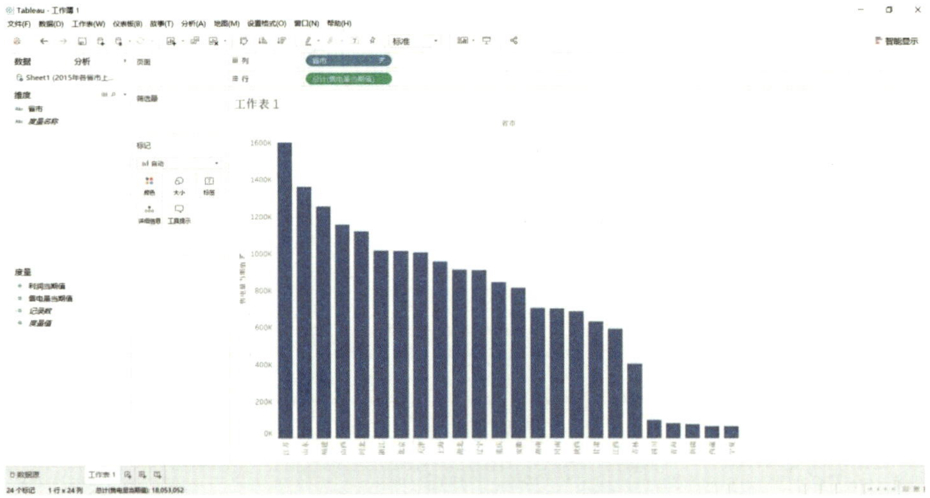

图 6-49　将水平条形图进行交换、降序排序

由该视图可以看出，售电量最高的 3 个省市分别是：江苏、山东、福建。

6.3.2.2 直方图

直方图与条形图类似，主要区别是条形图的横轴为单个类别，不用考虑纵轴上的度量值，用条形的长度表示各类别数量的多少；而直方图的横轴是对分析类别的分组，横轴宽度表示各组的组距，纵轴代表每级样本数量的多少。例如比较分析某电力公司员工的年龄构成，可以将年龄分级为不同的年龄组，在对各年龄组的员工人数进行统计，具体步骤如下。

加载某电力公司年龄统计表作为数据源，在数据窗口中选择度量年龄，单击工具栏上的智能显示按钮，选择直方图选项，如图 6–50 所示。

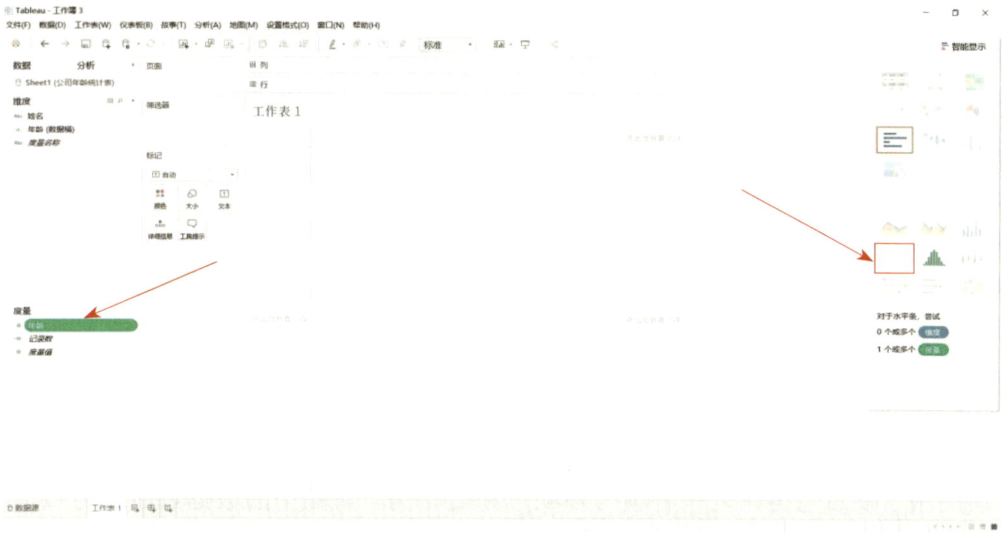

图 6–50　创建年龄分组统计直方图

生成如图 6–51 所示直方图，注意在维度区域中会自动生成一个字段年龄（数据桶），右键该字段选择编辑，可以修改新字段的名称和组距，为帮助确定最佳组距，对话框里还显示出最大值、最小值和差异值。

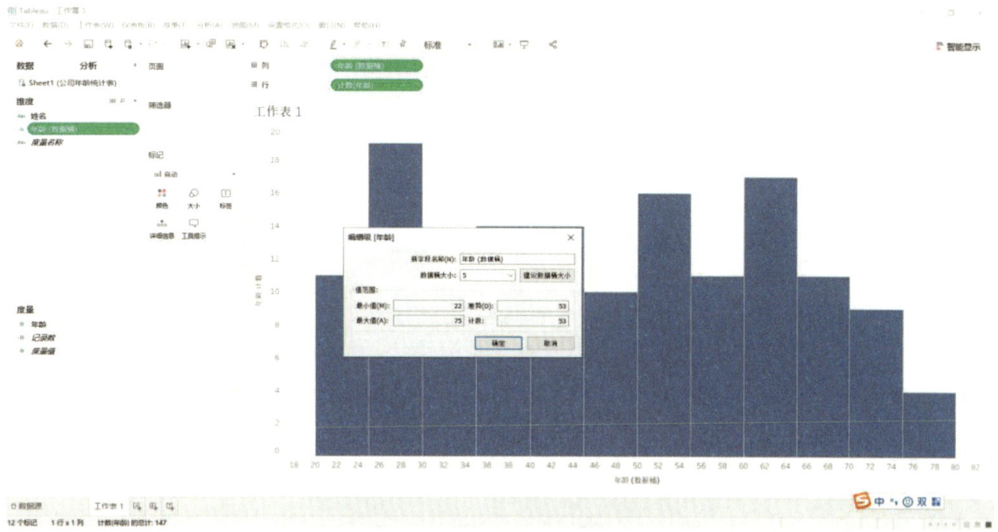

图 6–51　年龄分组直方图

值范围可以帮助调整设定数据桶大小，数据桶大小也就是直方图的组距。当把数据桶大小设为 10 时，直方图如图 6–52 所示。

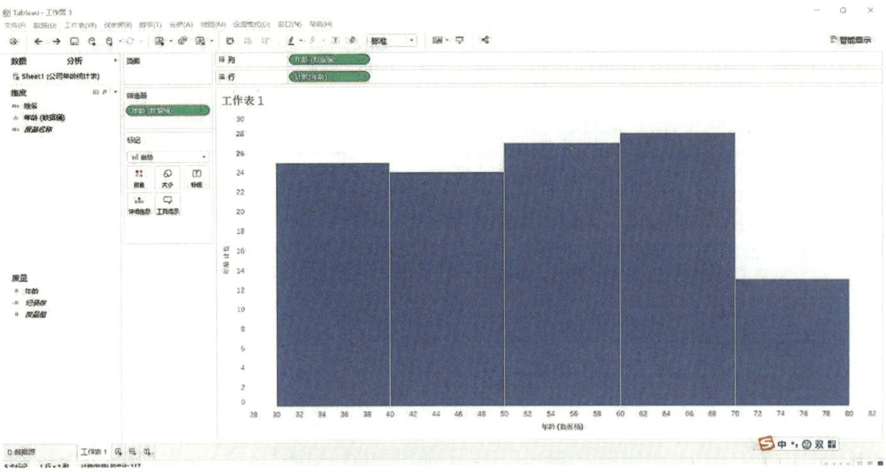

图 6-52　修改数据桶大小之后的直方图

6.3.2.3 饼图

饼图用于展示数据系列中各项与各项总和的比例。饼图中的数据点显示为整个图的百分比，图表中每个数据系列具有唯一的颜色或图案，并且在图表的图例中表示。

使用饼图进行可视化分析时，要注意如下几点：

（1）分块越少越好，最好不多于 4 块，且每块必须足够大。

（2）确保各分块占比的总计是 100%。

（3）避免在分块中使用过多标签。

现以分析 2015 年行业用电分类明细表为例，介绍创建饼图的操作步骤。在此选取农、林、牧、渔业等用电量作为分析对象。

将维度中 F1 字段拖放到筛选器，选择农业、林业、畜牧业、渔业、农林牧渔服务业，如图 6-53 所示。

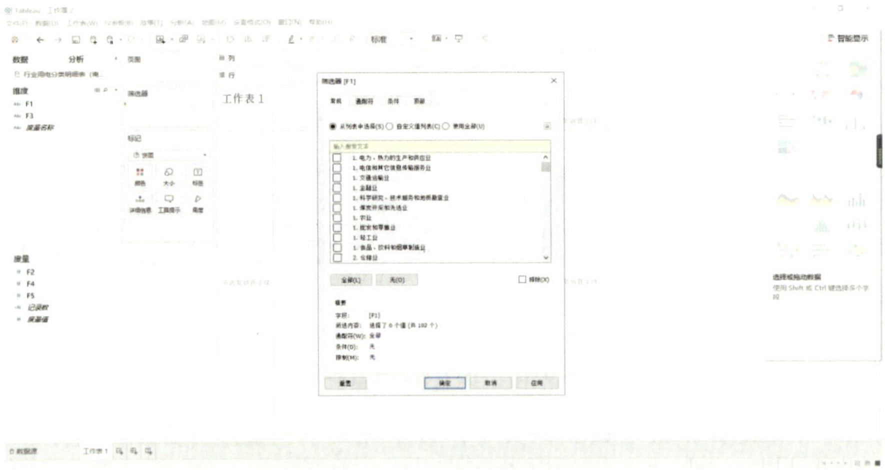

图 6-53　对原数据进行筛选

将字段 F1 拖放到标记卡的颜色，并设置标记类型为饼图，标记卡中出现角度选项，如图 6–54 所示。

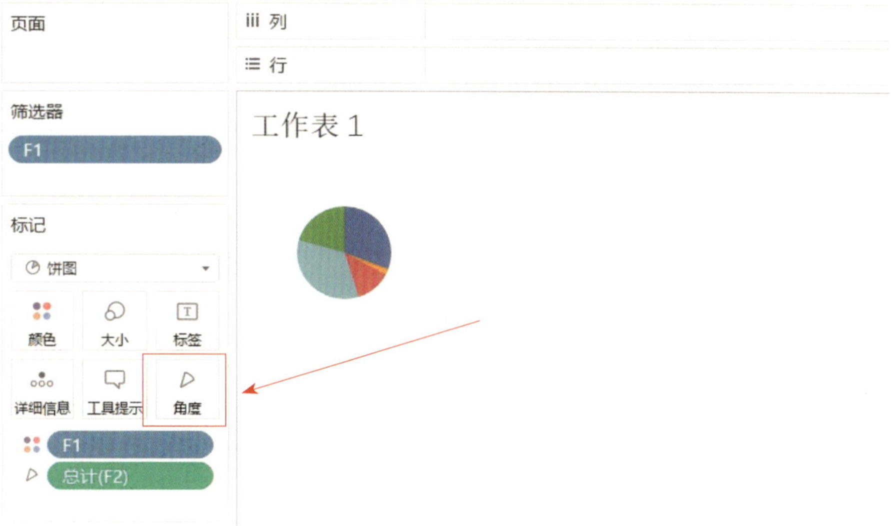

图 6–54　生成饼图

将度量值 F2 拖放至角度后，饼图将根据该度量的数值大小改变饼图扇形角度的大小，从而生成占比图，单击标记功能区中的标签，并选择显示标记标签，可以为饼图添加标签信息。为饼图添加占比信息，如图 6–55 所示。

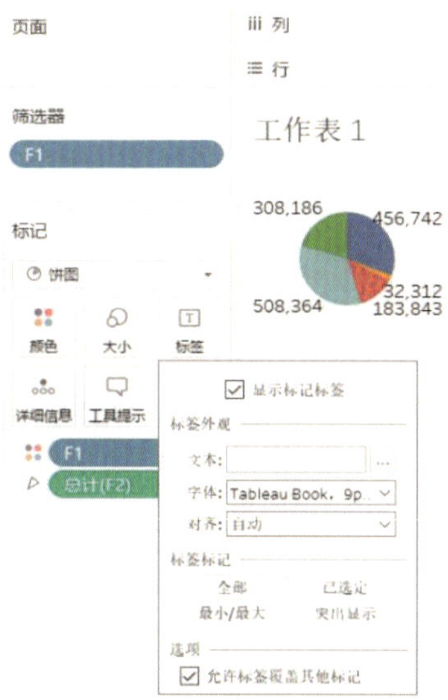

图 6–55　添加标签信息

为饼图添加占比信息，单击总计（F2）右侧的小三角，在下拉菜单中选择快速表计算→总额百分比，添加占比信息后的视图如图 6–56 所示。

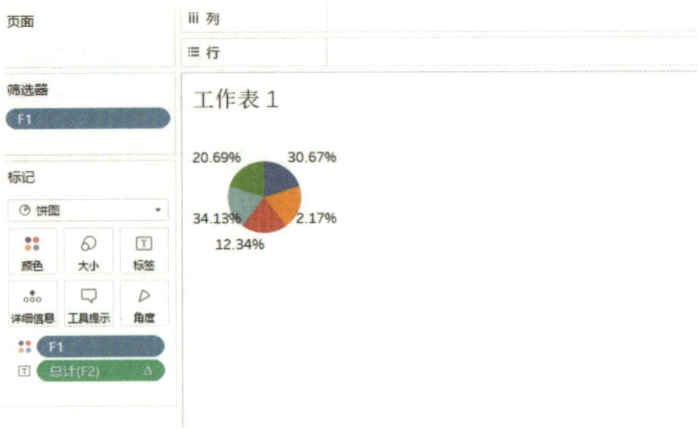

图 6–56　添加占比信息

6.3.2.4 折线图

折线图是一种使用率很高的图形，它是一种以折线的上升或下降来表示统计数量增减变化趋势的统计图，最适用于时间序列的数据。与条形图相比，折线图不仅可以表示数量的多少，而且可以直观地反映同一事物随时间序列发展变化的趋势。

下面以 2015 年上半年售电量 .xls 为例，介绍创建基本折线图的基本操作。

打开 2015 年上半年售电量 .xls，将月份拖放至列功能区，将售电量拖放至行功能区，单击标记卡选择线，Tableau 会自动生成折线图，如图 6–57 所示。

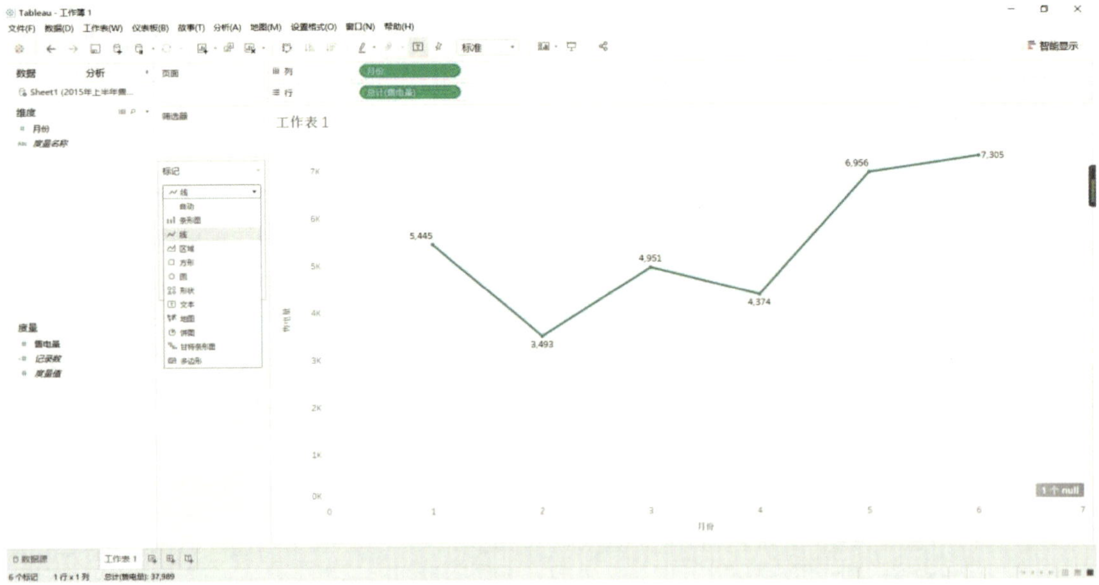

图 6–57　生成折线图

有时需要将标记换一种形状，可以画一个折线图和一个有自定义形状的方图，然后通过双轴来完成。

两次拖放字段售电量到行功能区，这时会出现两个折线图，在标记卡处选择其中一个折线图，将标记类型改为形状，单击标记卡处的形状，选择方形，可单击大小按钮对方形大小进行调整，如图 6–58 所示。

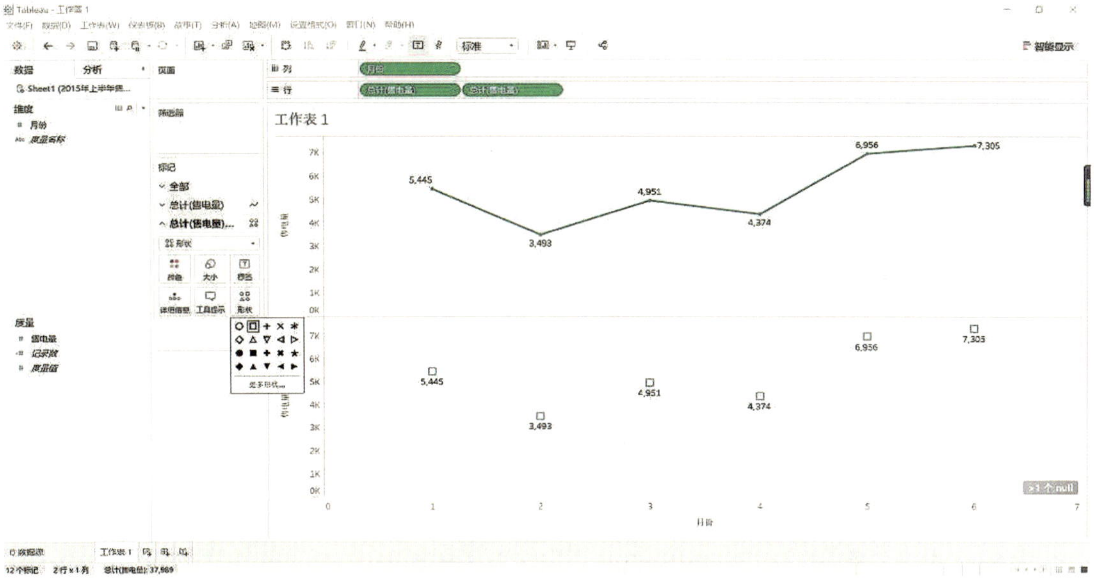

图 6–58 将形状改为方形

右键行功能区总计（售电量），在弹出的对话框中选择双轴，如图 6–59 所示。

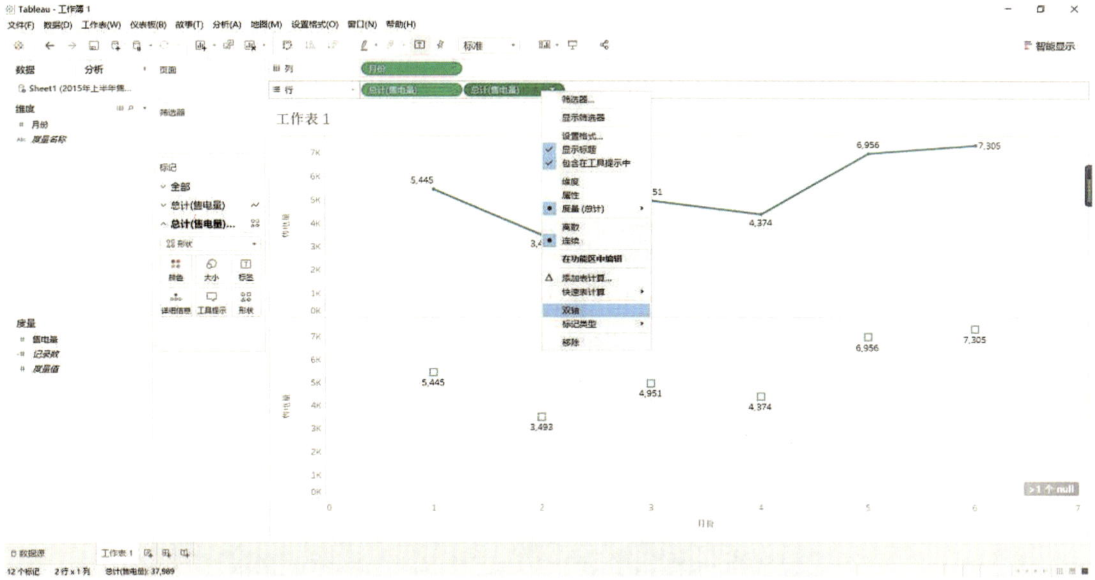

图 6–59 单击“双轴”

由于双轴的坐标轴均为月份，因此右击右边的纵轴，选择同步轴，完成双轴视图，如图 6–60 所示。

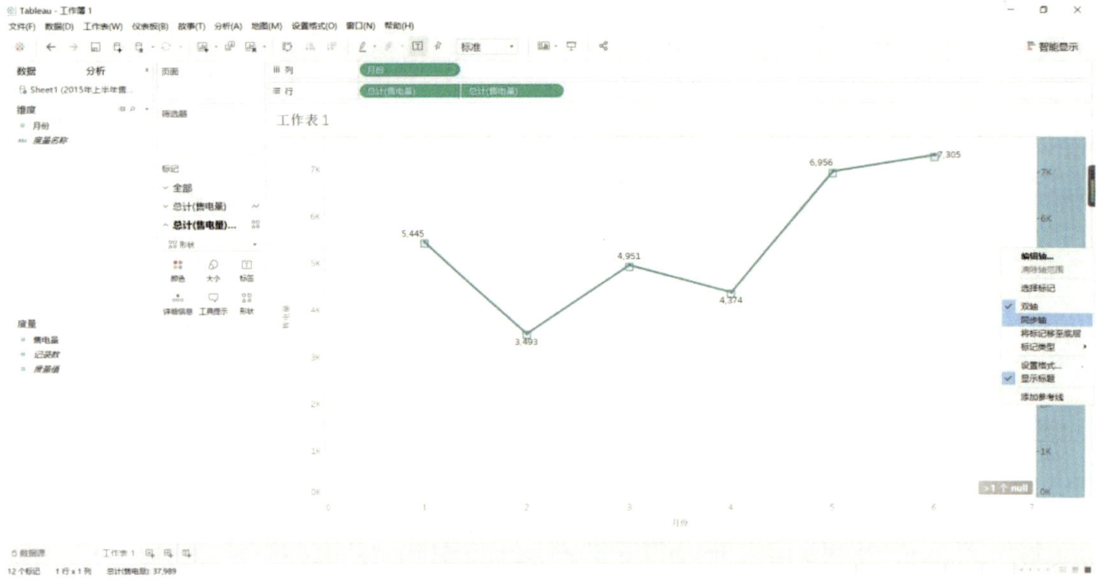

图 6–60　生成双轴视图

6.3.2.5 树形图

树形图，也称树地图，是用一组嵌套矩形来显示数据，是一种突出显示异常数据点或重要数据的方法。下面以分析 2014 年各省市售电量为例，介绍如何在 Tableau 中创建树形图。

打开 2014 年各省市售电量 .xls；选择标记类型为方形，将省市拖放至标签，将售电量当期值拖放至大小，将利润当期值拖放至颜色，得到图 6–61 所示的树形图。

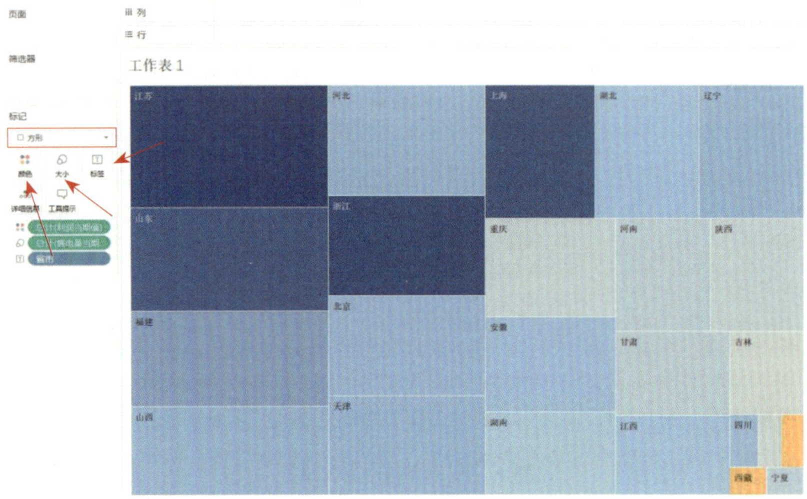

图 6–61　各省市售电量树形图

6.3.2.6 气泡图

气泡图也是 Tableau 中常用到的一种图标显示方式，与树形图类似，可以突出显示异常数据。在气泡图中每个气泡表示维度字段的一个取值，各个气泡的大小和颜色代表了一个或两个度量的值。Tableau 气泡图的特点是具有视觉吸引力，能够以非常直观的方式展示数据。

下面仍以 2014 年各省市售电量为例介绍创建气泡图的方法。打开 2014 年各省市售电量 .xls；更改标记类型为圆，省市拖至行，将售电量当期值拖放至列，在智能显示中选择填充气泡图，最后将利润当期值拖放至颜色，得到图 6–62 所示的气泡图。

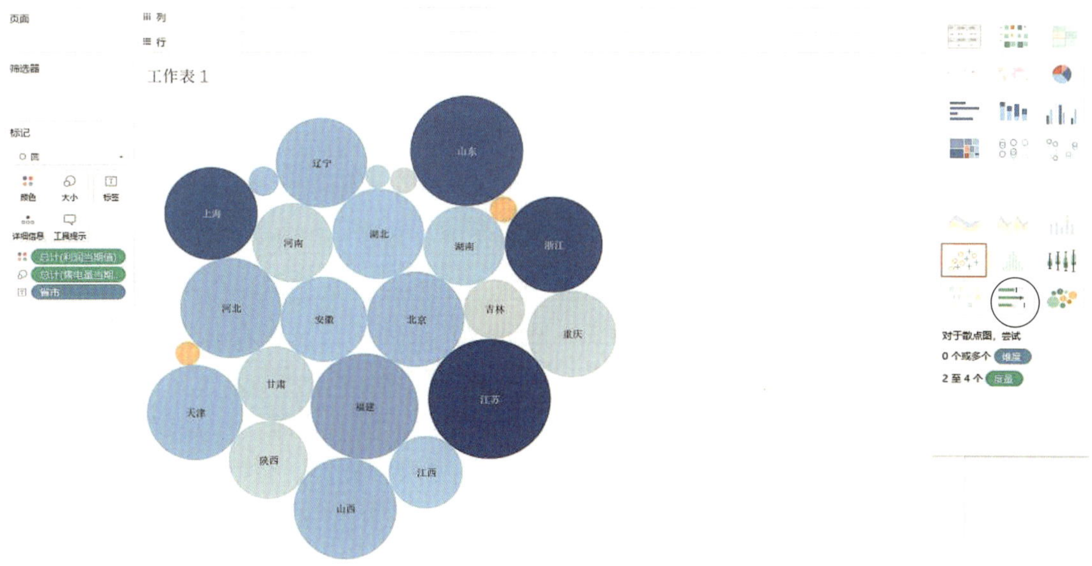

图 6–62 各省市售电量气泡图

6.3.2.7 压力图

压力图，又称热图、热力图，是一种对表格中数字的可视化表示，通过对较大的数字编码为较深的颜色或较大的尺寸，对较小的数字编码为较浅的颜色或较小的尺寸，可以帮助用户快速地在众多数据中识别异常点或重要数据。当仍需要利用表格展示数据，同时又需要突出重点信息时，可选择使用凸显表。

（1）压力图。以 2014 年各省市售电量为例介绍创建压力图的方法。连接 2014 年各省市售电量 .xls；将省市拖至行，将售电量当期值拖至列；在智能显示中选择热图，如图 6–63 所示。

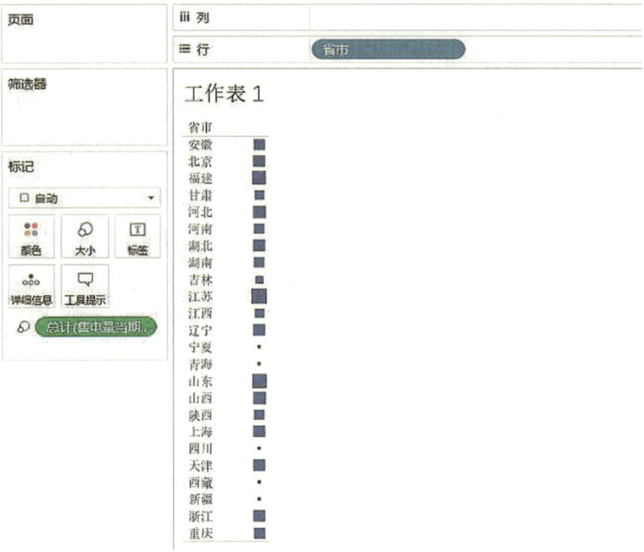

图 6-63　2014 年各省市售电量压力图

（2）凸显表。凸显表也是对基本表的一种变形，与压力图类似，目的也是帮助分析人员在大量数据中迅速发现异常情况，但因其显示出具体数据后将与基本表一样，当数据量较大时对异常及重要数据难以辨识，故建议不要使用凸显表表示相关联指标的情况，而是仅突出显示一个指标（度量）的异常或重要信息。

下面继续用凸显表分析 2014 年各省公司利润情况。将省市拖至行功能区，将利润当期值分别拖至标记卡的标签及颜色上，将标记类型改为方形，得到图 6-64 所示的凸显表。

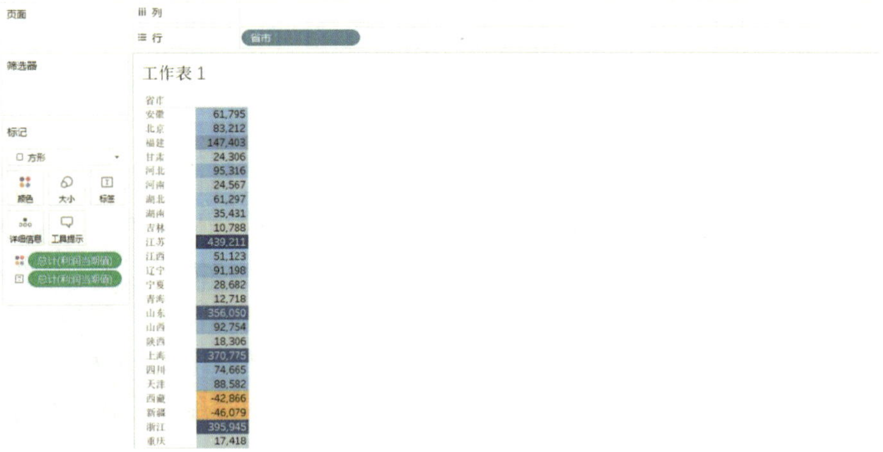

图 6-64　一个指标的凸显表

可以看出，凸显表通过各表格颜色的深浅，能够帮助分析人员非常直观、迅速地从大量数据中定位到关键数据，这一点和压力图使用标记大小帮助定位在本质上是相同的，而且凸显表还显示了各项的值。例如从该例中从凸显表能快速发现浙江、山东、上海和浙江上半年的利润位居前列；而西藏和新疆的利润为负值。假如只想将利润当期值为负的数据突出显示，可以进行如下操作：

单击颜色图例右上角的下拉按钮，选择编辑颜色。选择自定义发散的颜色，并将两端设置为红色和黑色，渐变颜色设定为 2，这时只有红和黑两种颜色，如图 6–65 所示。

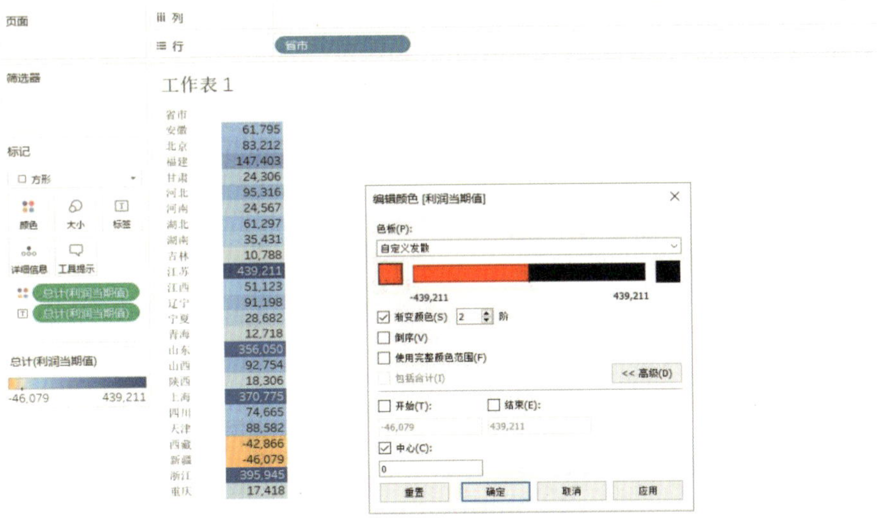

图 6–65 在颜色图例中修改颜色

按照分析元素需要，让负数显示为红色，正数显示为黑色，即划分两种颜色的依据是正负，单击高级，设定中心为 0，得到图 6–66 所示的凸显表。

图 6–66 突出显示负值的凸显表

6.3.2.8 甘特图

甘特图又称横道图，是以图示的方式通过活动列表和时间刻度形象地表示出任何特定项目的活动顺序和持续时间。甘特图的横轴表示时间，纵轴表示活动，线条表示在整个期间上该活动或项目的持续时间，因此可以用来比较与日期相关的不同活动（项目）的持续时间长短。甘特图也常用于显示不同任务之间的依赖关系，并被广泛用于项目管理中。

下面以电力工程进度为例，简述甘特图的创建方法。连接数据源电力工程进度 .xls；

将建设流程拖放至行功能区，将预计完成日期拖放至列功能区，并通过右键将日期级别改为精确日期，如图 6–67 所示。

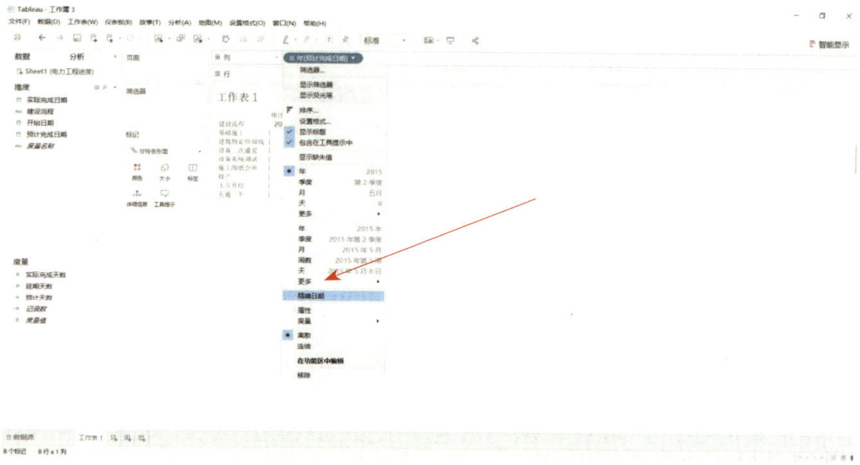

图 6–67　日期级别改为精确日期

将度量延期天数拖放至标记卡的大小，为了更直观地看到延期情况，再把延期天数拖至标记卡的颜色上，得到图 6–68 所示的甘特图。

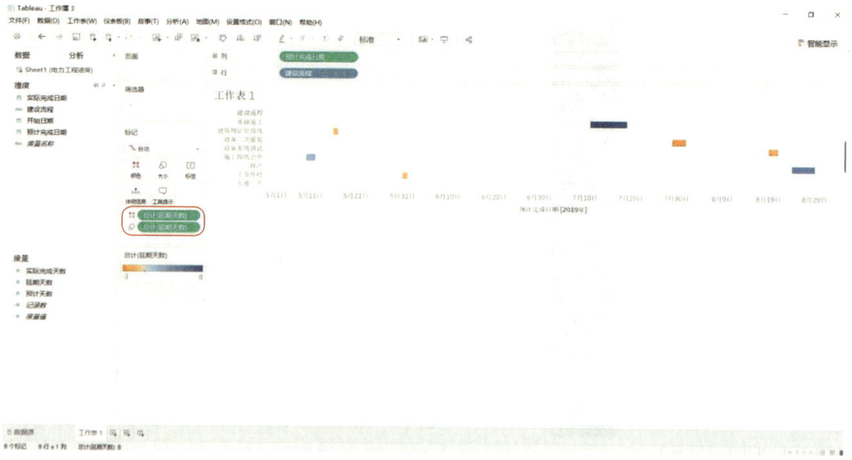

图 6–68　电力工程进度甘特图

6.3.3 可视化高级实现

本节将综合运用 Tableau 高级特性来创建高级视图，包括帕累托图、瀑布图和地图的创建和使用。

6.3.3.1 帕累托图的实现

帕累托图是按照一定的类别根据数据计算出其分类所占的比例，用从高到低的顺序排列成矩形，同时展示比例累积和的图形，主要用于分析导致结果的主要因素。帕累托图与帕累托法则（又称为“二八原理”，即 80% 的结果是 20% 的原因造成的）一脉相承，通过图形体现两点重要信息：至关重要的极少数和微不足道的大多数。

本节以某电力物资公司的物资销售金额数据为例创建一个帕累托图，帮助用户迅速发现隐藏在数据中的重要信息。该图由柱形图、折线图和参数控件 3 部分组成。其中，横轴为供应商数量占总供应商数量的累计比例，柱形图显示由大到小的各供应商的延期支付金额情况，折线图显示金额累计百分比沿着横轴的变化情况，参数控件帮助快速定位参考线的位置。

帕累托图实现如下：

分析这家电力物资公司 80% 的销售额是多少百分比的客户贡献的。

（1）将客户名称字段拖到详细信息里，并按销售额排序，如图 6-69 所示。

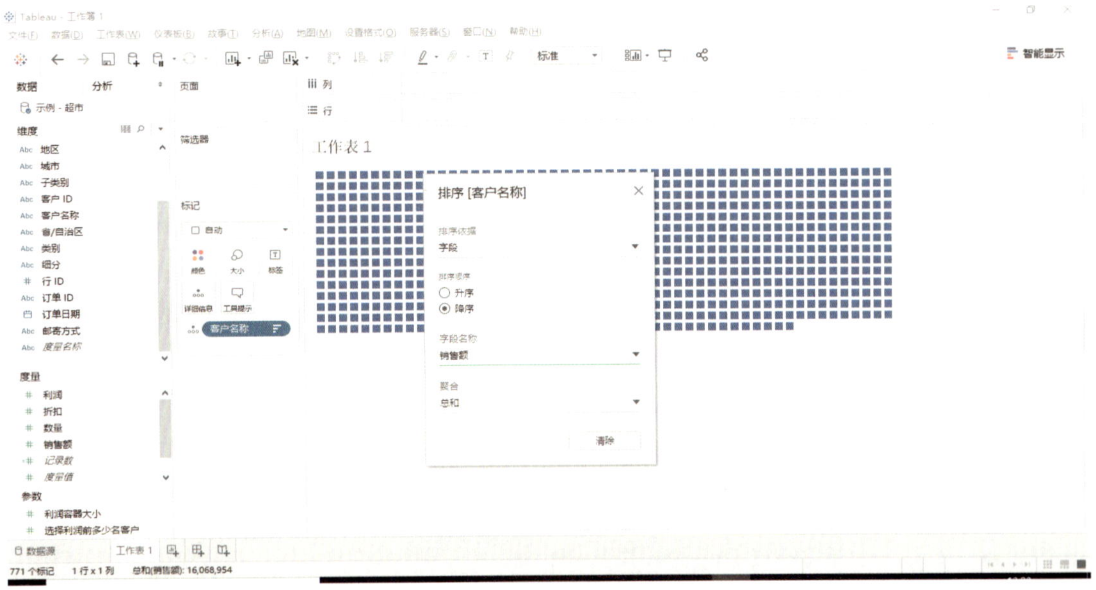

图 6-69　添加详细信息

（2）右击拖动客户名称放到列上，松开鼠标，选择计数（不同）（客户名称），如图 6-70 所示。

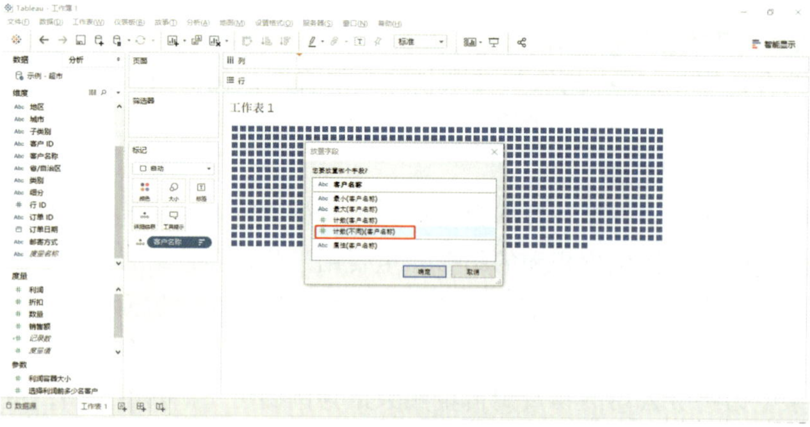

图 6–70　添加列字段

（3）将销售额拖到行上，如图 6–71 所示。

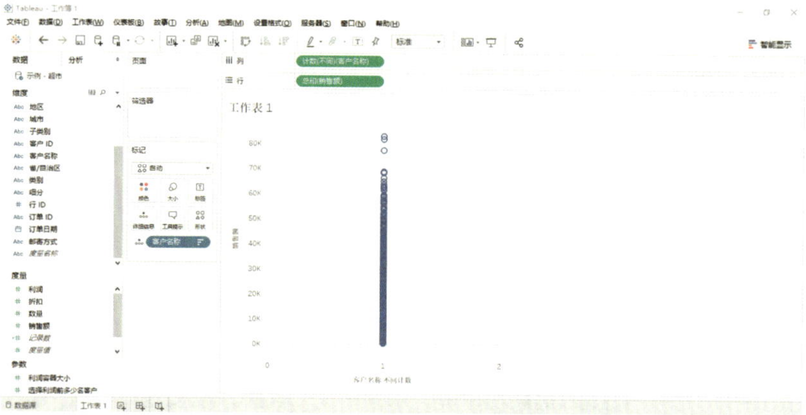

图 6–71　添加行字段

（4）点击列上计数（不同）（客户名称）的字段，选择添加表计算，如图 6–72 所示。

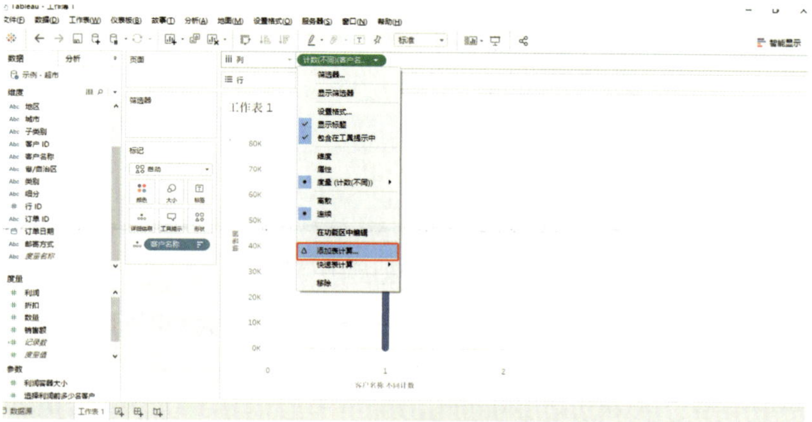

图 6–72　添加表计算

（5）按计算类型选为汇总，计算依据选择特定维度，然后添加辅助计算，计算类型为合计百分比，如图 6–73 所示。

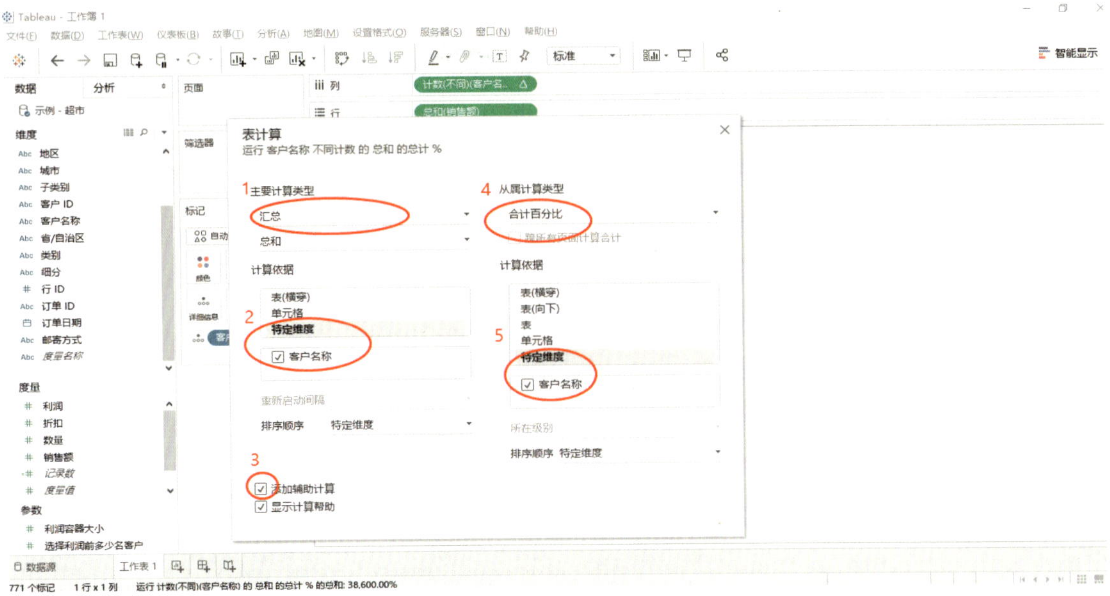

图 6–73　计算特定维度百分比

（6）同理，单击行上的总和（销售额）字段，选择添加表计算，同样选择汇总，特定维度，添加辅助计算，合计百分比，如图 6–74 所示。

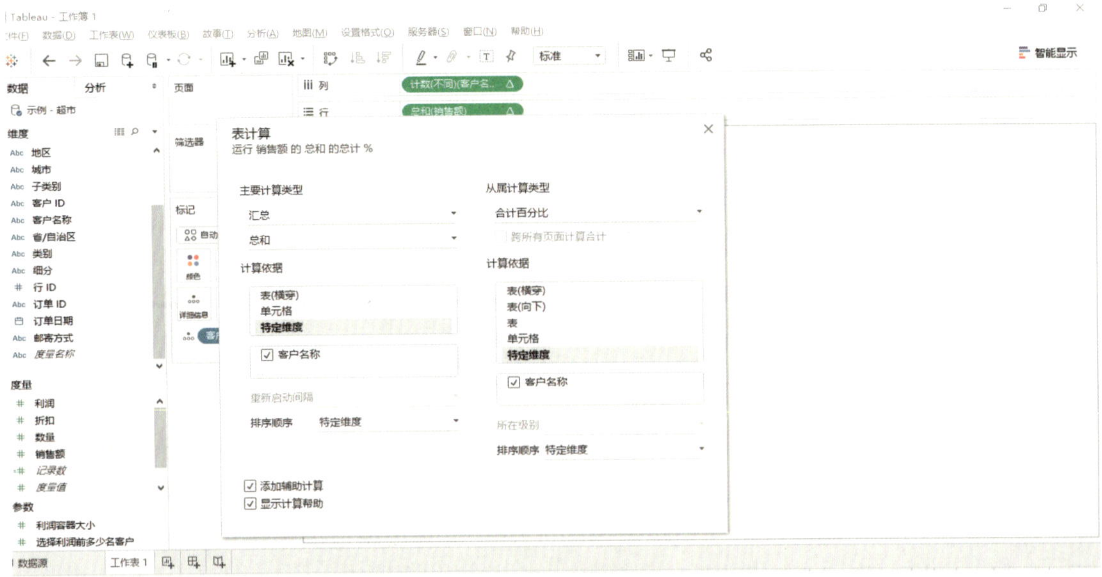

图 6–74　计算总和（销售额）的百分比

（7）标记窗格中可以选择线，如图 6–75 所示。

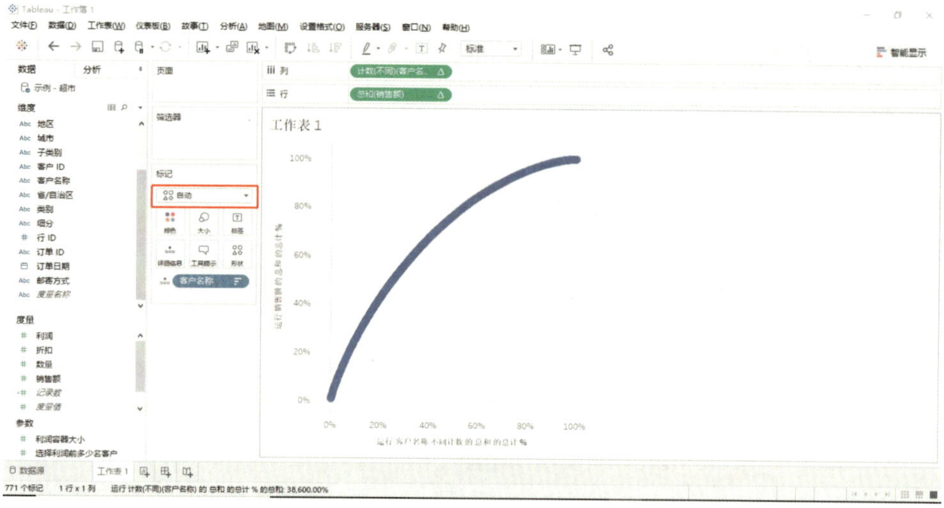

图 6–75　显示图形

（8）最后，转到分析窗口，拉到常量线到视图中，可以设为 0.8，这样可以看到对应 80% 的销售额的客户占比，如图 6–76 所示。

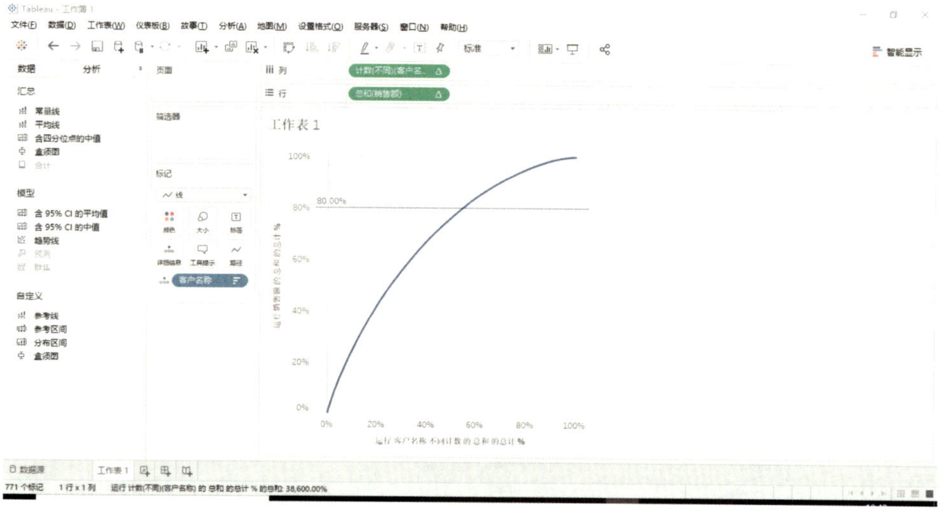

图 6–76　分析图形

6.3.3.2 瀑布图的实现

瀑布图是数据可视化分析中常见的一种图形，采用绝对值与相对值结合的方式，适用于表达数个特定数值之间的数量变化关系。对于一系列具有累计性质的正值、负值具有很好的展示功能，既可以辅助理解数据的大小，又能直观地展示出数据的增减变化，反映数据在不同时期或受不同因素的影响结果。

以某电力物资公司各子类别盈利对总计的影响为例，使用子类别利润情况数据分析该电力物资公司中子类别的利润情况的瀑布图，步骤如下：

（1）先双击利润，再双击子类别，如图 6–77 所示。

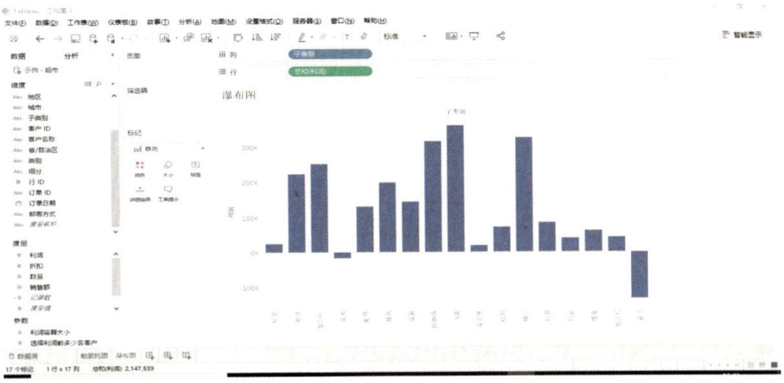

图 6–77 加载信息

（2）然后，单击在行上的总和（利润），选择快速表计算—汇总，如图 6–78 所示。

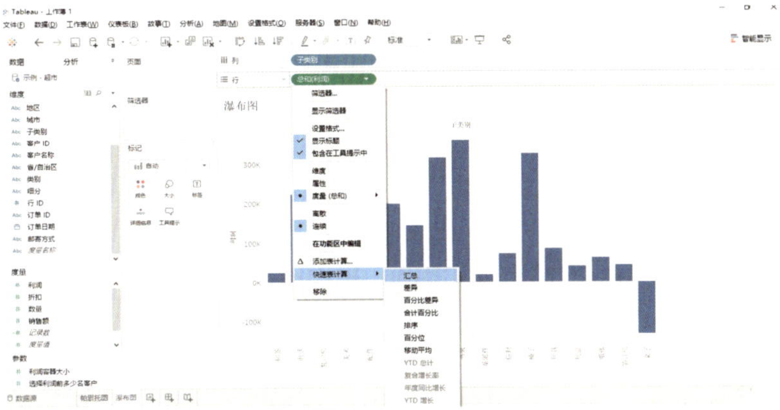

图 6–78 快速表计算

（3）然后，在标记窗格处选择甘特条形图，如图 6–79 所示。

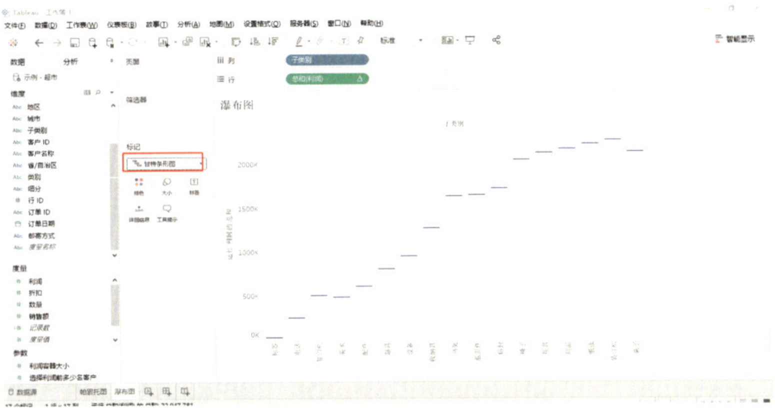

图 6–79 选择甘特条形图

（4）创建 – 利润字段，如图 6–80 所示。

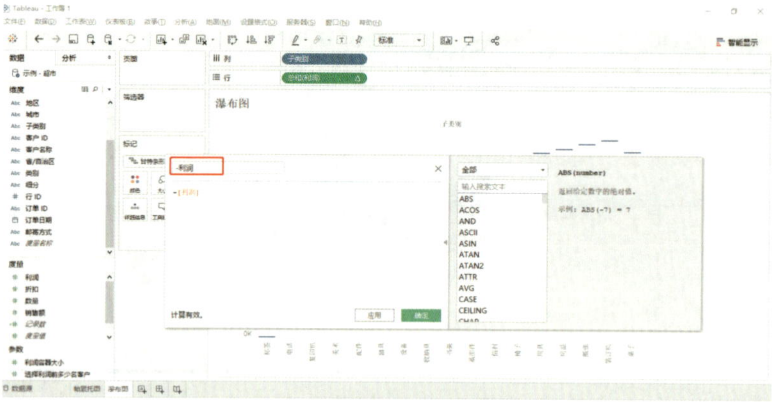

图 6–80　创建 – 利润字段

（5）将 – 利润字段拖到大小上，如图 6–81 所示。

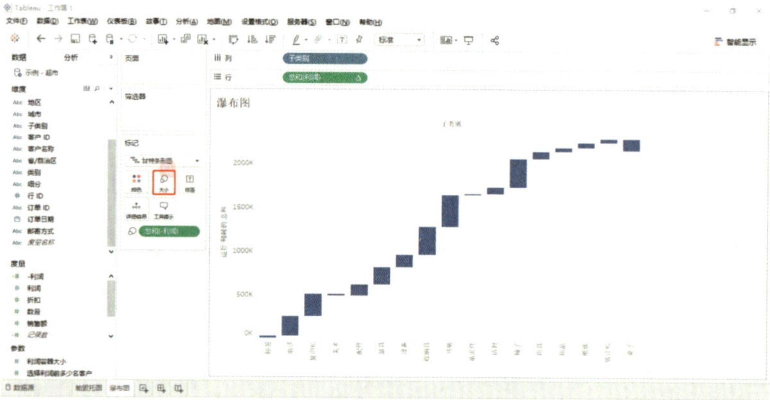

图 6–81　关联图形大小特征

（6）将利润字段拖到颜色上，如图 6–82 所示。

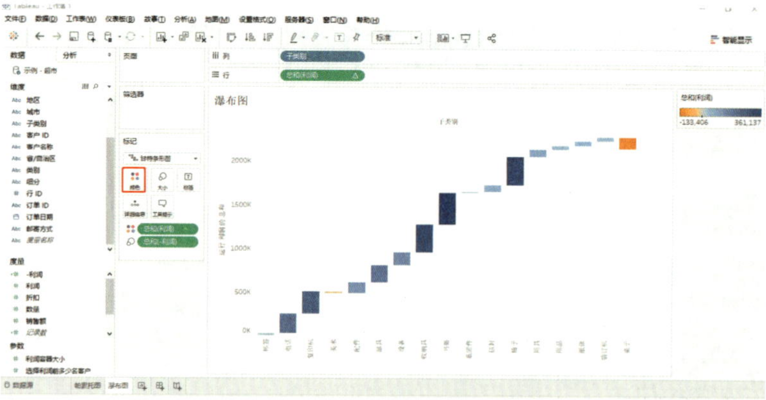

图 6–82　关联图形颜色特征

（7）最后，可以转到分析窗格中，将合计拖到视图中，如图 6–83 所示。

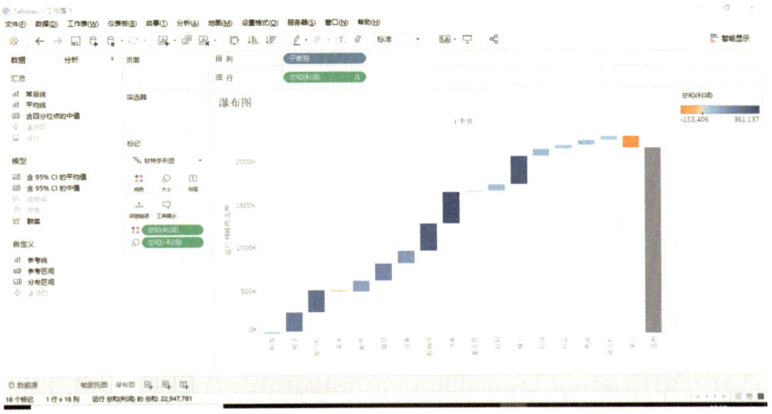

图 6–83 分析图形

6.3.3.3 Tableau 地图的实现

地图实现流程如下：Tableau 地图可实现省市级地图、地市级地图的展示，功能非常强大。可通过经纬度信息的编辑，实现定制地理位置的功能。下面是 Tableau 地图的创建步骤简介及实例应用。

1. 创建地图

构建地图首先应分配地理角色，Tableau 会自动将地理角色分配给具有公用位置名称的字段，右击数据窗格地理数据类型字段，选择省 / 自治区→地理角色→省 / 市 / 自治区，如图 6–84 所示。

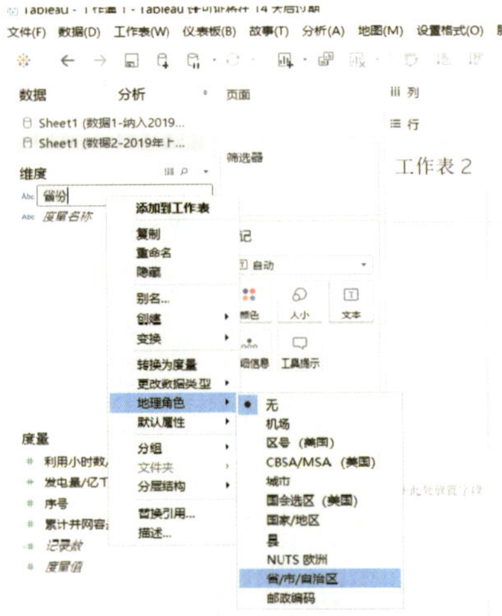

图 6–84 地理角色分配

地理角色分配完毕后，Tableau 会自动识别字段中的地理信息，并将每个值与相应的纬度、经度值进行关联，同时数据窗格的度量下会生成纬度（生成）和经度（生成）。

双击省份字段，便可创建数据相关地图。

当数据中地理信息字段有误，Tableau 会智能识别地理位置信息。无法识别时，可选择菜单栏地图中编辑位置选项进行修改，如图 6-85 所示：合计非省份，无法识别，云南省自动识别为云南。亦可以在此界面人工匹配无法识别或识别错误的省份。

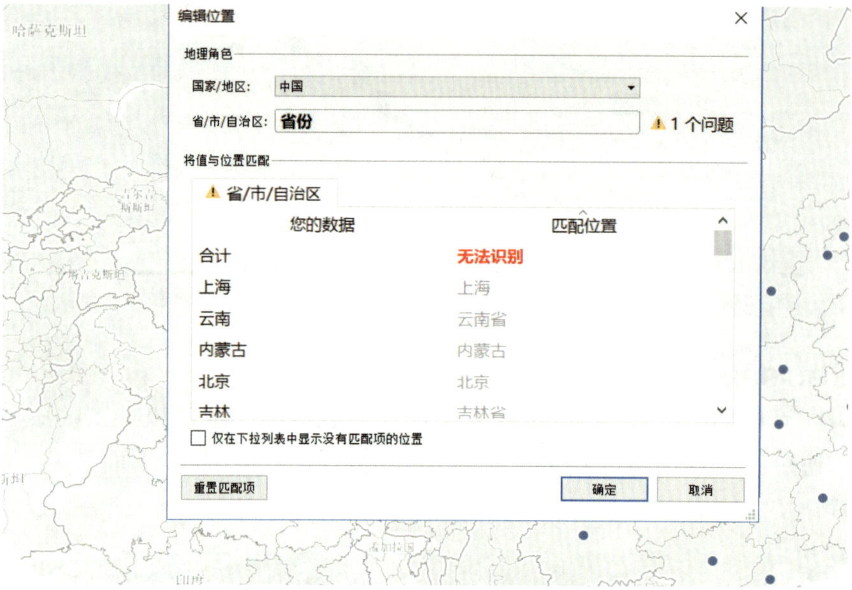

图 6-85　地理角色位置编辑

2. 设置地图信息

为了在地图直观显示数据，需要通过从数据窗格中，将需要的度量或连续维度拖到标记卡而实现。

例如，将累计并网容量 / 万千瓦字段拖放到标记卡的颜色上；将发电量 / 亿千瓦时字段拖放到标记卡的大小上；将利用小时数 / 小时字段拖放到标记卡的标签上。为了显示清晰，在标记卡的颜色项，单击选择编辑颜色，选择所需理想色板色样；在标记卡的大小项，调节圆圈大小比例，如图 6-86 所示。图中左侧为标记选项，右上角为图例说明。

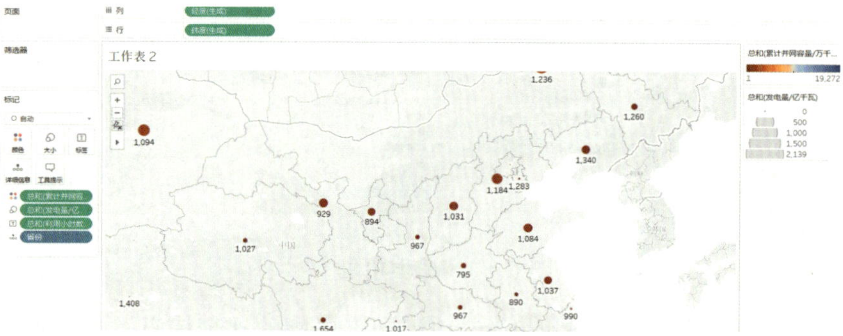

图 6-86　添加地图信息

3. 设置地图选项

在创建地图时，有多个选项可以帮助用户控制地图的外观。地图选项窗格提供了这些选项，选择地图→地图选项，打开地图选项窗格。如例，保留允许平移和缩放、显示地图比例尺选项勾选，单位选择公制如图 6–87 所示。

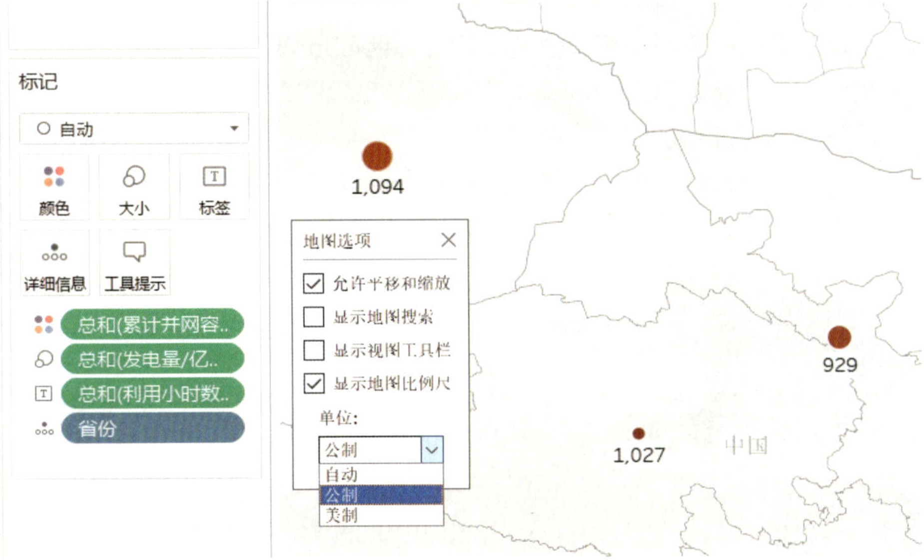

图 6–87　更改地图选项

此外，在地图→地图层可以设置地图背景、地图层和数据层等。

例如，在背景中选择室外样式，冲蚀选择 14% 增加模糊度，勾选重复背景选项（此时背景地图就可能多次显示相同区域，具体取决于该地图以何处为中心）；在地图层增加勾选地形；数据层选择无数据层，如图 6–88 所示。

图 6–88　更改地图层

4. 实例应用

下面介绍 2019 年上半年光伏发电建设运行地图制作步骤。

（1）打开数据源 Excel2019 年上半年光伏发电建设运行表。

（2）右击省份，选择地理角色→省 / 市 / 自治区。此时，省份前标识变成地图样式。

（3）双击省份，创建地图。

（4）选择工具栏中地图→编辑位置，检查并匹配地理信息。

（5）在度量区中将新增装机容量（万千瓦）字段拖放到标记区的颜色；将累计装机容量（万千瓦）字段拖放到标记区的标签。

（6）点击标记→颜色→编辑颜色，选择橙色 - 浅蓝色发散色板。

（7）选择工具栏中地图→地图层，修改背景中样式为卫星，冲蚀为 20%，如图 6-89 所示。

图 6-89　2019 年上半年光伏发电建设运行地图

7　电网大数据分析案例

7.1 总体介绍

各级电网公司从企业精益管理和智能电网建设出发，不断推动大数据管理及应用培育大数据应用氛围，提升数据创新能力，培养和发现数据挖掘人才，探索大数据应用成果转化模式，推进公司全业务统一数据中心应用。以大数据挖掘竞赛为载体，从2017涌现了众多电力数据价值挖掘成果，提升电力能源利用效率的同时，促进了电力企业发展和改革的深化，部分课题成果在电网企业内部应用推广，取得了一定的社会和经济价值。本章甄选了涵盖财务、人资、发展、调控、运检、营销等专业的部分课题，供读者参考。

7.2 成果案例

7.2.1 财务类——适应电改新形势的电网资产效率评价及综合应用

7.2.1.1 案例背景

基于电力体制改革的外部经营环境和企业全面提质增效的内部发展要求，在业财贯通的基础上，研究适应电改背景及电网公司发展战略的电网资产投入产出评价指标体系。通过对比各单位有效资产投入产出评价结果，辅助电网公司绩效考核，充分发挥激励约束作用，强化各单位的投资效益引领理念；通过对比各单位资产现状，资产投入产出效率、各单位的经济发展水平、历史水平等，科学分配各县公司的资本成本预算，实现预算对企业价值的引领，提升公司财务管控能力；通过分析电网相关指标值，从经济性、安全性，供电质量、供电能力等多维度分析定位电网运行管理中的薄弱环节，减少地区间经营发展不均衡矛盾，为精准投资提供依据。

7.2.1.2 模型与方法

从三个应用场景出发，建立电网资产投入产出评价指标体系。根据应用需求，采用模糊层次综合评价方法搭建评价模型，评价各单位电网资产的投入产出效率水平，并搭建县公司资本预算分配及成本预算分配模型，强化各单位的投资效率意识，辅助公司投资决策。

1. 投入产出效率评价

基于各单位的电网资产运行数据和经营效益数据开展分析，对市县公司电网资产的投入产出效率进行综合评价，辅助绩效考核，强化投资效益理念。

从资本投入效率、资本管理效率、成本投入效率、成本管理效率、增量资产效率等方面选择评价指标，建立指标体系，利用模糊隶属度方法，搭建评价模型，评价各市县公司电网资产的投入产出相对效率水平。具体步骤如下：①以指标全面性和数据可取性为原则，从资产类、成本类、效益类和能力类四个方面构建市县公司投入产出效率评价指标体系；②确定指标计算公式，梳理数据需求，采取不同方法从各专业系统抽取所需数据；③运用模糊隶属度计算二级指标得分，利用四分位法确定阈值区间，采用加权计算方法计算一级指标得分，最终得出各市县公司的投入产出效率水平得分。

从调度自动化、管控报表中获取投入产出效率评价指标所需数据，如表 7–1 所示。

表 7–1　市县公司投入产出效率评价关键指标明细表

序号	指标分类	指标名称	计算公式	适用范围
1	资本类	投资计划转资完成率	指标值 = 本年新增转资 / 本年下达投资计划 × 100%	市县
2	成本类	单位固定资产运行维护费	指标值 = 运行维护费用 / 平均固定资产原值（单位：元 / 万元）其中：运行维护费用 = 材料费 + 修理费 + 其他平均固定资产原值 =（期初固定资产原值 + 期末固定资产原值）/2	市县
3	效益类	单位固定资产投资增售电量	指标值 = 新增售电量（含新增外送电量）/ 上年固定资产增加额（单位：kWh/ 万元）	市县
4	能力类	单位固定资产投资增供负荷	指标值 =（本年供电最大负荷 — 上年供电最大负荷）/ 上年固定资产增加额（kW/ 万元）注：最大负荷为统调最大负荷。	市县

抽取 A 公司所辖三个县公司 B、C、D 及 A 市公司投入产出评价所需指标数据，进行投入产出效率评价及分析，对得分结果进行排序。具体指标数据如表 7–2 所示，投入产出效率得分如表 7–3 所示。

表 7–2　投入产出效率评价指标值

指标名称	投资计划转资完成率（%）	单位固定资产运维费（万元）	单位固定资产投资增售电量（kWh/ 万元）	单位固定资产投资增供负荷（kW/ 万元）
A	81.14	0.16	18076.02	2.11
B	68.62	0.11	33863.66	2.97
C	71.02	0.07	41251.73	6.26
D	84.54	0.09	30885.19	4.84

表 7–3 投入产出效率评价得分

公司名称	投资计划转资完成率（%）	单位固定资产运维费(万元)	单位固定资产投资增售电量（kWh/万元）	单位固定资产投资增供负荷（kW/万元）	综合得分	排名
A	100.00	22.13	21.07	21.79	41.25	4
B	93.62	57.63	64.24	48.15	65.91	3
C	96.02	97.63	96.35	97.01	96.75	1
D	100.00	64.97	57.32	69.33	72.91	2

C 公司的投入产出效率最优，从四个评价指标来看，其单位固定资产运维费、单位固定资产投资增售电量及单位固定资产投资增供负荷指标均处于较好水平，而 A 市公司，除投资计划转资完成率指标相对靠前外，其余指标均相对靠后，整体投入产出效率偏低。

利用投入产出效率评价结果，可辅助各单位掌握自身在投资与管理方面的薄弱点，有针对性地重视自身短板，促进公司整体均衡发展。

投资计划转资完成率：通过分析可知，B 公司与 C 公司的投资计划转资完成率未达到 75% 电改指标，未能达到满分，因此：①在后续的项目投资安排时，应考虑将跨年投资项目与非跨年投资项目合理安排，以确保公司整体的转资率水平；②应及时完成竣工项目的转资工作，确保转资的及时性。

单位固定资产运维费：通过分析可知，A 公司与 B 公司的单位固定资产运维费相对偏高，分数较低，仅从投入产出效率角度考虑，在后续单位的投资方面应尽量压降公司成本，提高公司利润水平。但从电改政策因素考虑，运维费用的投入不宜过少，应在费率控制上限为宜，既可以保证公司的准许收入水平，又确保公司资产的可靠运行。

单位固定资产投资增售电量：通过分析可知，A 公司与 D 公司的单位固定资产投资增售电量指标偏低，电量增速较慢，建议后期不宜过多投资，避免有效资产核减风险，但若考虑抢占市场及提高电网供电可靠性、服务质量及政策性因素，可适当投资。

单位固定资产投资增供负荷：通过分析可知，A 公司与 B 公司的负荷增速放缓，因此建议后期在非抢占市场、政策原因等必要投资因素外，不建议过多投资。

2. 资本预算分配

以各单位电网业财数据信息为基础，建立各单位综合效率水平评价指标体系，尊重各单位历年资本预算安排情况，结合各单位的电网安全现状及预测售电量增长率，利用模糊隶属方法搭建预算分配模型，完成市公司到所辖单位的资本预算分配，具体逻辑如图 7–1 所示。

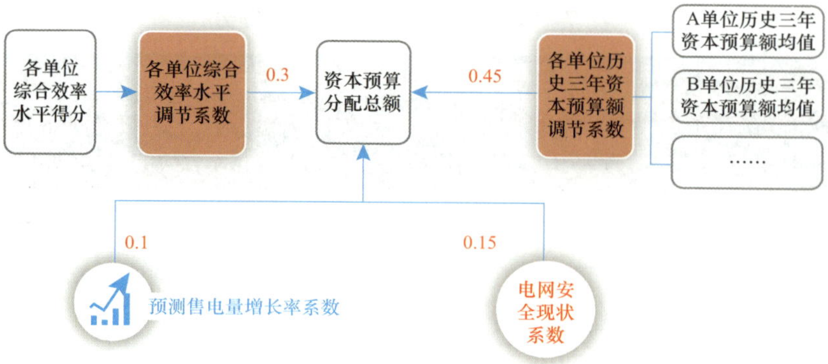

图 7–1　资本预算分配逻辑

资本预算分配步骤：①从资本类、成本类、效益类、能力类四方面选择指标，建立各单位综合效率水平评价指标体系，从安全性、供电质量、供电能力三方面选择指标建立电网安全现状评价指标体系；②采用模糊隶属度方法搭建各单位综合效率评价模型测算各单位资本预算分配中的综合效率水平调节系数，建立各单位电网安全现状评价模型，测算各单位电网安全现状系数；③基于各单位综合效率调节系数，电网安全现状系数，历史资本预算分配额以及预测的售电量增长率，搭建资本预算分配模型，测算各单位的资本预算分配额。从财务管控报表、调度自动化、PMS2.0、安监一体化平台等系统获取各单位资本预算分配测算所需指标数据，如表 7–4 及表 7–5 所示：

表 7–4　各单位综合效率水平评价指标体系

序号	指标分类	指标名称	计算公式	适用范围
1	资本类	投资计划转资完成率	指标值 = 本年新增转资 / 本年下达投资计划 ×100%	市县
2	成本类	单位固定资产运行维护费	指标值 = 运行维护费用 / 平均固定资产原值（单位：元 / 万元）其中：运行维护费用 = 材料费 + 修理费 + 其他平均固定资产原值 =（期初固定资产原值 + 期末固定资产原值）/2	市县
3	效益类	单位固定资产投资增售电量	指标值 = 新增售电量（含新增外送电量）/ 上年固定资产增加额（单位：kWh/ 万元）	市县
4	效益类	市场占有率变化量	指标值 = 本年售电量 / 本年全社会用电量 – 上年售电量 / 上年全社会用电量 其中：考核市县公司时全社会用电量扣除上级直供电量	省市县
5	能力类	单位固定资产投资增供负荷	指标值 =（本年供电最大负荷 – 上年供电最大负荷）/ 上年固定资产增加额（kW/ 万元）注：最大负荷为统调最大负荷	市县

表 7–5　各单位电网安全现状评价指标体系

序号	一级指标	二级指标	指标含义	计算公式	适用范围
1	安全性	亿元固定资产电网及设备安全隐患数	反映电网和设备的安全性水平	指标值 = 安全隐患数 / 平均固定资产原值 其中安全隐患数 =4 × N_1+2 × N_2+N_3 其中：N_1 为重大事故隐患，N_2 为一般事故隐患，N_3 为安全事件隐患	市县
2	供电质量	城网综合供电电压合格率	反映城网电能质量水平	指标值 =0.5×A 类监测点合格率 +0.5×[（B 类监测点合格率 +C 类监测点合格率 +D 类监测点合格率）/3]; 其中：监测点电压合格率 =（1-（电压超上限时间 + 电压超下限时间）/ 电压监测总时间）×100%	市
3	供电质量	农网综合供电电压合格率	反映农网电能质量水平	指标值 = 0.5 × A 类监测点合格率 +0.5×[（B 类监测点合格率 +C 类监测点合格率 +D 类监测点合格率）/3]; 其中：监测点电压合格率 =[1-（电压超上限时间 + 电压超下限时间）/ 电压监测总时间]×100%	市县
4	供电能力	重过载占比	反映电网整体供电能力水平	指标值 =0.4× 重载设备占比 +0.6× 过载设备占比其中：重载设备占比=0.4× 重载变压器占比 +0.6× 重载线路占比过载设备占比 =0.4× 过载变压器占比 +0.6× 过载线路占比	市县

选取 A 市及 A 公司所辖县公司综合效率评价指标数据，电网安全现状水平评价指标数据，测算各单位的综合效率水平及电网安全现状水平。

（1）综合效率水平评价。综合效率水平测算指标值及结果如表 7–6 和表 7–7 所示。

表 7–6　综合效率评价指标值

公司名称	投资计划转资完成率（%）	单位固定资产运维费（万元）	市场占有率变化量（%）	单位固定资产投资增售电量（kWh / 万元）	单位固定资产投资增供负荷（kW / 万元）
A	81.14%	15.90	–0.20%	18076.02	2.11
B	68.62%	10.56	0.61%	33863.66	2.97
C	71.02%	7.30	–0.82%	41251.73	6.26
D	84.54%	9.48	0.09%	30885.19	4.84

表 7–7　综合效率评价得分

公司名称	投资计划转资完成率（%）	单位固定资产运维费（万元）	市场占有率变化量（%）	单位固定资产投资增售电量（kWh／万）	单位固定资产投资增供负荷（kW／万元）	综合效率得分
A	100.00	21.44	54.57	20.61	20.40	43.40
B	93.62	69.85	99.66	73.75	36.59	74.69
C	96.02	99.34	20.45	98.61	98.82	82.65
D	100.00	79.63	70.89	63.72	71.89	77.23

从测算结果可知：C 公司与 D 公司的综合效率较高，A 市公司与 B 公司的综合效率相对偏低。

（2）电网安全现状评价。电网安全现状水平计算指标值及结果如表 7–8 所示。

表 7–8　电网安全现状水平计算指标值及测算结果

公司名称	数据输入表			二级指标得分			一级指标得分			电网安全现状水平得分
	安全性	供电质量	供电能力	安全性	供电质量	供电能力				
	亿元固定资产电网及设备安全隐患数	农网综合供电电压合格率（%）	重过载占比（%）	亿元固定资产电网及设备安全隐患数	农网综合供电电压合格率（%）	重过载占比（%）	安全性	供电质量	供电能力	
A	16.56	99.977	1.04	99.19	99.98	75.12	99.20	99.98	75.10	87.30
B	20.51	99.993	1.38	79.73	99.99	66.87	79.70	99.99	66.90	77.40
C	21.15	99.981	0.33	76.6	99.98	92.00	76.60	99.98	92.00	89.00
D	32.33	99.991	3.30	21.59	99.99	20.79	21.60	99.99	20.80	36.90

从测算结果可知：C 公司与 A 公司的电网安全现状水平较高，D 公司因安全隐患及重过载占比值偏高，导致现状水平相对落后。

根据各单位综合效率水平、电网安全现状水平，历史预算规模、预测售电量增长率调节指标，辅助完成 A 市及各县公司的资本预算分配，结果如表 7–9 和表 7–10 所示。

表 7-9 资本预算分配计算调节指标值

公司名称	公司资产规模基数（万元）	综合效率水平得分	电网安全现状得分	预测售电量增长率(%)	2015 年预算规模（万元）	2016 年预算规模（万元）	2017 年预算规模（万元）
A	1100998	37.56	87.31	6.73	104734.25	71722.78	91901.37
B	173572	74.64	77.36	6.74	22943.88	17135.70	18880.70
C	161247	89.02	88.97	11.93	12650.51	12455.46	13278.72
D	163959	75.18	36.87	6.80	14169.82	14395.25	14604.90

表 7-10 资本预算分配测算结果

公司名称	效率效益水平调节系数	电网安全现状得分	售电量增长率调节系数	历史投资规模调节系数	2018 年各公司预算分配额（万元）
权重 / 总金额	0.3	0.15	0.1	0.45	141304.06
A	51.1%	8.7%	63.79%	65.6%	74232.45
B	16.0%	29.9%	10.07%	14.4%	23708.01
C	17.7%	29.7%	16.55%	9.4%	22106.04
D	15.2%	31.8%	9.59%	10.6%	21257.56

从测算结果可知：A 市公司预算分配额度较高，但与历史相比，预算分配额有所下降，主要是由于其电网的现状水平相对较好，上年的综合效率水平也较低导致。但由于资产基数规模较大，故预算额较高。C 公司与 D 公司测算的预算额较历史有很大提高，从指标数据来看，C 公司主要是由于其上年综合效率水平及售电量增速水平均较好，而 D 公司主要由于上年综合效率水平较高，同时电网的安全现状较差。

（3）成本预算分配。基于 A 公司所辖各单位电网资产的运行状态数据和经营效益数据等进行分析，完成各单位的成本预算分配。

以各单位电网业务财务数据信息为基础，建立各单位成本性投资需求水平测算指标体系，结合各单位的历史成本投资水平，利用模糊隶属方法搭建预算分配模型，完成市公司成本预算分配，逻辑如图 7-2 所示。

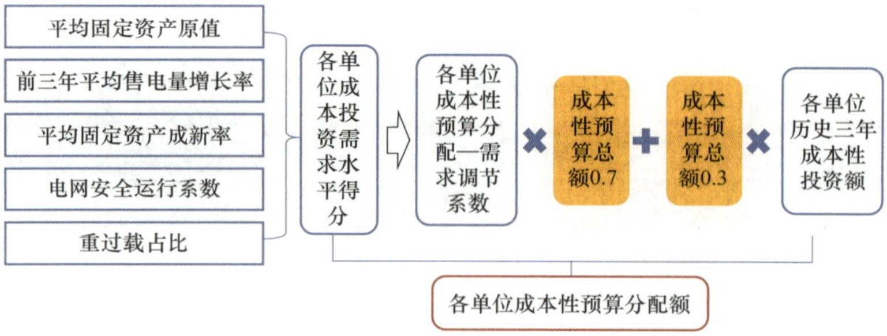

图 7–2　资本预算分配逻辑

逻辑预算分配步骤：①选择与电网成本性投资密切相关的指标，建立各单位成本性投资需求水平测算指标体系。②采用模糊隶属度方法搭建各单位成本性投资需求水平测算模型，测算各单位成本预算分配中的成本性预算分配—需求调节系数。③基于各单位成本性预算分配—需求调节系数，历史成本性预算分配额，搭建成本预算分配模型，测算各单位的成本性预算分配额。

从调度自动化、PMS2.0、财务管控报表、电力营销分析与辅助决策系统等获取成本性预算分配计算指标所需数据，如表 7–11 所示。

表 7–11　成本性预算分配指标明细表

序号	指标名称	计算公式
1	平均固定资产原值	指标值 =（上年年末固定资产原值 + 本年年末固定资产原值）/2
2	前三年平均售电量增长率	指标值 =Σ 前三年售电量增长率 /3
3	平均固定资产成新率	指标值 = 平均固定资产净值 / 平均固定资产原值
4	电网安全运行系数	指标值 $=4\times N_1+2\times N_2+N_3$ 其中：N_1 为重大事故隐患，N_2 为一般事故隐患，N_3 为安全事件隐患
5	重过载占比	指标值 =0.4× 重载设备占比 +0.6× 过载设备占比，其中：重载设备占比 =0.4× 重载变压器占比 +0.6× 重载线路占比；过载设备占比 =0.4× 过载变压器占比 +0.6× 过载线路占比

选取 A 市及 A 公司所辖 B、C、D 县公司成本性投资需求水平测算指标数据，测算各单位的成本性投资需求水平。

成本性投资需求水平测算指标值及结果如表 7–12 及表 7–13 所示。

表 7–12 成本性投资需求测算指标值

公司名称	平均固定资产原值（万元）	前三年平均售电量增长率（%）	电网安全可靠运行系数	平均固定资产成新率（%）	重过载占比（%）
A	1050011	8.60	1823	42.49	1.04
B	167647	9.18	356	52.84	1.38
C	156928	12.25	341	46.61	0.33
D	157163	2.90	530	49.98	3.30

表 7–13 成本性投资需求测算结果

公司名称	平均固定资产原值（万元）	前三年平均售电量增长率（%）	电网安全可靠运行系数	平均固定资产成新率（%）	重过载占比（%）	成本投资需求得分
A	99.07	68.23	99.03	96.99	44.88	87.27
B	21.09	73.17	20.98	23.74	53.13	34.96
C	20.14	98.97	20.18	67.79	28.00	41.46
D	20.16	20.24	30.24	43.98	99.21	31.47

从测算结果可知：A 公司与 C 公司的成本性投资需求水平较高，B 公司与 D 公司相对偏低。

根据各单位成本性投资需求水平、历史成本性预算规模，辅助完成 A 市及各县公司的成本预算分配，结果如表 7–14 和表 7–15 所示。

表 7–14 成本预算分配计算调节指标值

公司名称	成本需求水平	2015 年成本性投资额（万元）	2016 年成本性投资额（万元）	2017 年成本性投资额（万元）	历年成本性投资额（万元）
A	87.27	53851.74	58741.47	54011.70	55534.97
B	34.96	25299.55	23542.56	22645.44	23829.18
C	41.46	21709.41	22824.44	19610.58	21381.48
D	31.47	22377.92	21186.05	20979.38	21514.45

表 7–15　成本预算分配调节系数及测算结果

公司名称	成本需求水平 – 调节系数（0.7）	历年成本性投资额 – 调节系数（0.3）	成本性投资总额（万元）	各单位成本性投资规模测算结果（万元）
A	0.45	0.45	117518.69	52,883.41
B	0.21	0.17	117518.69	23,268.70
C	0.18	0.19	117518.69	21,505.92
D	0.16	0.18	117518.69	19,508.10

从测算结果可知：A 公司成本性预算分配额较高，主要是由于其资产规模较大，电网安全可靠运行系数（电网安全隐患数）偏高，资产成新率较低。B 公司与 D 公司成本性投资额与上年值相近，C 公司提高较多。

7.2.1.3 案例成效

（1）问题识别。①业务发起阶段。公司资本预算分配缺乏体现投资效益理念。近年来，各公司的投资规模均在攀升，但随着电改政策的不断深入，如何判断各单位投资效益的好坏、如何科学合理地在各单位间安排资源，使得公司效益最大化，是当前亟待解决的问题。公司成本预算分配缺少客观资产需求数据。目前市公司在安排所属单位的成本预算额时，主要考虑各单位的历史水平，但电改后各省公司的成本费用实行上限管控，有必要根据各单位资产的客观成本性投资需求测算结果分配各单位的成本费用。②业务执行阶段。电网投入产出缺乏有效评价体系及评价模型，以往各单位电网资产的投入产出效率重在考虑售电量、售电收入等效益指标，而缺少供电能力等业务方面的产出评价，缺乏科学的综合的数据衡量体系；另外，各单位的评价仅针对单个指标进行比较，缺乏一个对各单位投入产出效率各方面指标进行全面评价的模型。公司电网投资预算分配缺乏科学的测算工具。历年公司资本、成本预算分配主要参考上年预算分配额及上年预算的执行情况。但电改后，公司盈利模式发生变化，电网资本成本投资都受到严格监管与控制，为确保公司经营业绩持续提升，必须在资本成本预算分配时充分考虑投资的效益和投资的需求，但目前缺少相应的测算工具。

（2）风险管控。对电网资产投入产出效率评价、资本成本预算分配提出了一套完整的评价体系及评价模型，辅助各级单位投资决策，降低无效、低效投资风险。

（3）辅助决策。① 量化评价电网资产投入产出效益，辅助各单位经营管理。基于各单位电网投入的资本类、成本类数据，产出的效益类、能力类数据，对市县公司电网资产的投入产出效率进行全面评价，辅助公司绩效考核，强化各单位的投资效益理念。② 科学分配电网资本成本预算总额，实现投资效益引领。基于 A 公司所辖各单位的业务财务数据，对 A 公司 2018 年资本性及成本性预算总额进行分配。依据各公司 2015 ~ 2017 年各指标数据，深入分析各单位的综合效率水平、电网现状情况、电量增速等数据，重新调整预算安排，与上年预算方法测算结果比较，共计调整资本性投资额 16345.38 万元，成本性投资额 4802.76 万元，使资金分配更符合电改及公司当前发展战略。

7.2.2 营销类——基于系统学习算法的电价执行规范性管理

7.2.2.1 案例背景

随着近年来不断落实政府“优化营商环境，降低企业用电成本”政策，企业平均电价不断下降，供电企业利润空间受到压缩，如何提升经营效率效益成为当下迫切的工作要求。而我国现行的电价，因存在“交叉补贴”，不同类别有着鲜明的电价差。部分高电价客户通过种种手段，使自己的所用电价全部或部分执行较低电价，形成高价低接，严重违反了国家的电价政策，也侵害了供电企业的合法权益。同时，供电部门的部分工作人员也获得了权力寻租的空间，产生了“人情电”“利益电”的问题，滋生了腐败。

传统的电价管理模式一般采取装表前认真勘察，用电过程中强化稽查，发现异常后立刻处理。但随着社会在不断发展，用电客户数量不断增多，现场用电环境错综复杂，客户用电性质频繁变化，电价执行规范性问题的重点不断转移。在这样的形势下，供电企业仅依靠有限的用电检查人员现场排查，对客户利用电价差非法获利的行为根本无法形成有效的遏制。同时现行的电价监控体系中如居民大电量、农排 12 个月连续有电量等手段过于片面单一，误报率高，严重浪费供电部门本来就不充裕的用电检查力量，且非常容易被针对性规避，造成监控手段失效。目前的营销系统和采集系统里拥有大量的客户用电数据，却因为缺少相关的电价判断算法而无法被有效利用。本案例是通过海量的客户用电数据，找出各类电价的用电特性，建立相应用电稽查模型，最终形成一个全面、实时、高效、准确、有自学习功能的客户电价管理监控系统，实现电价执行规范性的实时监控管理。

7.2.2.2 模型与方法

1. 整体建模思路

从分析历史高价低接类违约用电案例的数量分布和电价差获利空间入手，确定以农排电价和居民生活电价为研究主题。依托营销系统和采集系统的海量客户用电数据，从用电量、用电时间分布、特殊事件或关键节影响等三个维度，寻找农排用电、居民生活用电与其他电价用电之间的特异性，形成了农排用电和居民用电被侵占两大类的电价稽查理论算法模型，设计框架如图 7-3 所示。

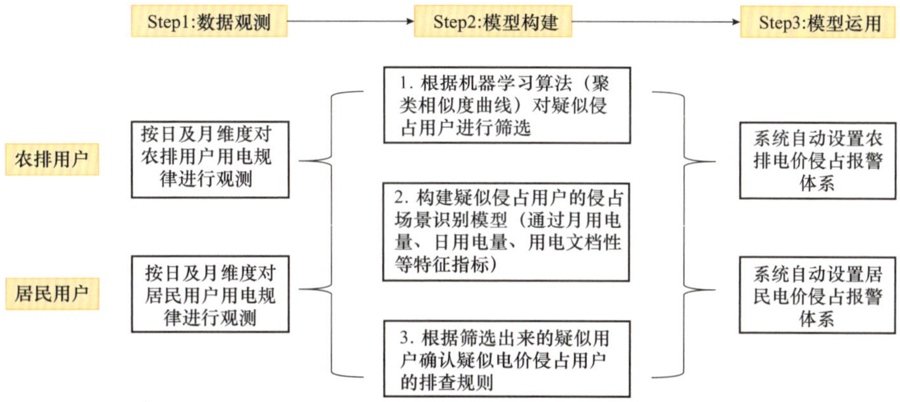

图 7-3　设计思路框架图

2. 实现方法

（1）通过人工分析历年来高价低接类违约用电实际案例，结合营销系统和采集系统客户用电数据，总结各类电价的特异性规律，转化为系统电价稽查算法，异常判别模型如图 7–4 所示。

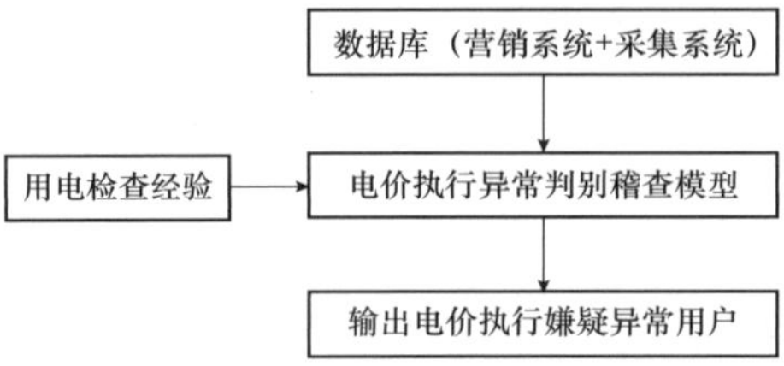

图 7–4　基于用电检查经验电价异常判别模型

（2）开发系统的自学习功能，通过系统自主对某类电价的用电数据不断监控分析，系统模仿生物的学习功能自动对该类电价的特异性和变化趋势进行总结分析，找出该类电价近期的用电特性并同时转化成系统算法，实现电价监控管理分析的人工智能化，基于机器学习的电价异常判断模型如图 7–5 所示。

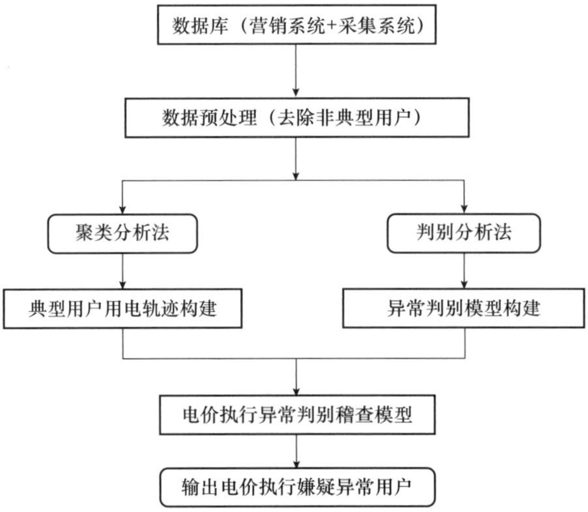

图 7–5　基于机器自学习电价异常判断模型

3. 农排电价异常判别模型

（1）农排电价稽查指标模型构建。对于近年各月份用电量，近年连续用电月份数，日用电量稳定程度（方差），月份最大用量，最小用电量，月连续用电天数等收据，运用机器学习算法区分正常农排电价用户及疑似侵占农排电价用户。

1）聚类，自动把用户分成 K 类，再整理合并成 2 类用户（正常农排电价用户，疑似侵占农排电价用户），常见的五大聚类算法有：K–Means、均值漂移、基于密度的聚类、用高斯混合模型的最大期望聚类、凝聚层次聚类，以下介绍 K–Means 聚类的具体算法及步骤。

K-Means 算法又叫 K 均值算法，是一种简单的迭代型聚类算法，采用距离作为相似性指标，从而发现给定数据集中的 K 个类，且每个类的中心是根据类中所有值的均值得到，每个类用聚类中心来描述。对于给定的一个包含 n 个 d 维数据点的数据集 X 以及要分得的类别 K，选取欧式距离作为相似度指标，聚类目标是使得各类的聚类平方和最小，结合最小二乘法和拉格朗日原理，聚类中心为对应类别中各数据点的平均值，同时为了使得算法收敛，在迭代过程中，应使最终的聚类中心尽可能不变，具体算法如下：①首先选择一些类（组），并随机初始化它们各自的中心点。中心点是与每个数据点向量长度相同的位置。这需要提前预知类的数量（即中心点的数量）；②计算每个数据点到中心点的距离，数据点距离哪个中心点最近就划分到哪一类中；③计算每一类中中心点作为新的中心点；④重复以上步骤，直到每一类中心在每次迭代后变化不大为止。也可以多次随机初始化中心点，然后选择运行结果最好的一个。

2）确定农排标杆用户，将其他用户与农排标杆用户对比，根据用电量时间序列指标及其他特征指标计算相似度，把与标杆用户相似度高的用户划分成正常农排用户，把与标杆用户相似度低的用户划分成疑似侵占农排电价用户。

（2）疑似农排电价侵占用户的侵占场景识别模型构建。通过机器学习算法区分正常农排电价用户及疑似侵占农排电价用户后，将疑似侵占农排电价用户单独剥离出来，结合业务经验及相关用电监控指标，基于特殊月份用电情况分析，连续用电的行为分析，与天气的关联分析，构建疑似农排电价侵占用户的侵占场景识别模型。①基于特殊月份用电情况分析定位炒茶、鱼塘打水侵占场景。结合业务经验，农排电价每年春节前 1 ~ 2 个月内出现日大电量，主要为鱼塘打水用电（农业生产电价）侵占农排电价，因此需要结合春节时间，找出疑似用户中春节前 1 ~ 2 个月内出现日大电量的用户（日大电量需要通过数据观测，制定相关指标定义日电量达到多少定义为日大电量用户），标记鱼塘打水侵占用户。结合业务经验，对农排电价每年 3 ~ 4 月份（新茶上市期间）出现大电量，主要为炒茶加工用电（农业生产电价）侵占农排电价。因此分析疑似用户 3 ~ 4 月的日用电量情况，并结合炒茶标杆用户的用电规律，运用相似度指标，在疑似用户中找出 3 ~ 4 月的日用电量异常的，及与炒茶标杆用户的用电规律相似的用户，标记为炒茶侵占用户。②基于连续用电的行为分析定位居民生活用电、动力用电侵占场景。根据业务经验，非农排用电月份（4 ~ 9 月份）连续 2 个月以上出现电量，日电量连续且较为平均，主要为居民生活用电（居民生活电价）侵占农排电价；连续两个月基本每日均出现大电量，且日电量较为平均主要为动力用电（一般工商业电价）侵占农排电价。因此需要结合业务经验及前期的数据观测制定连续用电月份数、连续用电月份用电量波动率、连续用电月份月均用电量等相关指标连续用电的行为指标。根据连续用电的行为指标及居民生活用电，动力用电标杆用户的用电规律，找出疑似用户中居民生活用电侵占农排电价及动力用电侵占农排电价的用户。③与天气的关联分析。闷热天气日电量突增的情形可能为鱼塘增氧用电侵占农排电价，因此可结合每日天气相关指标与日电量指标进行关联分析，找出关联度极高的用户，标记为鱼塘增氧用电（农业生产电价）侵占农排电价用户。剩余其他疑似未标记的用户进一步分析用电规律，探索业务特点，确定是否为农排侵占用户及侵占场景。

4. 居民电价异常判别模型

（1）正常居民用电数据分析。居民生活用电客户数量巨大，占整体客户数比例极高，用电量较其他用电相对较少且比较平均，气温对其用电量影响较大，如冬季严寒取暖和夏季高温抗暑。同时，因阶梯电价的存在，低压居民阶梯三电价高出阶梯一电价 0.3 元 /kWh，电价上涨幅度达 55.8%，对居民用电成本影响极大。选取典型的居民生活用电来分别建立年度和月度数据模型，如图 7-6 和图 7-7 所示。

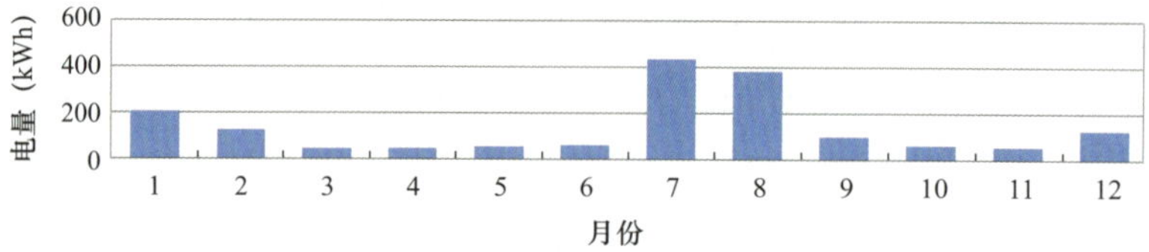

图 7-6　典型居民生活用电年度数据模型（月电量分布）

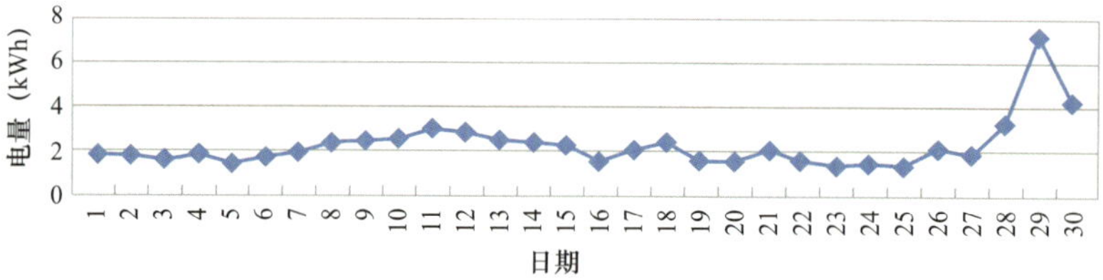

图 7-7　典型居民生活用电月度数据模型（日电量分布）

（2）其他用电与农排用电数据特性对比分析，如图 7-8 所示。

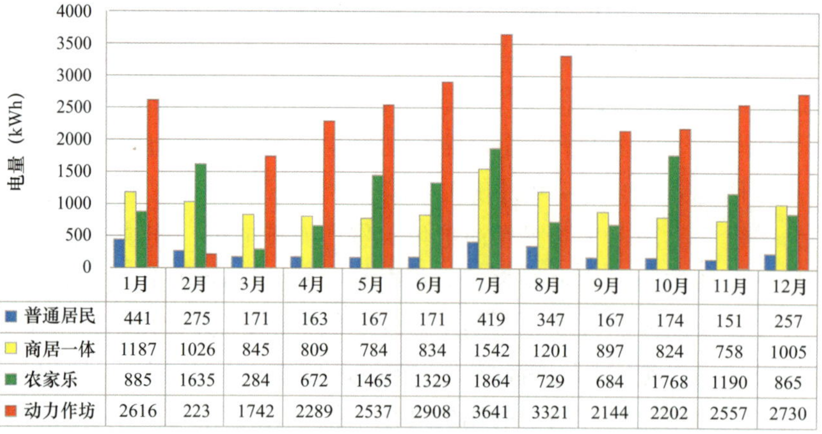

	1月	2月	3月	4月	5月	6月	7月	8月	9月	10月	11月	12月
普通居民	441	275	171	163	167	171	419	347	167	174	151	257
商居一体	1187	1026	845	809	784	834	1542	1201	897	824	758	1005
农家乐	885	1635	284	672	1465	1329	1864	729	684	1768	1190	865
动力作坊	2616	223	1742	2289	2537	2908	3641	3321	2144	2202	2557	2730

图 7-8　一般工商业及其他用电与典型居民生活用电特性对比（年度）

（3）按月观测近年度居民用户用电规律。居民用户月用电规律拟从以下三个方面开展观测：①总体居民用户的每月用电量分布，平均到户的月用电量分布；②划分居民用户各月的月用电量区间，观测各月各区间用电量占比；③居民用户的用电高峰月份分布。

（4）按日观测居民用户用电规律。居民用户日用电规律拟从以下两个方面开展观测：①居民用户年度各月各日用电量分布，主要的日用电水平区间；②居民用户每日用电量波动情况。

（5）按负荷观测居民用户用电规律。居民用户负荷用电规律拟从以下三个方面开展观测：①根据客户负荷特性判断用电设备性质是否符合居民生活；②根据充电电价专用表计客户负荷性质判断是否符合电动汽车负荷曲线；③判断客户负荷峰值是否符合居民生活用电。

（6）结合数据观测及业务经验构建指标。运用机器学习算法区分正常居民生活电价用户及疑似侵占正常居民生活电价用户。聚类，自动把用户分成 K 类，再整理合并成 2 类用户（正常居民生活电价用户，疑似侵占居民生活电价用户）。农排部分已有算法的详细介绍，该部分不再重复介绍。确认一批典型的居民生活电价用户，将其他用户与这一批标杆用户对比，根据用电量时间序列指标及其他特征指标计算相似度，把与标杆用户相似度高的用户划分成正常居民生活电价用户，把与标杆用户相似度低的用户划分成疑似侵占正常居民生活电价用户。

（7）疑似居民生活电价侵占用户的侵占场景识别模型构建。通过机器学习算法区分正常居民生活电价用户及疑似侵占居民生活电价用户后，将疑似侵占居民生活电价用户剥离出来，结合常识单独对居民生活电价用户进行进一步的筛选判断（如年度用电量及低的用户筛除等），缩小疑似用户范围。制定相关用电行为的监控指标，从日用电量，月用电量与月度的关系特征，日用电量与日期的关系特征，构建模型识别其他电价侵占居民生活电价场景。进一步制定居民合表用电、居民充电设施用电的用电负荷特性分析及普通居民生活用电表计在年度 4800kWh 阈值的电量突变属性，构建模型识别规避居民生活电价阶梯电费场景。

（8）确认疑似居民生活电价侵占用户的排查规则。根据排查出来的居民生活电价侵占用户，再进一步分析其用电规律，并对比正常居民生活电价用户的用电规律，制定疑似居民生活电价侵占用户的排查规则。制定规则后，进一步根据规则进行疑似用户查找，检验规则的有效性。

7.2.2.3 价值及成效

（1）成功利用大数据实现电价监控管理实时系统化。成功利用客户用电大数据资源，形成实时化的电价监控管理系统。系统通过各类电价稽查系统模型，实时对营销系统和采集系统内的客户用电数据进行监控排查，找出与实际电价不符的违约用电行为。

（2）对电价类违约用电精确打击，提升了供电企业经营效益。充分利用营销系统和采集系统的各类用电数据，建立算法模型，实现疑似用户精准定位，不仅有效打击了各类高价低阶的违约用电行为，保障了供电企业合法权益，同时有效降低了电价稽查工作的成本，契合国家电网有限公司建设电力物联网提升经营绩效的发展战略。

（3）构建了电价常态稽查机制，强化了电力职工队伍建设。根据系统检测数据，启动了常态稽查、反馈和二次核查闭环常态化管理机制，不仅有效打击了高价低接的违约用电行为，遏制“人情电”“利益电”，有效规范小微权力，打造一支风清气正的员工队伍。

（4）根据课题稽查模型，对某市内农排用电数据进行筛查，共发现异常数据 166 条，稽查后现场查实问题 143 项，稽查准确率 86.14%，回收差价电费及违约用电罚款共计 2052431.82 万元。

7.2.3 运检类——基于智能电能表海量数据的台区运行态势感知分析

7.2.3.1 案例背景

围绕 2019 年国家电网有限公司大数据战略重点工作内容，利用低压用户智能电能表每 15min 一次采集形成的海量数据，辅以公用变压器（后简称公变）终端运行数据，从低压台区线损、故障、网架分析三个视角入手开展台区运行态势的感知分析。通过精益化线损分析，研判线损异常和配网户变一致性；通过低压配网各类故障研究分析，实现不同类型故障的及时准确主动研判；通过低压台区网架阻抗模型计算和可靠性分析，实现配网异常情况的预判和网架可靠性评估，最终全面感知台区运行态势，提升供电服务“最后一公里”服务效率。

7.2.3.2 模型与方法

（1）台区线损感知分析。

1）即时线损计算分析。传统线损管理按天计算，应用智能电能表采集特点，可以对线损实施高频计算，发现线损管理风险。通过台区各用户电能表 96 点数据的有功累计负荷与该台区 96 点用户有功负荷差异变化情况，准确地计算出该台区准实时功率损耗变化，如表 7–16 所示。

表 7–16　典型台区线损计算列表

日期	台区 1 有功总电量	台区 1 电量	各用户有功总电量	各用户电量	15min 线损
2018–04–23 23:45:00	176227.92	1.8	236040.83	1.72	0.044
2018–04–23 23:30:00	176227.89	1.8	236039.11	1.73	0.039
2018–04–23 23:15:00	176227.86	1.8	236037.38	1.9	0.039
2018–04–23 23:00:00	176227.83	1.8	236035.48	1.83	0.039
2018–04–23 22:45:00	176227.8	1.8	236033.65	1.95	0.039
2018–04–23 22:30:00	176227.77	2.4	236031.7	1.95	0.188

按照规定，线损率在 0 ~ 8 为正常区间，低于 0 为负线损，高于 8 为高线损，基于高频线损数据，得到每日台区线损快照。根据各线损占比情况，应用分类算法，将台区线损按日刻画为正常型、高损型、负损型、波动型四类，如图 7-9 所示。

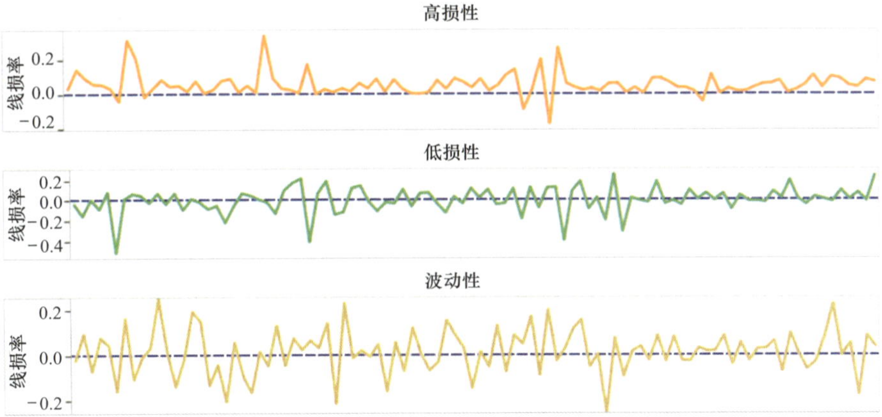

图 7-9　日台区线损模型

2）负线损分析。负线损出现的主要原因是户变关系不对应。通过数据分析判别户变关系目前有两种方法：①基于营配贯通成果，根据台区关口电压数据和低压用户侧电压数据，通过相关性算法，分析台区供电电源与用电间的电压关系，根据相关性大小，实现低压电网户变关系准确性判断。应用 Pearson 相关系数来描述台区关口电压数据与用户电表电压在选定时间段内的电压曲线之间的相关关系。根据大量台区数据相关性计算，发现户变关系不一致用户相关系数基本小于 0.3，而户变一致的用户相关系数基本大于 0.3，因此，以相关性 0.3 作为判断户变关系是否一致的标准。根据实际数据分析发现的户变关系不一致用户如图 7-10 所示，判定为非该台区用户。②分析用户负荷和线损变化趋势间的关联。用户的负荷发生变化对台区线损影响值用两者间协方差进行定义，协方差越大则判断该用户可能存在户变不对应的可能。通过分析可以发现图 7-11 中红色用户为户变关系不一致用户。

Pearson 相关性计算		户号=3520000709，户名=*丽萍 相关性a				a. 户号=3516023313，户名=*金堂 相关性a			
		A相电压V	台区A相电压	台区B相电压	台区C相电压	A相电压V	台区A相电压	台区B相电压	台区C相电压
A相电压V	Pearson 相关性	1	.032	.033	.031	1	.872**	.881**	.870**
	显著性（双侧）		0	0	0		0	0	0
	N	4051	4051	4051	4051	4079	4079	4079	4079

图 7-10　台区户变关系不一致用户（电压相关）

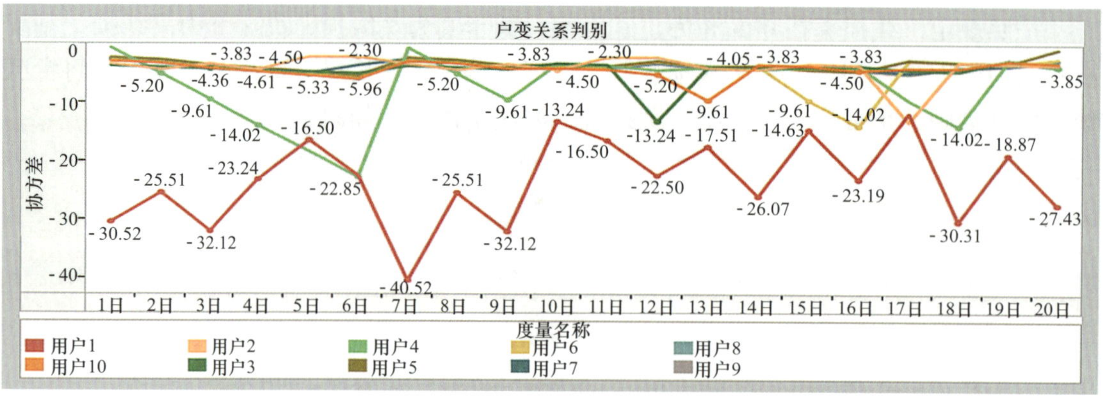

图 7-11　台区户变关系不一致用户（负荷相关）

3）高线损分析。将高线损区间分为零散性和周期性高线损展开分析。通过比对每日线损区间，同一区间周期性出现高线损的现象可能存在人为偷电或者用户未实际对应到该台区，在此时间区间内加大现场检查力度，验证判断的正确性。针对非同一区间零散性出现高线损的现象，判断是否由通道较差或设备老化造成的漏电造成，通过现场检查和阻抗算法得以验证，如图 7-12 所示。

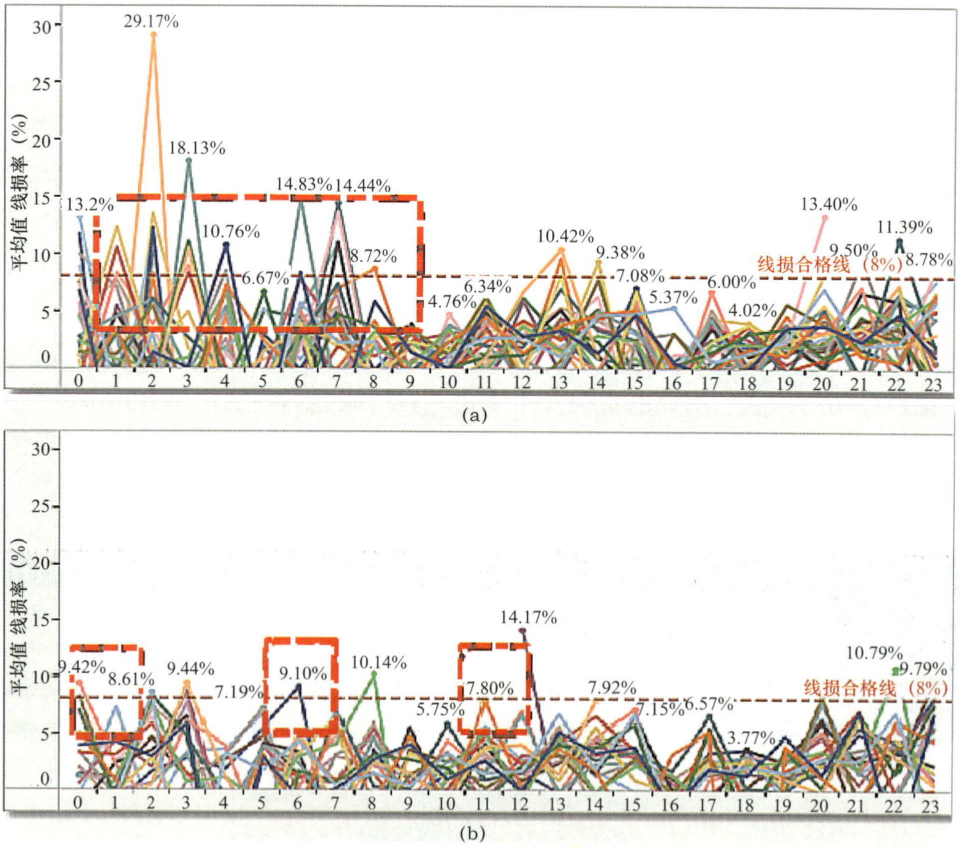

图 7-12　高损台区出现规律分析

（a）区间性高损台区识别　　（b）零散性高损台区识别

分析发现图 7–12（a）高线损基本出现在早上，人为窃电迹象明显，通过现场排查，认定为一起人为窃电事件。而对图 7–12（b）的排查中，发现为绝缘导线漏电所致。

（2）台区低压故障感知分析。基于低压用户电表停电事件，主动发现用户停电，结合配变台区地理信息和拓扑信息，实现低压电网、用户故障快速定位，提升抢修工作效率，提高故障情况下态势感知能力，弥补低压故障研判分析的空白。

1）单户停电故障研判。以前发现单户停电主要依靠用户报修，且无法立刻判断故障设备产权归属。通过增加低压用户电表停电事件的加权分析，能在用户报修前及时发现用户停电，开展主动服务。同时在用户报修后通过分析该用户停电事件和停电报文，判定为表前故障还是内部故障，开展精准抢修，有效节约抢修成本。

现选取张家荡台区为例，台区下户号 351××××301 智能表上传终端停电，抢修人员第一时间得到表计停电信息，在用户尚未感知停电的情况下及时开展主动抢修，减少故障工单派发，如图 7–13 所示。

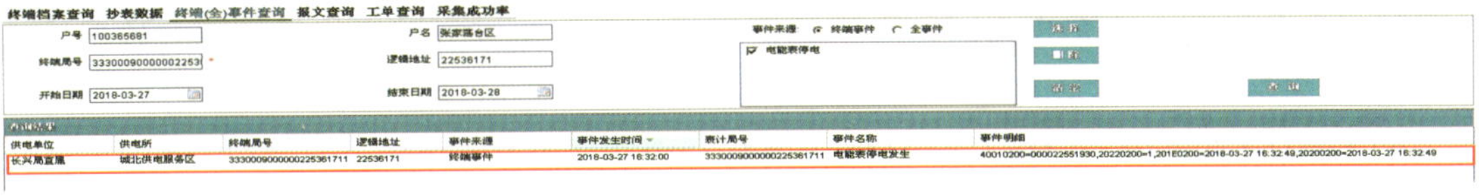

图 7–13　通过终端停电事件研判主动抢修

2）多户停电故障研判。同一时间收到多个用户智能电能表终端停电事件，停电信息如图 7–14 所示。

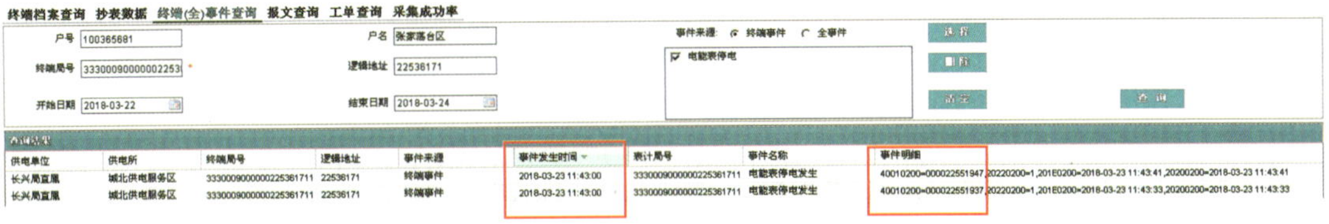

图 7–14　多用户停电信息

图 7–14 显示一个台区发生两个停电事件，同时也可以调取漏保数据查看是否是低压总线失电，如表 7–17 所示。

表 7–17　总保闸位状态信息

漏保名称	时间	闸位状态	告警原因
张家荡台区——（高供低计）/01 出线 /01 总保	2018–03–27 16:30:00	合闸	正常运行
张家荡台区——（高供低计）/01 出线 /01 总保	2018–03–27 16:45:00	合闸	正常运行

表 7–17 显示漏保无异常，可结合台区拓扑信息，研判该低压故障范围，进行低压线路故障定位，如图 7–15 所示，提前做好抢修材料准备，提高抢修效率。

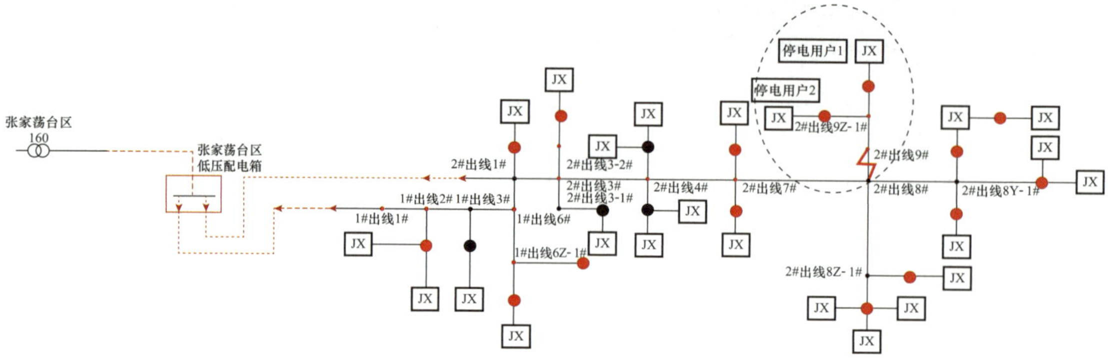

图 7–15　低压线路故障定位

（3）台区网架感知分析。结合智能电表数据情况，提出阻抗测量模型和台区可靠性算法，在此基础上计算线路回路阻抗和低压可靠性。通过阻抗变化趋势和大数据检验计算，发现台区及线路潜在隐患。通过分析可靠性较差的台区，定位其低压网架薄弱范围。

1）线路阻抗分析。阻抗特性是低压网络一个很重要的参数，如果能准确计算各线路段的阻抗特性，也就能感知整个低压网架特性的变化状况。利用智能电能表海量高频数据实现该功能。为了保证阻抗计算的精确性，采用支路阻抗计算方法。

建立典型低压网架模型，如图 7–16 所示。图中有 3 个电能表、5 个支路，利用智能电能表的电流、电压信息，可以得出台区电压 U_A 以相关支路阻抗为变量的函数。同样对于实际台区，可以列出不同电表、不同时刻的台区电压方程组矩阵如图 7–17 所示。

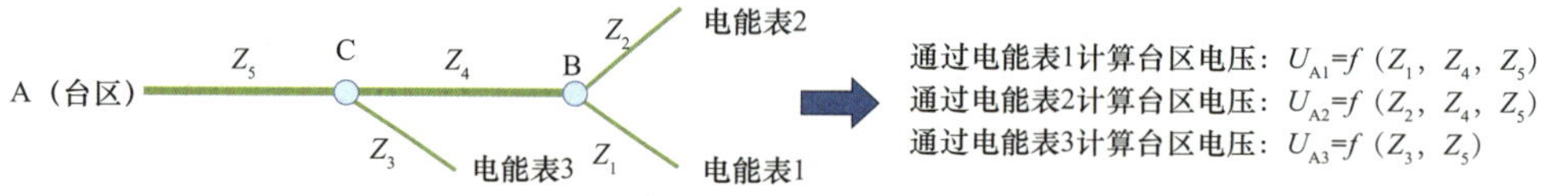

图 7–16　典型低压网架模型

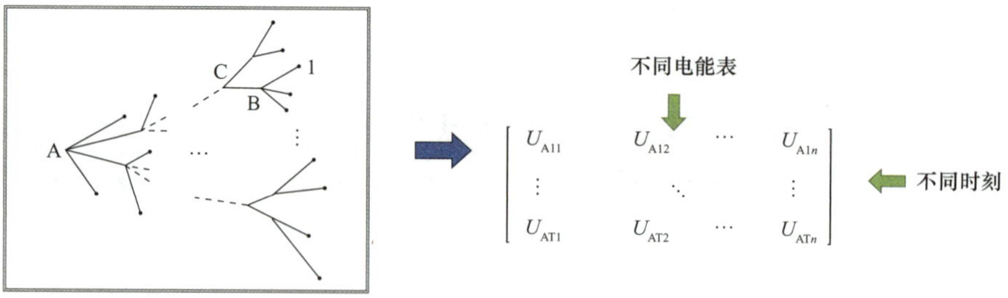

图 7–17　电压 – 支路阻抗方程组矩阵

对方程组中各支路阻抗的求解可转化为对其方差函数最小值的求解，应用二次规划问题最优算法，通过 Matlab quadprog 函数实现各支路阻抗的求解：

$$\min \frac{1}{T}\sum_{i=1}^{T}\left\{\frac{1}{n}\sum_{j=1}^{n}(U_A t_j - U_A t_{\text{—measured}})^2\right\}$$

通过以上算法，计算得到的台区用户阻抗值，如图 7–18 所示。

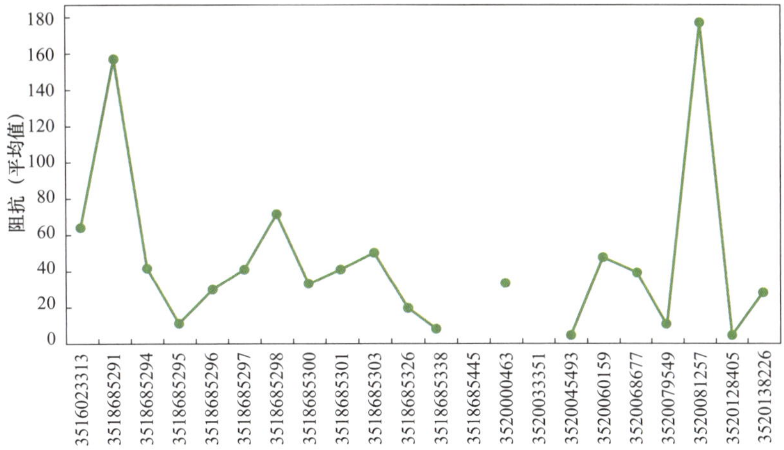

图 7–18　台区用户阻抗图

在配电网中，计算出选定网络用户每天的阻抗，通过阈值设定，可定位出线路老化或故障点。提前发现故障类型并定位，及时安排现场检修，消除设备缺陷，提升工作效率及用户满意度。长兴公司基于阻抗预判供电回路 2 个故障案例如表 7–18 所示。

表 7–18　基于阻抗预判供电回路故障案例

用户	电能表编号	台区	计算阻抗	现场测量阻抗	现场检查结果	故障开始时间
1	3516023313	荆西台区	4.5	异常	断开	02/04/2018
2	3518685297	张家荡台区	2	异常	保险丝严重老化	12/03/2018

将各用户阻抗作为台区阻抗特性评估指标，对于最大值偏大的用户结合用户负荷信息，预判其电压不合格可能性，并进行针对性提升，对于平均值偏大的台区，推荐为低压网架优先改造台区。

2）台区网架可靠性分析。目前供电可靠性、频繁停电的统计都是以台区为最小单元，通过智能电能表海量数据分析，可以算出台区供电可靠性和单个用户的停电次数，寻找台区及其线路的薄弱点。根据可靠性计算公式，计算出台区可靠性，如图 7–19 所示。

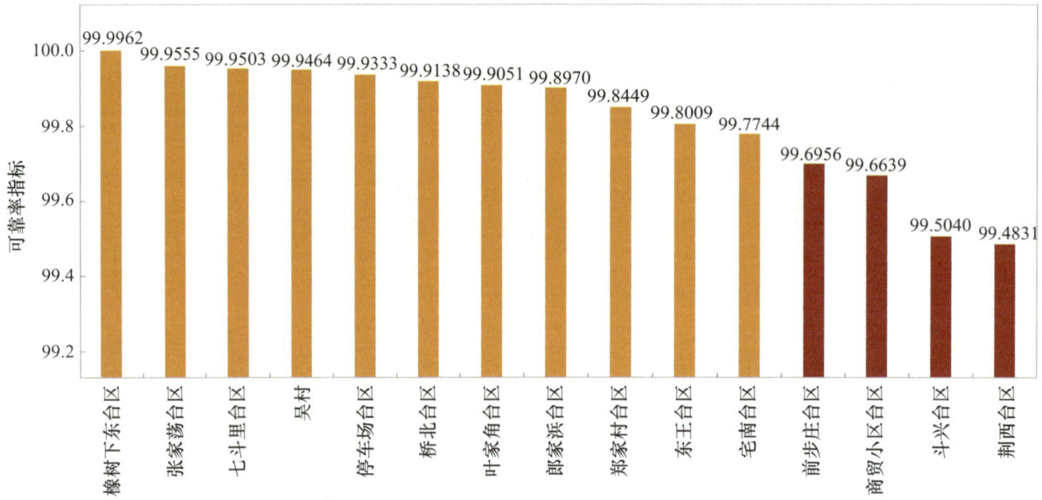

图 7-19　台区低压用户可靠性分布

对可靠性较低的台区进行分析原因（计划停电、高压故障、低压故障）。计划停电占比较高的低可靠性台区，下阶段应合理倒排计划。低压故障占比较高的低可靠性台区网架较为薄弱，如图 7-20 所示。

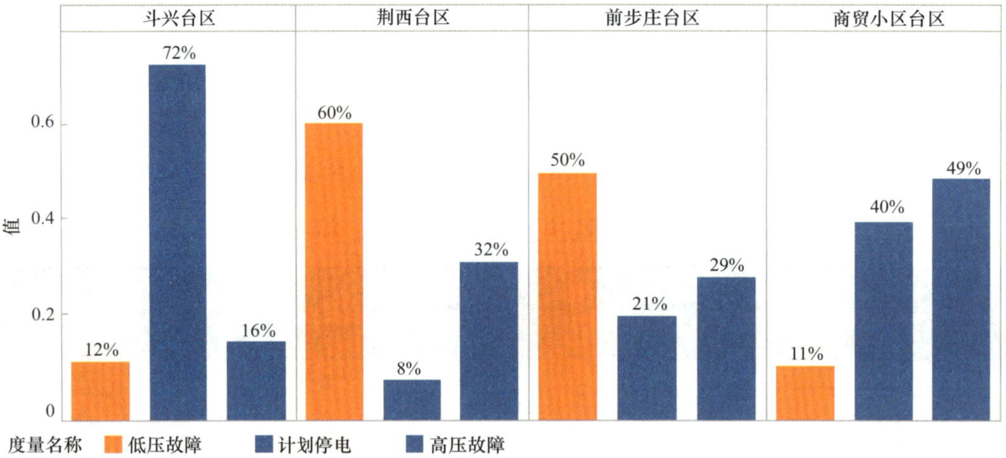

图 7-20　可靠性较低的台区停电原因分布

通过该类台区下属用户的停电次数，结合台区拓扑图，分析可能造成用户故障的线路区间，推荐为优先改造的低压线路。同时，可将把停电次数较多的用户列入敏感用户范围内，做好原因分析和用户沟通工作，避免用户投诉。

7.2.3.3 案例成效

（1）问题识别。

1）通过配网线损精细化分析，进一步刻画台区线损波动类型，分析负线损台区与用户数据相关性，准确研判变户不一致用户，通过高损台区线损异常时间规律，判断人为和自然老化等各类异常原因。

2）通过海量数据和回路阻抗模型，计算用户回路阻抗，发现阻抗异常用户，及早处理，有效避免缺陷扩大。

（2）风险管控。

1）异常预判结果可辅助现场处理人员，在异常发生前针对性处理缺陷，避免停电后才去现场抢修，降低电网故障进一步扩大造成事故的风险。

2）通过对线损精益化分析，及时发现导致线损异常的原因，开展针对性现场排查，减少电能损失风险。

（3）辅助决策。

1）通过台区网架阻抗评估，直观展示台区阻抗分布，为配网维修改造提供决策支撑，提高配网精益化管理水平。

2）通过停电研判模型的应用，可以及时地感知用户的停电事件，精确定位故障范围，发现台区负荷薄弱点，第一时间与用户取得联系，减少停电时间，简化故障抢修流程，提高抢修效率和用户满意度。

7.2.4 调控类——基于某公司电网的无功功率综合分析

7.2.4.1 案例背景

本案例从某供电公司电网的无功功率管控工作出发，结合历年来工作中的重难点，根据省公司对各关口功率需求，采用多层次分析方法，搭建无功功率模型，分析影响因子，找出无功功率管控的重难点，辅助无功功率管控工作。

7.2.4.2 模型与方法

（1）春节期间220kV关口功率情况分析。根据某供电公司电网春节无功电压控制实施方案，各220kV变电所高压侧功率因数不得超过0.95，因此在分析中将功率合格线设为0.95。梳理历年春节期间负荷情况与无功功率合格率，如表7–19所示。

表7–19　历年春节期间负荷情况与无功功率合格率

年份	变电站	平均有功（MW）	无功功率合格率（%）	平均无功功率
2018	太傅变电站	74.45	84.59	0.8201
2017		67.68	39.36	0.9302
2018	昆仑变电站	70.91	6.74	0.9793
2017		74.14	0	0.9844
2018	甘泉变电站	56.33	68.64	0.8743
2017		56.62	74.10	0.9048

1）无功补偿容量与关口功率的影响曲线。为分析有功以及无功对无功功率的影响，需要描绘出有功确定的条件下无功变化时的功率曲线，如图 7-21 所示。

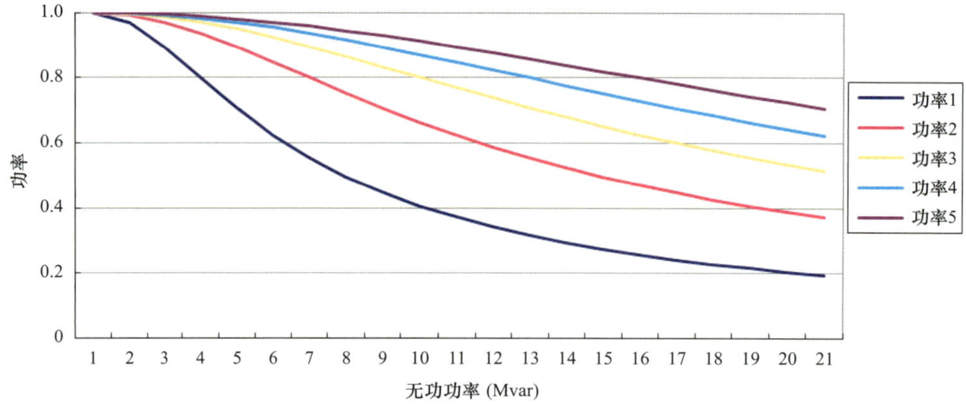

图 7-21 不同有功时无功功率曲线

无功设备的主要作用是补偿电网的无功而不改变有功，有功水平影响着无功设备对无功功率的作用程度。如图 7-21 所示，曲线 1 ~ 5 有功依次增大，可以看出，随着无功的增加，其无功功率也随之降低，但两者的关系并不是线性的，通过斜率变化可以分析其非线性关系。

负荷的有功不变的情况下，负荷无功越大其无功功率越低。图 7-22 中曲线分别对应图 7-21 曲线的斜率。可以看出，无功变化时功率曲线的斜率也在变化，同时不同有功的功率曲线斜率变化也均有不同。

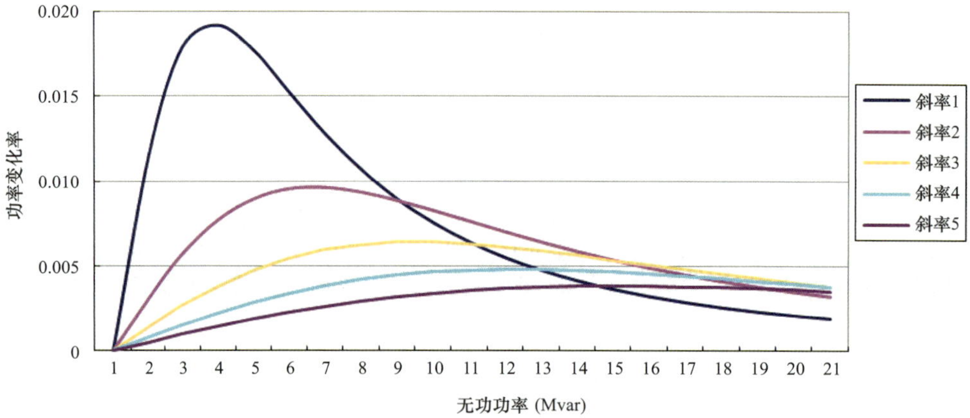

图 7-22 有功不同时无功功率斜率变化

2）无功设备对 220kV 关口功率的影响。当采用无功设备对关口无功功率进行补偿调整时，其作用程度与关口的有功和无功水平相关。关口实际运行数据叠加无功设备出力后功率变化如表 7-20 所示。

表 7-20 增加 5Mvar 无功设备后各站无功功率及合格率变化

年份	变电站	合格率（%）	合格率变化（%）	平均功率	平均功率变化
2018	太傅变电站	92.92	↑ 8.33	0.79696	↓ 0.02314
2018	昆仑变电站	20.56	↑ 13.82	0.96095	↓ 0.01835
2018	甘泉变电站	98.52	↑ 29.88	0.84475	↓ 0.02955

根据表 7-20 可以看出，增加 5Mvar 无功设备后各站平均功率均有所下降，其中昆仑变平均功率改善幅度最小，考虑到各关口负荷运行情况，该结果与理论分析所得结果相符合。

各关口的无功功率合格率取决于每一时刻的无功功率值，增加无功设备后合格率变化与关口各个时刻的运行状态相关。设定无功功率合格标准为不高于 0.95，可以算出每一时刻该点无功功率达到合格标准所需最小的无功补偿容量，称为无功需求，将所有点汇总后可以得到无功需求散点图，如图 7-23 所示。

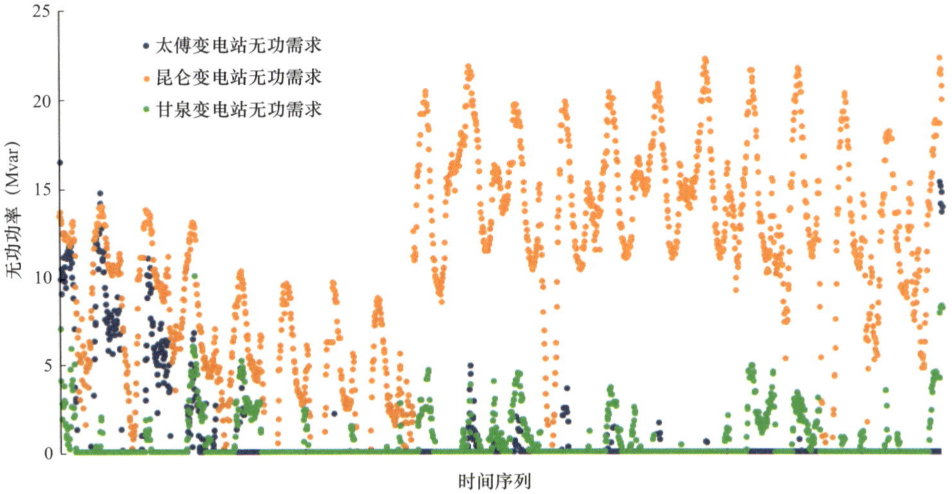

图 7-23 各站无功需求散点图

通过无功需求散点图能够直观看到各站对无功补偿设备的需求程度，昆仑变电站合格率较低的同时其无功补偿的需求量也比较高。

3）结论。各站春节期间无功功率合格率达到 100% 所需要的最小无功补偿容量如表 7-21 所示。

表 7-21　2018 年关口数据指标及无功需求

变电站	无功负荷最小值（Mvar）	当前合格率（%）	无功需求容量（Mvar）	补偿后合格率（%）
太傅变电站	17.70	84.59	16.41	100
昆仑变电站	2.23	6.74	22.29	100
甘泉变电站	10.89	68.64	9.99	100

昆仑变电站无功功率指标最差，无功负荷最小值接近于 0，存在倒送危险，在无功设备的投产规划中建议优先考虑将无功补偿设备接入昆仑变电站供区。

甘泉变电站无功功率合格率达到 100% 所需无功补偿容量最低，无功设备接入能够显著提升关口合格率。

（2）分布式电源对春节期间无功功率的影响。

1）2018 年各站一日功率。不同天气时各站功率情况对比如表 7-22 所示。

表 7-22　2018 年不同天气时各站功率情况对比

日期	变电站	合格率（%）	平均功率	天气
2018 年 2 月 13 日	太傅变电站	100	0.6139	晴
	昆仑变电站	29.17	0.9481	
	甘泉变电站	90.63	0.7247	
2018 年 2 月 15 日	太傅变电站	78.13	0.9058	小雨
	昆仑变电站	0	0.9905	
	甘泉变电站	80.21	0.9372	

表 7-22 中所选取两日的负荷情况以及温度等条件较为相近，因此可以通过对比两日功率情况分析天气对无功功率的影响。可以看出，相比于晴天时，阴雨天气下各关口无功功率的合格率均出现下降。

传统电网中关口有功与功率因数相关性通常体现为减函数关系，即功率因数会随有功负荷的降低而升高。随着光伏等新能源电站的发展，电网中有功与功率因数的关系不再呈单调相关性。分布式光伏出力通常被就地消纳，导致关口有功负荷降低而无功负荷不变，功率因数因此降低。春节期间整体负荷水平较低，分布式光伏对功率因数的影响程度也随之增大。

2）光伏出力对无功功率的影响分析。根据控制变量分析法，在分析分布式光伏对无功功率的具体影响时，可将关口单日负荷曲线剔除光伏出力后进行无功功率计算分析，如图 7-24 所示。

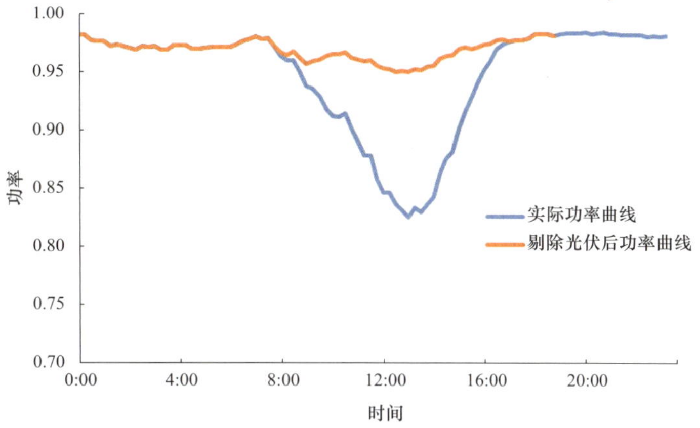

图 7–24　昆仑变某日功率曲线分析

图 7–24 中蓝色曲线为昆仑变电站春节期间晴天时的无功功率实际运行曲线，橙色曲线为实际运行数据剔除供区内光伏出力后的曲线。两曲线所围成的封闭部分的面积称为光伏对无功功率影响的积分面积，积分面积大小代表光伏对关口功率影响程度。光伏对无功功率的影响主要取决于光伏的出力，图 7–25 中可以看出，在中午时间段光伏对无功功率的影响程度最大，且仅在白天时能够产生影响。

3）光伏装机容量增长对各关口无功功率影响。若已知新增光伏装机容量，根据实际光伏出力曲线，可计算出每一时刻光伏出力的理论值，运算后可得到装机容量增加后各关口的无功功率合格率变化。各关口春节期间光伏增量对功率影响如表 7–23 所示。

表 7–23　各关口春节期间光伏增量对功率影响

变电站	功率合格率（%）	合格率变化（%）
太傅变电站	88.13	↑ 3.54
昆仑变电站	18.80	↑ 12.06
甘泉变电站	77.47	↑ 8.83

可以看出，分布式光伏电源装机容量增加后，各关口无功功率合格率均得到提高，其中昆仑变电站合格率变化最大。

4）结论。由于光伏的间歇性和不确定性，分布式光伏不能根本改善春节期间关口功率的合格率，但分布式光伏对电网无功功率控制仍具有积极影响。昆仑变电站无功功率合格率较低，光伏对提升关口无功功率合格率有积极作用，在分布式光伏电站的规划阶段可以优先考虑将其接入昆仑变电站供区。在春节期间配网运行方式安排工作中，在满足条件的情况下可以将其他供区的光伏电源调整至昆仑变电站供区运行。某供电公司电网目前光伏电站共计 33 座，其中，有 5 座可以通过方式调整的方式由太傅变电站供区翻至昆仑变电站供区供电，总计装机容量为 15.4MW。调整后太傅变电站功率合格率略有下降，但昆仑变电站关口功率合格率从 6.74% 提升至 2.71%。

各关口春节期间光伏对功率影响如表 7–24 所示。

表 7–24　各关口春节期间光伏对功率影响

变电站	功率合格率（%）	合格率变化（%）
太傅变电站	79.22	↓ 5.37
昆仑变电站	22.71	↑ 18.03

（3）配变关口春节期间无功电量分析。

1）基础信息。关口负荷是所有用户负荷集合的体现，对用户配变进行无功功率分析能够从源端把握负荷规律，找出无功功率变化特点，并提出针对性管控措施。某供电公司电网专变情况：专变 3199 个，总容量 179.88 万 kVA。根据专变台账信息统计专变中各用电类型占比，如表 7–25 所示。

表 7–25　某供电公司电网各行业专变数量以及占比

行业分类	数量（台）	占比（%）
工业生产	1571	49.11
民生建设	852	26.63
第三产业	776	24.26

2）配变的无功功率情况。针对 2018 年春节期间的每日用户电量进行分析，为了便于分析，结合春节期间管控标准，将春节期间日最大无功倒送电量超过 100kvar · h 的专变称为需重点控制专变。专变统计：统计专变 3199 个，需重点控制专变 388 个，有无功电量倒送专变共计 832 个，前者的无功倒送电量占后者 71.46%。2018 年春节期间专变日倒送电量总和最大可达到 16.974 万 kvar · h，相当于约 7Mvar 的无功设备一天消纳的无功电量。

所有存在无功倒送的专变中，工业生产行业占 46%，需重点控制专变用户中工业生产行业占 57%，当标准设定为日最大无功倒送电量大于 200kvar · h 时，工业生产类占比将达到 70%，如图 7–25 所示。工业生产类专变用户出现无功倒送的情况较多且倒送电量较大，是春节期间无功功率管控工作的重点管控对象，考虑到部分专变用户电缆线路等情况，仅对日最大无功倒送电量超过 100kvar · h 的专变进行分析。

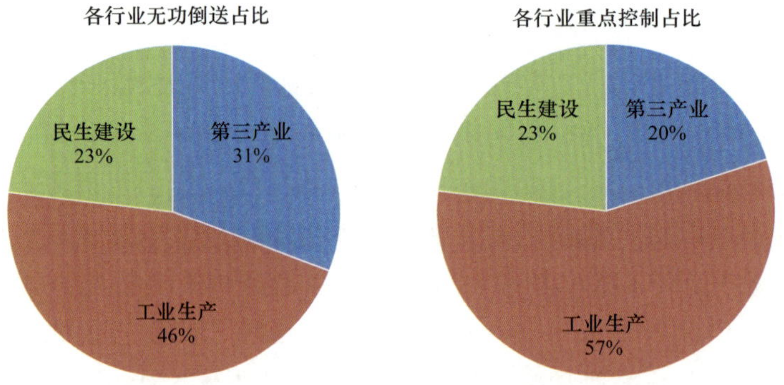

图 7–25　不同标准下各行业专变数量占比

3）配变无功逐日倒送电量趋势分析。为了分析各专变无功倒送的规律和特点，对各专变每日无功倒送情况进行了逐日对比分析。分析发现专变每日无功倒送电量的变化曲线可以分为四种类型，如图 7–26 所示。

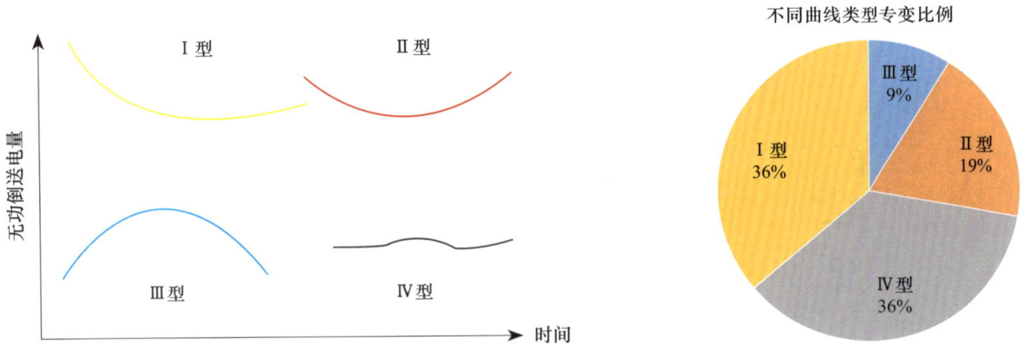

图 7–26　春节期间专变逐日无功倒送电量曲线类型

Ⅰ型曲线表示专变用户无功倒送情况仅在春节前期出现；Ⅱ型曲线表示专变用户在春节期间一段时间没有无功倒送；Ⅲ型曲线表示专变用户在春节期间中间时间段出现无功倒送；Ⅳ型曲线表示专变用户在春节期间一直存在倒送情况。

因Ⅰ型、Ⅱ型曲线具有相似性，分析中将其合并为一类。根据数据统计结果，工业生产行业无功倒送专变中 77% 的用户无功倒送曲线为Ⅰ型和Ⅱ型。分析发现，2018 年符合Ⅰ型、Ⅱ型曲线的专变约 31.16%，在 2017 年存在倒送且为Ⅰ型、Ⅱ型曲线，这表明专变用户的无功倒送行为存在一定的规律，如图 7–27 所示。

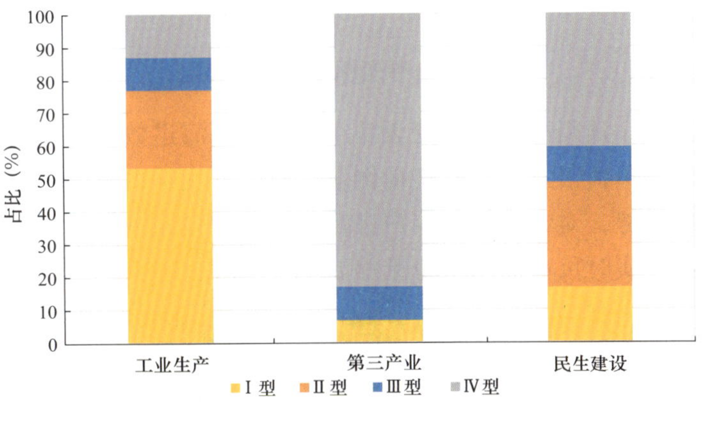

图 7–27　无功电量曲线类型各类行业中占比

4）结论。无功倒送用户的管控工作在每年春节期间都是重难点工作，数据显示 2018 年无功倒送专变的数量比去年增加了 30.64%，传统的管控手段已经不能够有效管控专变的无功倒送管情况。为了加强管控，提升管控效率，需要在传统管控方式的基础上进行改进，建立合理化管控机制，对部分专变进行针对性跟踪控制。本次数据挖掘结合基于海迅数据库的无功功率管控平台，提出了标签化管理的管控机制。

①建立专变档案，标签化管理无功倒送用户。根据营销系统导出数据，对专变用户建立档案，并根据其历史负荷信息对其无功特性进行标签化，结合其无功特性，参照以往管理经验，提出建议管理措施，如图 7–28 所示。

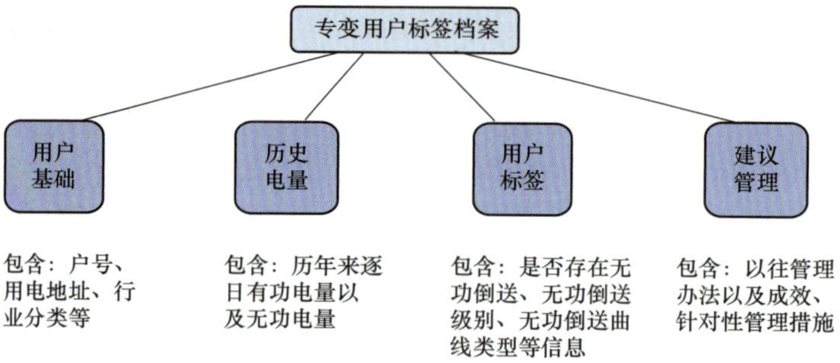

图 7–28　专变用户标签档案示意图

②修编档案标签，机制化管理专变用户标签。在专变用户的无功功率管控工作过程中，需逐日对其管控效果进行跟踪，根据其无功倒送电量变化对其标签进行滚动修编，形成文本形式的管控档案，以此描述用户的特性，具体如图 7–29 所示。

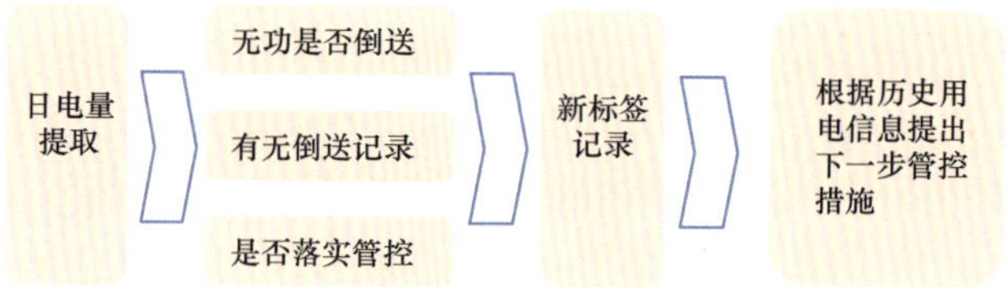

图 7–29　专变标签修编流程图

③实时负荷监测，预判性管理专变无功功率。利用海迅数据库的无功功率管控平台能够实时获取配变的负荷信息，对有负荷倒送历史的专变重点监测，程序化识别负荷走向，预判用户用电趋势，对无功倒送用户进行通报，对符合判据的专变进行预警，减少专变无功倒送现象，实时负荷监测预警流程如图 7–30 所示。

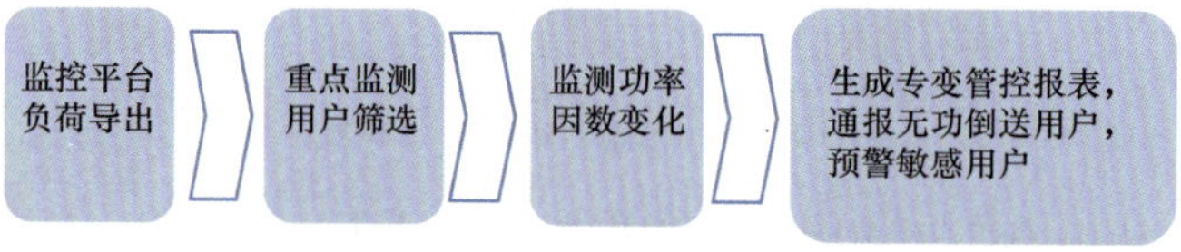

图 7–30　实时负荷监测预警流程

7.2.4.3 价值及成效

（1）挖掘电网运行薄弱，支撑电网无功补强立项。无功补偿装置是改善关口无功功率的有效措施，通过对历史运行数据的分析和模拟计算找出各关口无功补偿需求容量，基于无功负荷的水平和无功功率合格率两个角度对无功补偿设备的规划提出了建议。

（2）挖掘光伏发电影响，优化电网运行方式安排。光伏发电装机容量的增加能够一定程度上提高关口无功功率的合格率，但由于光伏发电的间歇性和不确定性，无法根本解决关口功率不合格的问题。通过对各关口的解析，发现光伏对昆仑变电站的无功功率合格率能够产生最大影响，以此提出了光伏在规划和分布式光伏运行方式的建议。

（3）挖掘行业用电规律，定向管控配变无功倒送。通过分析专变用户的行业特点与其无功倒送电量曲线的关系，发现用户无功倒送具有规律性和固定性，从而提出区别对待的管控理念。结合基于海迅数据库的无功功率管控平台，通过标签化管控机制，提前预警用户的无功倒送行为，增加管控针对性，提高管控效率。

（4）辅助决策。每年的春节期间无功功率管控都是一项的重点工作，为加强对无功功率的管控，根据数据分析结果对电网规划和运行方式调整提出了建议，以供调控等相关部门决策参考。

7.2.5 人资类——低压业务效率分析助力“全能型”供电所提质增效

7.2.5.1 案例背景

根据《国网浙江省电力公司关于“全能型”乡镇供电所建设工作实施方案》，方案要求全面整合低压配电运维和营销服务等业务，实现低压业务在班组内部的全面融合；打造“全能型”乡镇供电所，提高乡镇供电所工作效率效益。而电网低压业务作为供电所的核心业务之一，具有覆盖广、人员多、工作细的特点，在电改不断推进、供电所加快转型的大背景下，如何科学衡量供电所低压生产班组工作量和工作效率特点，从而为供电所建设提供决策支撑成为一个迫切需要解决的课题。

基于国网班组定员标准的实际供电所工作量统计，前期经过大量现场调研，梳理出公司低压班五大类共计 15 项业务，通过对系统中 2016 全年 12 个月数据提取，汇总了近 60 万条全量数据。利用可视化大数据分析软件，直观展现工作效率模型及分析视角。

7.2.5.2 模型与方法

（1）供电所低压业务体系构建。《国家电网公司供电企业内控劳动定员标准》（2015 版）将供电所低压业务分为低压营销服务和低压配电运检两大类，低压营销服务包括营业、计量、业扩等方面，低压配电运检包括日常维护、应急抢修和配套工作等。

国网定员标准按已有设备数这一静态指标来核定工作量，不能反映各地业务的动态特点。根据国网定员标准中低压业务工作要项，结合业务实际，对目前供电所低压业务进行梳理。通过对基层班组和专业部门现场调研，按照低压运维、营业、业扩、计量、其他等 5 个维度统计业务类型，国网定员标准如表 7–26 所示。

表 7-26　国网定员标准

序号	岗位类别	说明
1	乡镇及农村 0.4kV 营销服务	乡镇及农村 0.4kV 营销服务业务为运营类业务，定员典型参数选取公用配电变压器、0.4kV 用户数。数据来源于 SG186 营销信息系统
2	乡镇及农村 0.4kV 配电线路运行维护与检修劳动定员标准	乡镇及农村 0.4kV 配电线路运行维护与检修为运营类业务，定员典型参数选取乡镇及农村公用配电变压器平均 0.4kV 用户数。乡镇及农村公用配电变压器平均 0.4kV 用户数统计为供电企业乡镇及农村 0.4kV 用户数和乡镇及农村配电变压器台数

考虑班组主要工作及实际可量化业务类型，21 项业务梳理出常态化开展、有数据支撑的低压业务 5 个大类业务和 15 项细分业务，称之为低压“515”业务体系，其中 21 项业务梳理汇总如表 7-27 所示。

表 7-27　业务梳理汇总

序号	分类	业务	描述
1	运维	台区巡视	对台区低压线路设备进行日常巡视
		配合操作	根据相关工作需要开展的停复役操作
		总保故障处理	低压总保闭锁处理
			低压总保退运处理
		95598 抢修	客户 95598 报修处理
		客户电话抢修	其他客户电话抢修
2	营业	营业收费	对所辖区域用户周期性收催费
		抄表核抄	对表计开展周期性核抄
		抄表补抄	对未及时采集到的表计进行补抄
3	业扩	业扩新装	开展低压业扩新装
		业扩增容	开展低压业扩增容
		临时装表	根据用户需求开展临时用电装表
4	计量	故障表调换	对故障表进行调换处理
		表计轮换	按年限要求更换表计
		采集消缺	对采集异常进行消缺
		申请校验	处理表计申请校验
5	其他	平台值班	开展监控平台日常值班
		安全活动	开展日常安全活动
		召开会议	召开各类会议
		系统维护	进行各类系统维护
		新业务推广	微信公众号、掌上电力工等推广工作
		营销稽查	在线稽查工单处理

将低压“515”业务体系每项业务人工耗时标准作为体系权重参数根据多方经验进行赋值，如图 7–31 所示。

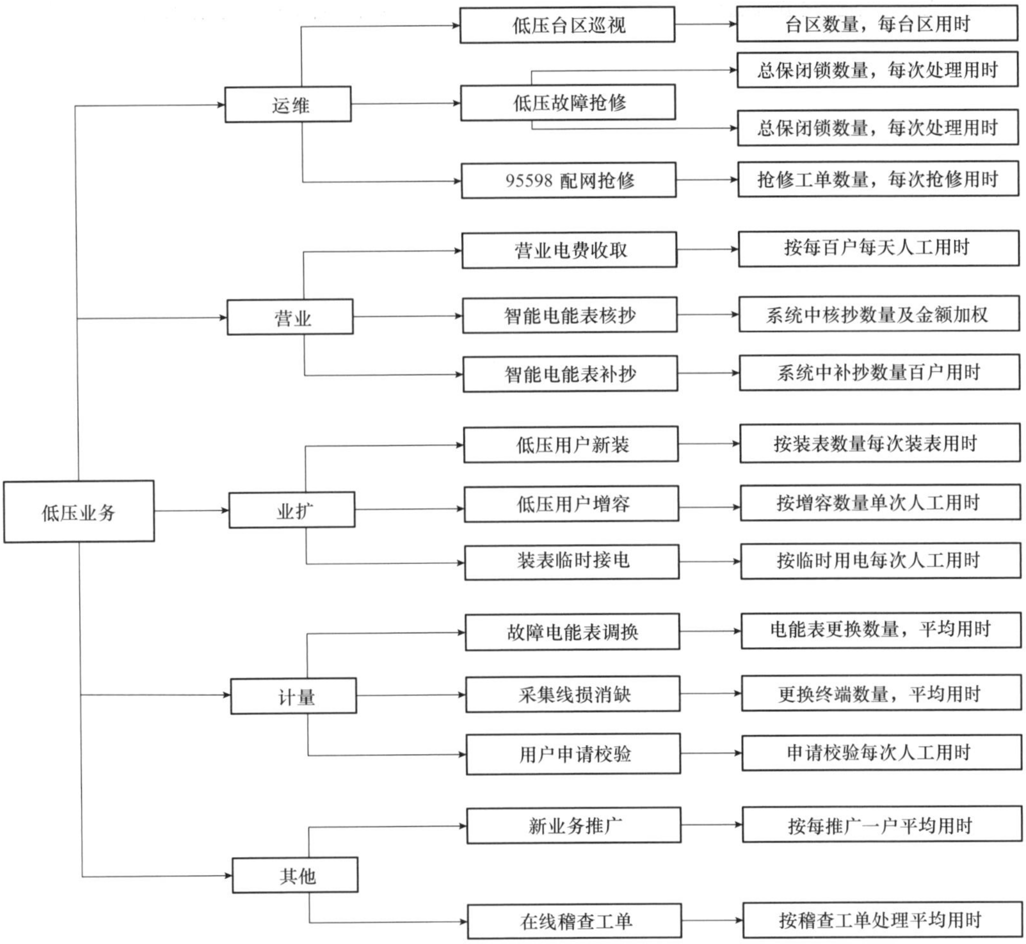

图 7–31　低压业务体系

将低压“515”业务体系每项业务人工耗时标准作为体系权重参数根据多方经验进行赋值，如表 7–28 所示。

表 7–28　人工量标准制定及数据来源

序号	分类	业务	人工标准（h）	统计标准	数据来源
1	运维	低压台区巡视	3.5	每月	智能公变
2		低压故障抢修	1	每月	监测系统
3			1	每月	监测系统
4		95598 抢修	1 × 2	平均修复时 76.93min（2016 年统计数据）	配抢系统

续表

序号	分类	业务	人工标准（h）	统计标准	数据来源
5	营业	营业电费收缴	1	每月 15 ~ 27 日	营销系统
6		智能电表核抄	8	要求每 2 年抄 3 遍	营销系统
7		智能电表补抄	20	每月有 3 天	营销系统
8	业扩	低压用户新装	2×2	按月统计	营销系统
9		低压用户增容	1×2	按月统计	营销系统
10		装表临时接电	1×2	按月统计	营销系统
11	计量	故障电表调换	1×2	按月统计	采集系统
12		采集线损消缺	1	每月 40 个小时，150 个	采集系统
13		用户申请校验	3	按校验数量	采集系统
14	其他	新业务推广	40/60	每人每天 3 户	业务系统
15		在线稽查工单	1×2	按稽查处理平均用时	稽查系统

（2）供电所低压业务效率评价模型构建。低压业务效率评价可以从整体效率和局部均衡性两方面来开展评价，因此本评价模型包括公司整体效率指标和低压班组效率均衡度指标。

1）公司整体效率指标。以公司为单位，计算年度公司低压业务人员平均工作效率。

E=SUM（[月工作量]）/（[人数]×[日有效工作时间]×[年工作天数]）[$E \in$（0，1）]

2）效率均衡度指标。以各个供电所低压班组年度效率为基础，计算各单位效率均衡度。模型如下：

$$B_{EER} = \mathrm{e}^{\wedge}\left(-\frac{\sqrt{\dfrac{\sum_{i=1}^{N}(EER_i - \overline{EER})^2}{N}}}{\overline{EER}}\right) \quad (B_{EER} \in (0,1))$$

式中：

EER——第 i 个供电所的年度效率。

$\overline{EER} = \dfrac{\sum_{i=1}^{N} EER_i}{N}$ 为各供电所平均年度效率。

e 为自然常数（约为 2.71828），以整体效率指标为纵轴，以效率均衡度指标为横轴，绘制公司效率分布四象限图，如图 7–32 所示（由于数据量较小，现阶段取指标中值作为象限分隔点）。

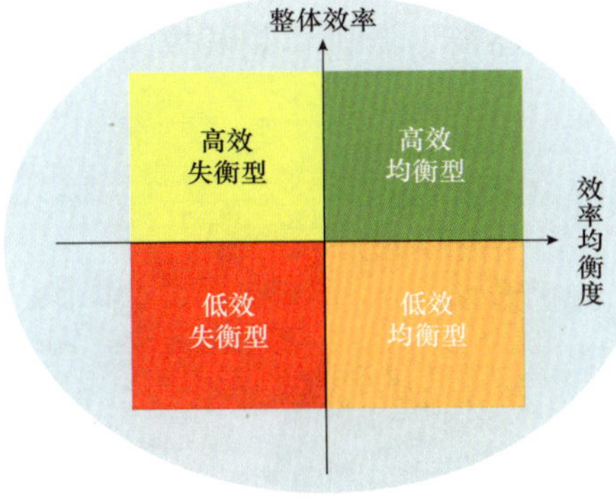

图 7–32　效率分布四象限图

具体的四类效率分布类型如表 7–29 所示。

表 7–29　效率分布类型表

序号	类型	满足条件
1	高效、均衡型	公司整体效率 >0.5 & 效率均衡度 >0.5
2	高效、失衡型	公司整体效率 >0.5 & 效率均衡度 <0.5
3	低效、均衡型	公司整体效率 <0.5 & 效率均衡度 >0.5
4	低效、失衡型	公司整体效率 <0.5 & 效率均衡度 <0.5

（3）低压班组业务量分析。

1）整体低压工作量分布特点。低压业务总工作量如图 7–33 所示，从时间分布上看，低压业务在每年 5 月和 7 月和 12 月工作量相对较大。5 月份主要是由于核抄业务开展较多，7、9 月份主要是故障抢修和采集消缺业务较多所致。

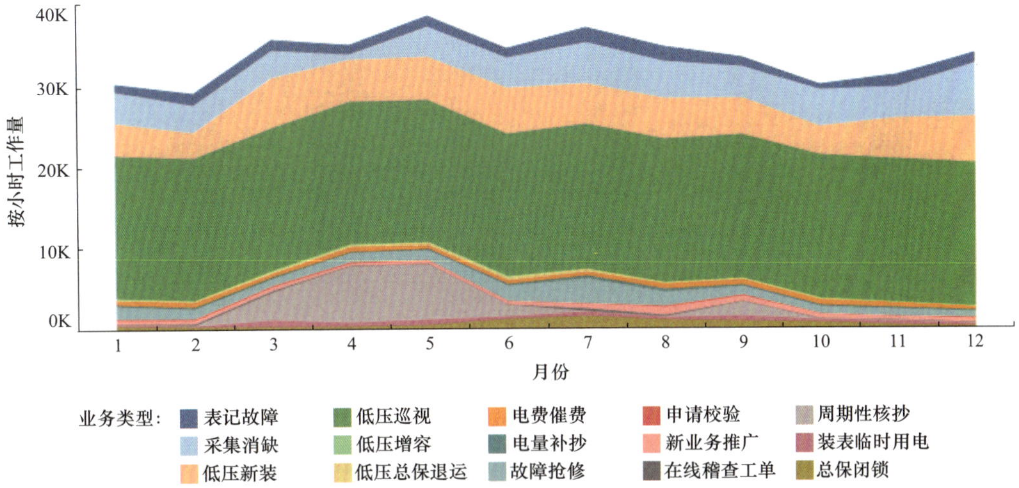

图 7–33　月工作量分布图

从业务类型上看，全年低压巡视、低压新装及故障消缺工作量占比较大。各类业务总量分布情况如图 7–34 所示。

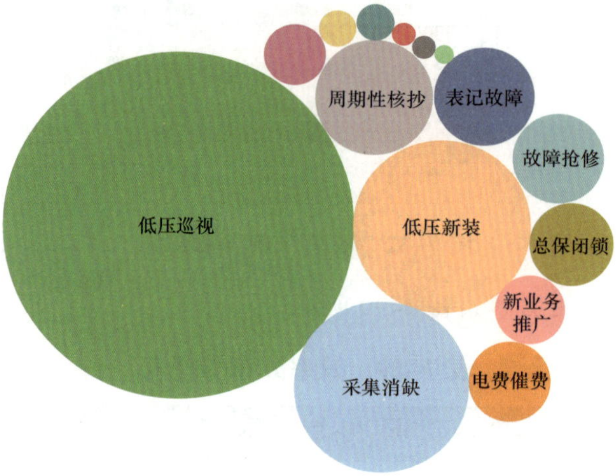

图 7–34　各类业务总量分布图

2）各单位工作量特点。图 7–35 为各供电所年度业务量分布情况，按单位来看，城北所年度业务量远高于其他所，两倍于业务量最低的供电所，反映出供电所设置规模存在一定的不均衡性。

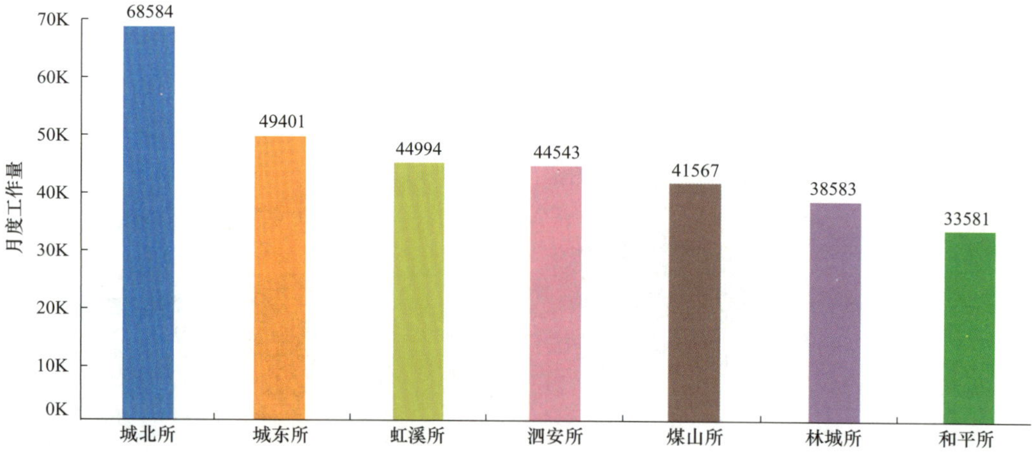

图 7–35　年度工作量分布图

（4）典型工作量细化分析。

1）故障抢修工作量分析。图 7-36 是各供电所 95598 故障抢修工作量分布图，迎峰度夏期间，故障抢修普遍较多，而煤山、泗安所在此期间故障抢修增加相对较少；另外，和平所 4 月份，城北所、泗安所 1 月份抢修工作量也相对较多。

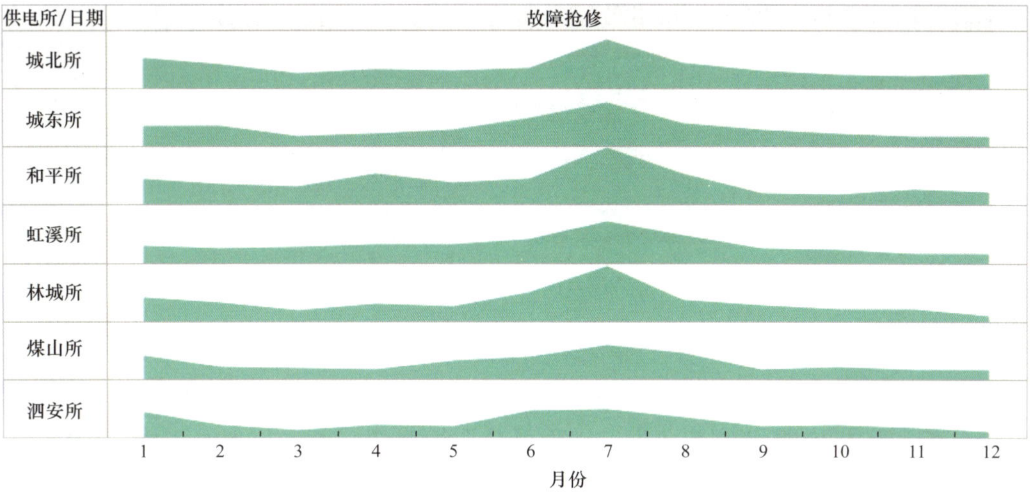

图 7-36 各所低压班故障抢修工作量分布图

2）催费工作量分析。图 7-37 是各供电所催缴电费金额占比分布情况，从金额上来看，公司催费量极不均衡，城北所催费金额占公司一半以上，因此在计算催费工作量时，根据金额大小进行系数加权调整。

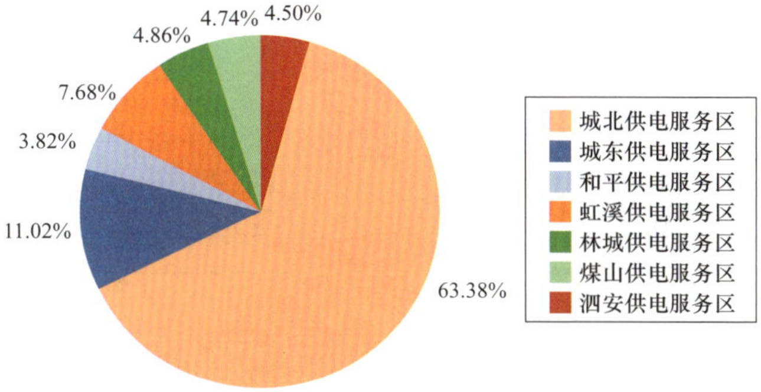

图 7-37 催缴电费占比分布图

图 7-38 是经过修正后的电费催缴工作量统计分布，城北所实际催费工作量最大，从时间上来看，在 2 月份（春节期间）和 10 月份催费工作量相对较高。

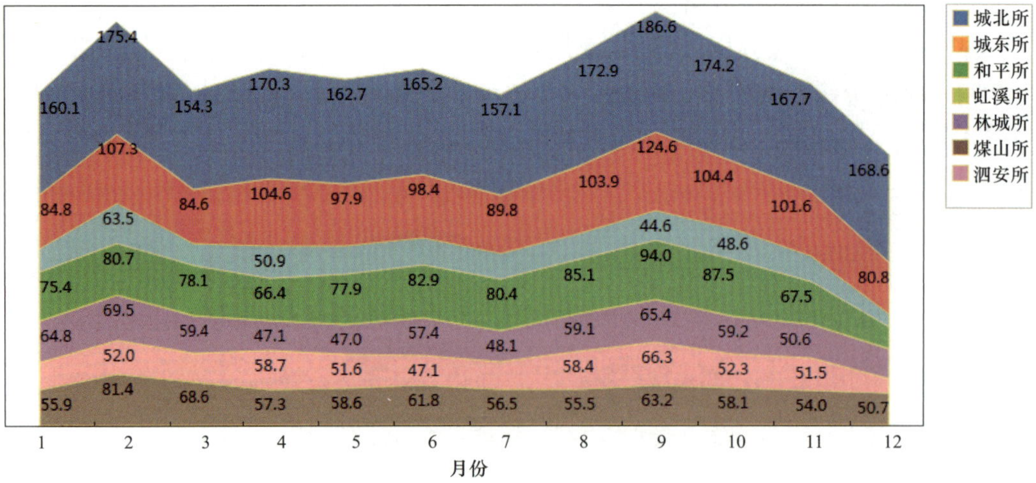

图 7-38　2016 年电费催缴工作量统计分布图

3）新业务推广业务量分析。新业务推广方面根据 2016 年重点推广项目微信绑定进行统计分析，图 7-39 是微信业务推广工作量分布情况图。2016 年上半年推广量较少，7、8、9 月份工作量整体有较大提升，主要是由于业务部门加大新业务推广力度。

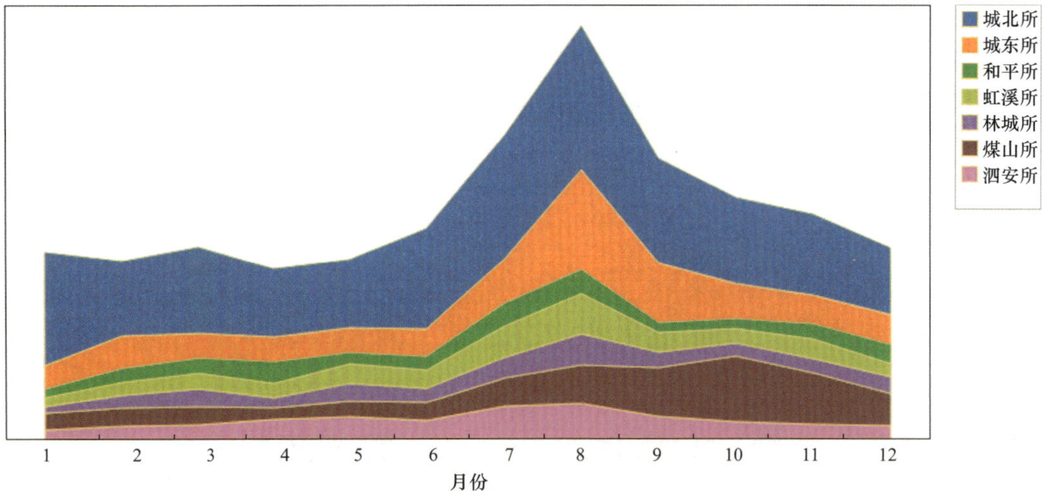

图 7-39　微信业务推广工作量分布情况图

4）业务量与定员关联分析。图 7-40 是低压业务总量与人员配置关系曲线，其中红色线和橙色线分别为国网定员人数和实际配置人数，可见班组实际人员配置数基本与国网定员标准吻合。蓝色线为各单位全年工作量曲线，可见，整体上来看，工作量与人员配置在趋势上是一致的，随着业务量的上升下降，定员人数出现相应变化趋势。

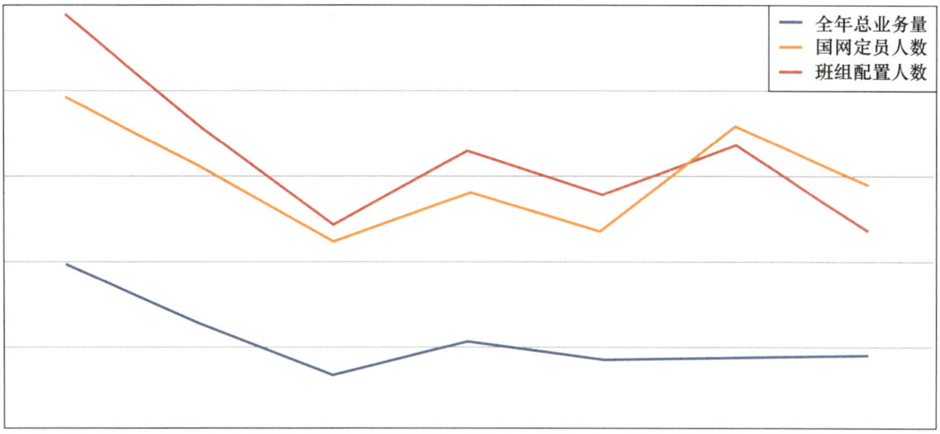

图 7-40 低压业务总量与人员配置关系曲线图

5）低压营配业务情况分析。图 7-41 为整体低压营配工作量按月分布情况，从图 7-42 中可以看出，配电业务工作量整体大于营销业务，营销业务工作量波动性较大，反映出营销业务按月份有不同的分布特点。

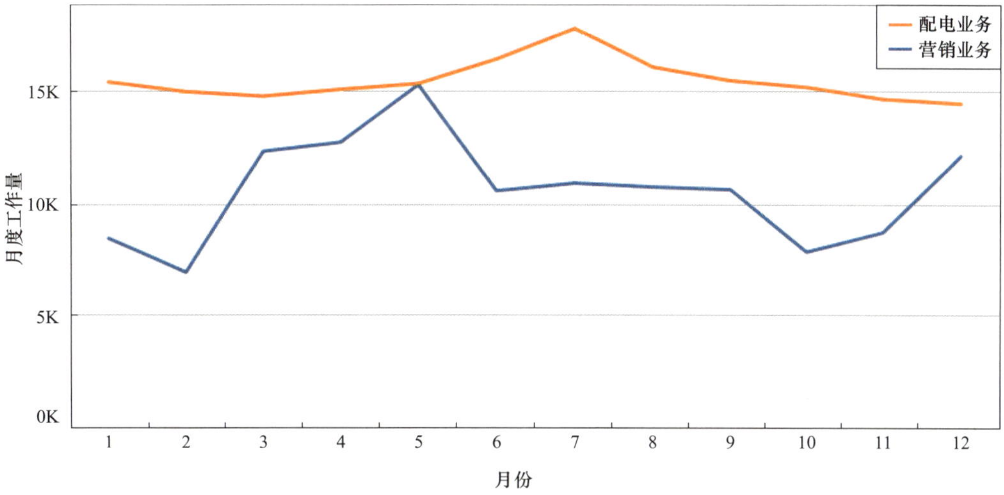

图 7-41 公司整体低压营配工作量月分布图

（5）低压业务效率分析。

1）公司整体低压业务效率。图 7-42 是公司低压业务效率按月分布图，红线表示全年平均效率，从中可以看出，公司低压业务效率随着月份围绕平均值波动，在二月份达到最低（春节期间），十月、十一月份也较低；而 5 月和 7 月工作效率较高，反映出低压业务效率存在一定的季节波动性，建议专业部门按照各月效率情况合理布置专项工作，尽量减少效率波动范围。

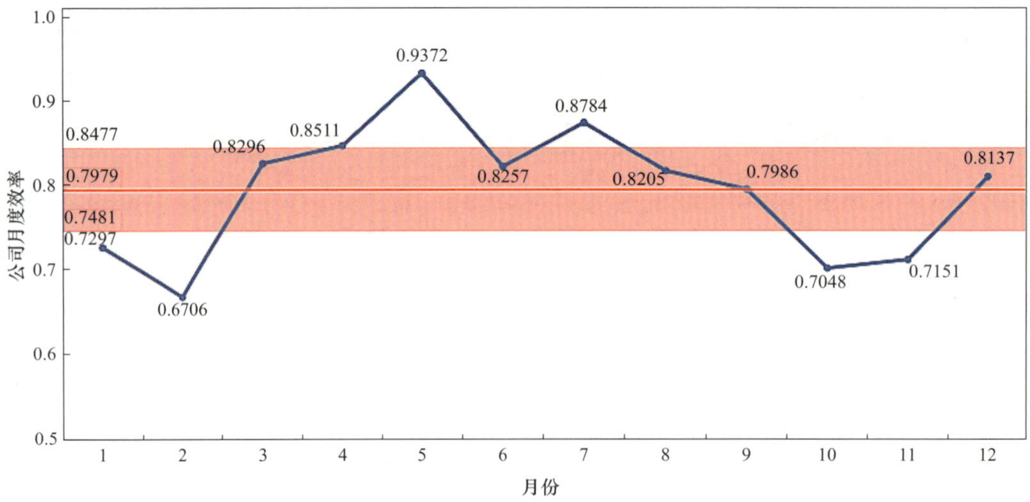

图 7–42 公司低压业务效率按月分布图

2）各低压班组效率分析。图 7–43 是各单位 2016 年度供电所低压业务整体效率情况，从图 7–44 中可见，泗安、虹溪所整体效率较高，和平、城东所较低，考虑到与其他所相比，和平、城东所尚未真正开展台区经理制，可以看出，实行台区经理制的单位可以承受相对更高的工作量，这也侧面反映出目前推行的低压台区经理网格化、营配业务融合在提质增效上是具有一定优势的。

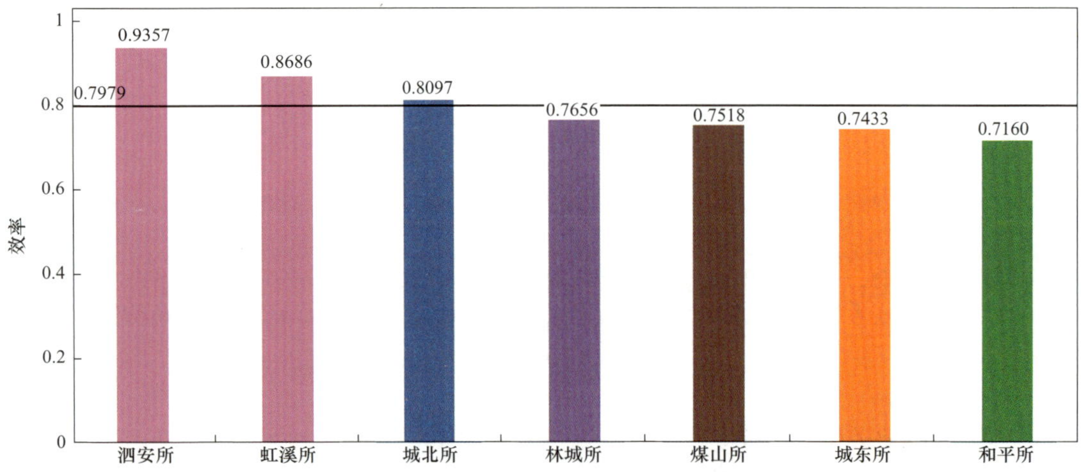

图 7–43 供电所低压业务整体效率情况图

3）效率与人员特征关联分析。图 7–44 是公司低压业务年龄与工作效率之间的关系曲线，从图 7–44 中可见，整体低压从业人员平均年龄为 42.53 岁；其中，城东所平均年龄较低，为 40.14 岁。班组平均年龄与工作效率之间总体上存在逆相关趋势。

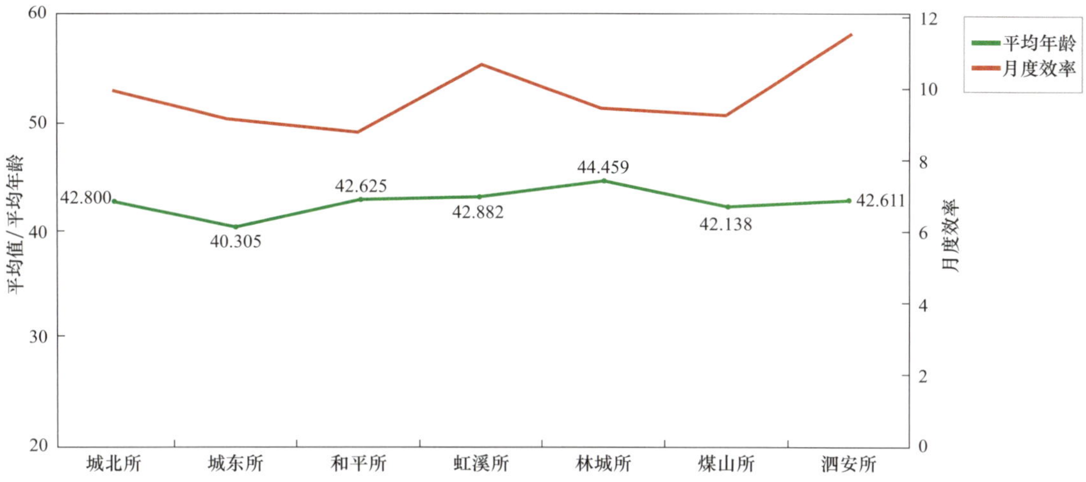

图 7–44　年龄与工作效率之间的关系曲线图

图 7–46 是低压班组人数与工作效率关系曲线，蓝色曲线代表各班组的人数，橙色曲线代表班组年度效率，从图 7–45 中可以看出，整体上人数与效率存在较为明显的相关性，随着人员的减少、增加，效率随之提升和下降。

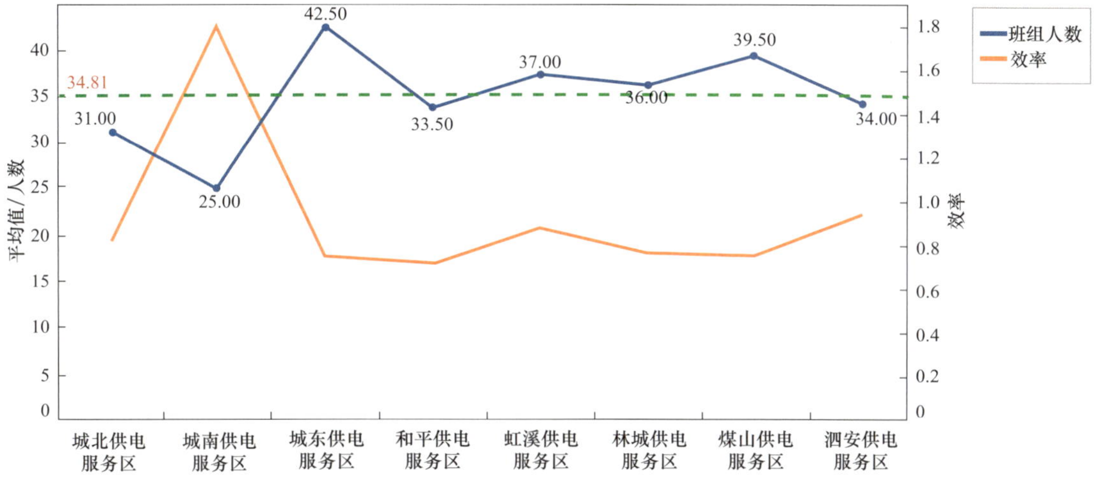

图 7–45　班组人数与工作效率关系曲线图

（6）效率模型应用。

1）模型指标计算。公司低压业务整体效率指标，根据上面的分析，公司 2016 年度整体效率指标为：E=0.798。根据效率均衡度模型，对各供电所年度效率开展经过运算，长兴公司各供电所低压业务效率均衡度为 B_{EER}=0.913。

2）模型应用。低压业务整体效率指标和效率均衡度指标应用到效率评价模型后，如图 7–46 所示，可以看出低压业务效率处于高效、均衡状态。

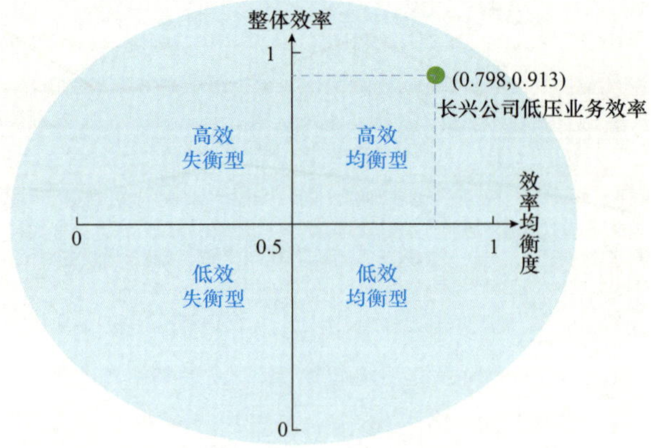

图 7-46　公司低压业务效率模型图

7.2.5.3 案例成效

通过对低压实际业务数据的深入挖掘，全面、真实、直观地反映了供电所低压业务工作量及其工作效率特点，改变了以往以设备等静态数据核定工作量的模式，构建了供电所低压业务效率动态评价模型。

（1）问题识别。发现效率相对较低班组；发现效率较低业务，即按月份工作量特点，有针对性地增加人员配置；通过工作效率与人员结构的分析，发现人员结构与工作效率之间的相关关系。

（2）辅助决策。通过对模型应用和工作效率分析，可以从整体上了解相关班组的工作量和效率，发现时间和单位维度上工作量及效率特点，为人员调配及营配业务融合提供决策支撑；找出不同类型班组效率构成规律，重点关注效率较低班组类型。找出效率与人员结构的相关规律，便于通过提升人员结构有针对性的提升效率。指导低压班组人员配置，为建设“全能型”班组提供数据支撑和决策参考；基于该模型构建的通用性，数据获取的便捷性，相应开发了人员效率监测评估可视化系统，解决了人员效率难以量化的难题，可为系统范围内相关管理部门提供人员配置参考。

7.2.6 调控类——光伏发电对电网负荷预测准确率的影响分析

7.2.6.1 案例背景

近年来，光伏并网容量大、分布广、出力受天气影响大，对电网的安全稳定运行构成了隐患，对地区负荷也产生了一定程度的影响，受此影响电网企业日均负荷预测准确率有一定下降，而日负荷预测准确率已列入了调度同业对标管理指标中，这对当前的同业对标考核提出了新的要求。

7.2.6.2 分析挖掘规则及方法

从光伏容量与负荷预测准确率关系分析、负荷预测准确率与天气关系分析、光伏发电对电网负荷影响分析、光伏出力与季节关系分析四个维度开展光伏发电对电网负荷预测准确率影响分析。

（1）分析挖掘方法规则。

1）规则一：光伏容量与年平均负荷预测准确率关系。由于光伏并网容量变化的时间较慢，故选用年度光伏容量的变化情况以及年平均负荷预测准确率进行对比，进而得到光伏容量变化与年平均负荷预测准确率的关系。

2）规则二：负荷预测准确率与天气状况关系。提取 2014 年度、2015 年度、2016 年度的日负荷预测准确率，对其中准确率低下的数据（准确率在 95% 以下）按照节假日、检修、大修、恶劣天气这四类原因进行剔除，再对余下的所有数据按照 96% 以上、93% ~ 96%、90% ~ 93%、90% 以下四个档次进行筛选，得出负荷预测准确率与天气状况的关系。

3）规则三：光伏发电对电网负荷影响分析。2015 年度 4 月、2016 年度 4 月、2017 年度 4 月的调度负荷，以及上述月份某县境内光伏的实际出力，然后在调度负荷中剔除光伏出力，对比两份负荷曲线（有光伏与没有光伏），得到光伏出力对电网负荷的影响。

4）规则四：光伏出力与季节关系分析。由于后续数据建模中需要用到相似日选取原理，故提取某一光伏电站自投产以来三年的发电数据，以寻找光伏出力与月份、季节的关系。

（2）数据及预处理。主要提取电网运行数据、预测负荷数据、负荷预测准确率数据、光伏发电数据、气象信息数据等数据信息，所提取的字段信息包括调度负荷、日负荷预测准确率、光伏出力、天气状况、平均温度、平均风速等，明细清单如表 7–30 所示。

表 7–30　光伏发电与负荷预测数据信息明细表

序号	需求字段	数据来源	是否线上数据
1	调度负荷	OPEN3000 系统	是
2	日负荷预测准确率	负荷预测系统	是
3	年负荷预测准确率	负荷预测系统	是
4	光伏发电数据	OPEN3000 系统、用电信息采集系统	是

针对提取的数据，根据如下清洗规则，对数据中的毛刺数据进行清洗。①清洗规则一：各字段任一数据缺失即定义为数据缺失，如某个时间点的负荷、某一天的平均温度等为空。②清洗规则二：数据中突然出现的尖峰或低谷且与周围数据相差很大即定义为

数据毛刺，如调度负荷中某一个点的负荷突然急剧上升。③清洗规则三：数据出现明显错误，即定义为数据不准确。如调度负荷数据在某一个时间段内的数值都相同。清洗完毕后，形成光伏发电与负荷预测数据信息中间表作为本视角分析挖掘的数据基础，该表字段如表 7–31 所示。

表 7–31　光伏发电与负荷预测数据信息中间表

序号	表字段
1	调度负荷
2	日负荷预测准确率
3	年平均负荷预测准确率
4	光伏发电数据
5	天气状况
6	日平均气温
7	日平均风速

1）规则一：光伏容量与负荷预测准确率关系分析。从图 7–47 可看到，自 2014 年以来，某电网 35kV 及以下并网光伏容量逐年上升，且上升趋势明显，与图 7–48 中负荷预测准确率成反比例变化。

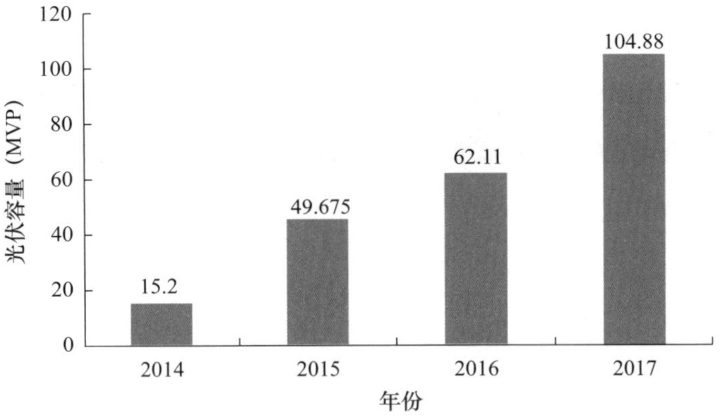

图 7–47　2014 ~ 2017 年某电网 35kV 及以下并网光伏容量

从图 7–48 中可以看出，自 2014 年以来，负荷预测准确率虽下降不多，但也呈逐年下降趋势。随着负荷的自然增长，在负荷基数逐年增大的情况下，负荷预测准确率应有上升的趋势，但图 7–48 却完全呈现了相反的趋势。

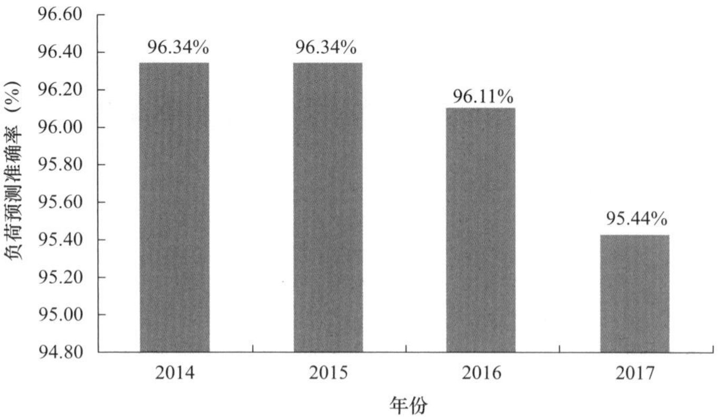

图 7-48　2014 ~ 2017 年某电网负荷预测准确率情况

因此猜测负荷预测准确率的下降是由并网光伏容量增大引起的。

2）规则二负荷预测准确率与天气关系分析。提取 2014 年度、2015 年度、2016 年度的日负荷预测准确率，对其中准确率低下的数据（准确率在 95% 以下）按照节假日、检修、大修、恶劣天气这四类原因进行剔除，再对余下的所有数据按照 96% 以上、93% ~ 96%、90% ~ 93%、90% 以下四个档次进行筛选分析，得出目前负荷预测准确率与天气情况之间的关系。不同年份的天气分布不尽相同，如 14 年晴天数量为 37 天，而 16 年晴天数量仅为 19 天，因此若采用在一定区间准确率中对比天气占比，对比结果将受此影响从而失去意义。为此提出在相同天气中对比负荷预测准确率的区间占比，通过不同年份下相同天气的区间占比对比分析天气对负荷预测准确率的影响是否逐年变化。2014 ~ 2016 年天晴、非天晴状况下某电网负荷预测准确率情况如表 7-32 和表 7-33 所示。

表 7-32　2014 ~ 2016 年天晴状况下某电网负荷预测准确率情况

年份	天气	天数	96% 以上	96% ~ 93%	93% ~ 90%	90% 以下
2014	晴	37	86.49%	13.51%	0.00%	0.00%
2015	晴	19	84.21%	15.79%	0.00%	0.00%
2016	晴	19	84.21%	15.79%	0.00%	0.00%

表 7-33　2014 ~ 2016 年非天晴状况下某电网负荷预测准确率情况

年份	天气	天数	96% 以上	96% ~ 93%	93% ~ 90%	90% 以下
2014	多云、晴	47	76.60%	19.15%	4.26%	0.00%
2015	多云、晴	60	76.67%	21.67%	1.67%	0.00%

续表

年份	天气	天数	96% 以上	96% ~ 93%	93% ~ 90%	90% 以下
2016	多云、晴	32	75.00%	9.38%	15.63%	0.00%
2014	阴	19	73.68%	26.32%	0.00%	0.00%
2015	阴	16	93.75%	6.25%	0.00%	0.00%
2016	阴	21	80.95%	9.52%	9.52%	0.00%
2014	雨	44	88.64%	11.36%	0.00%	0.00%
2015	雨	53	96.23%	3.77%	0.00%	0.00%
2016	雨	68	85.29%	14.71%	0.00%	0.00%
2014	阴、雨	35	77.14%	20.00%	2.86%	0.00%
2015	阴、雨	27	85.19%	11.11%	3.70%	0.00%
2016	阴、雨	43	65.12%	32.56%	2.33%	0.00%
2014	多云	80	75.00%	17.50%	6.25%	1.25%
2015	多云	62	80.65%	16.13%	1.61%	1.61%
2016	多云	72	62.50%	25.00%	4.17%	6.94%

从表 7–32 和表 7–33 中可以看出，在天气稳定的情况下，如晴、阴、雨天，每年预测准确率的分布基本上相同；在变化天气下，如多云、多云转晴、阴转雨等情况，预测准确率将逐年下降，数据上表现为 96% 以上占比逐年下降，93% ~ 96%、90% ~ 93% 占比逐年增加，更低的准确率由于数据较少，无法作为基础分析材料。

晴转阴与晴转雨天气数据量较少，在此将不做分析。

3）规则三：光伏发电对电网负荷影响分析。则提取 2015 年度 4 月、2016 年度 4 月、2017 年度 4 月的调度负荷，以及上述月份某县境内光伏的实际出力，在调度负荷中剔除光伏出力，分析光伏发电对电网负荷的影响。负荷波动宽度概念为：

负荷波动宽度：$L_f(j)=\{f_{(i)}(t_j)\}\max-\{f_{(i)}(t_j)\}\min$，其中，$i=1,2,3,\cdots,30$，$j=1,2,3,\cdots,96$。

$f(i)(t_j)$ 代表日负荷曲线，在一月之内，共有 30 条日负荷曲线，这些曲线对应每一个时刻，都有一个最大、最小值，而这最大值与最小值之差就为负荷波动宽度。

图 7–49 为提取 2015 年度 4 月基础负荷，以及剔除光伏出力后实际负荷对比情况。从图 7–49 可以看出，在剔除光伏出力后，负荷波动宽度 L_f 有所变窄，但整体差异不大。

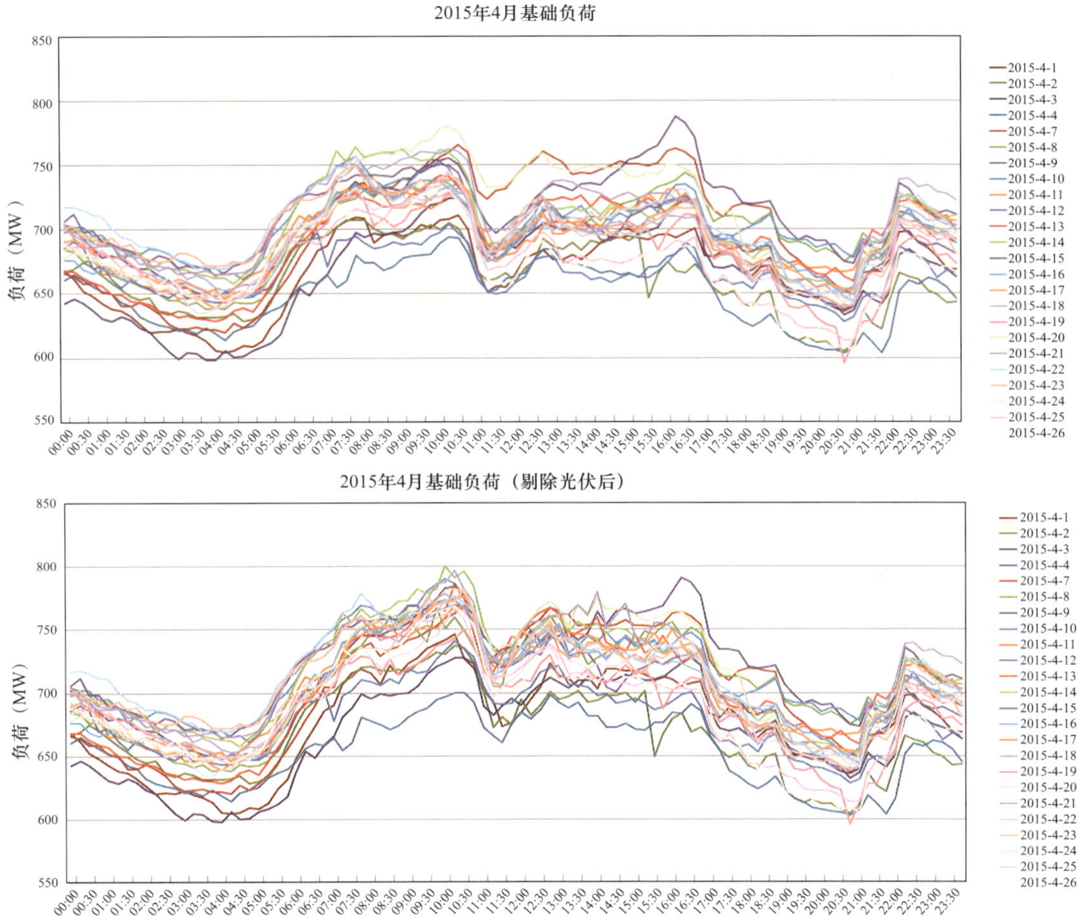

图 7-49　2015 年 4 月某县电网光伏影响对照图

从图 7-50 可以看出，在剔除光伏出力后，负荷波动宽度 L_f 有明显变小。

图 7-50 和图 7-51 分别为提取 2016 年 4 月、2017 年 4 月基础负荷以及剔除光伏出力后实际负荷对比情况。

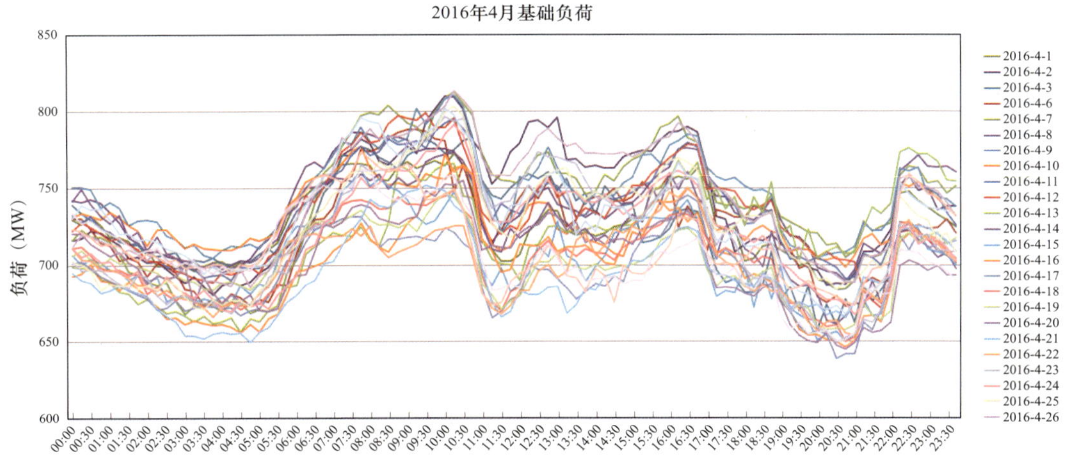

图 7-50　2016 年 4 月某县电网光伏影响对照图（一）

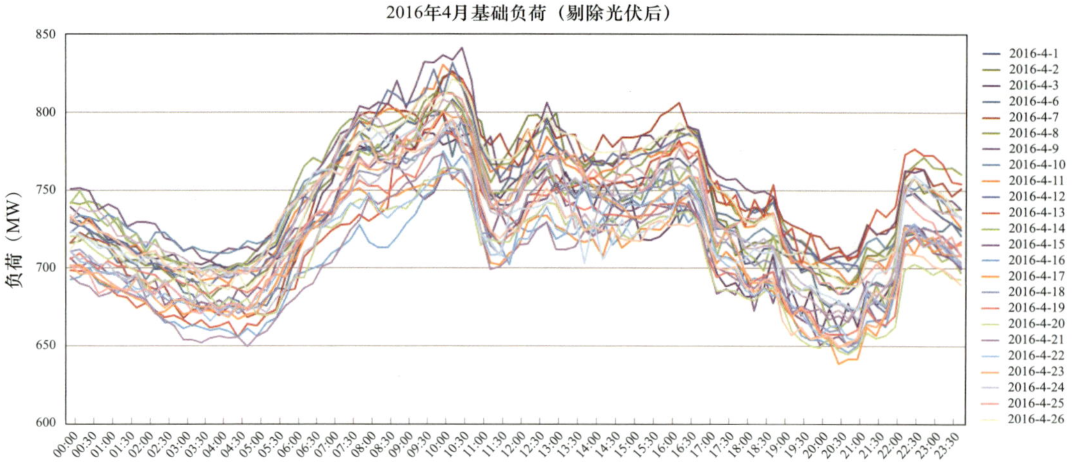

图 7-50　2016 年 4 月某县电网光伏影响对照图（二）

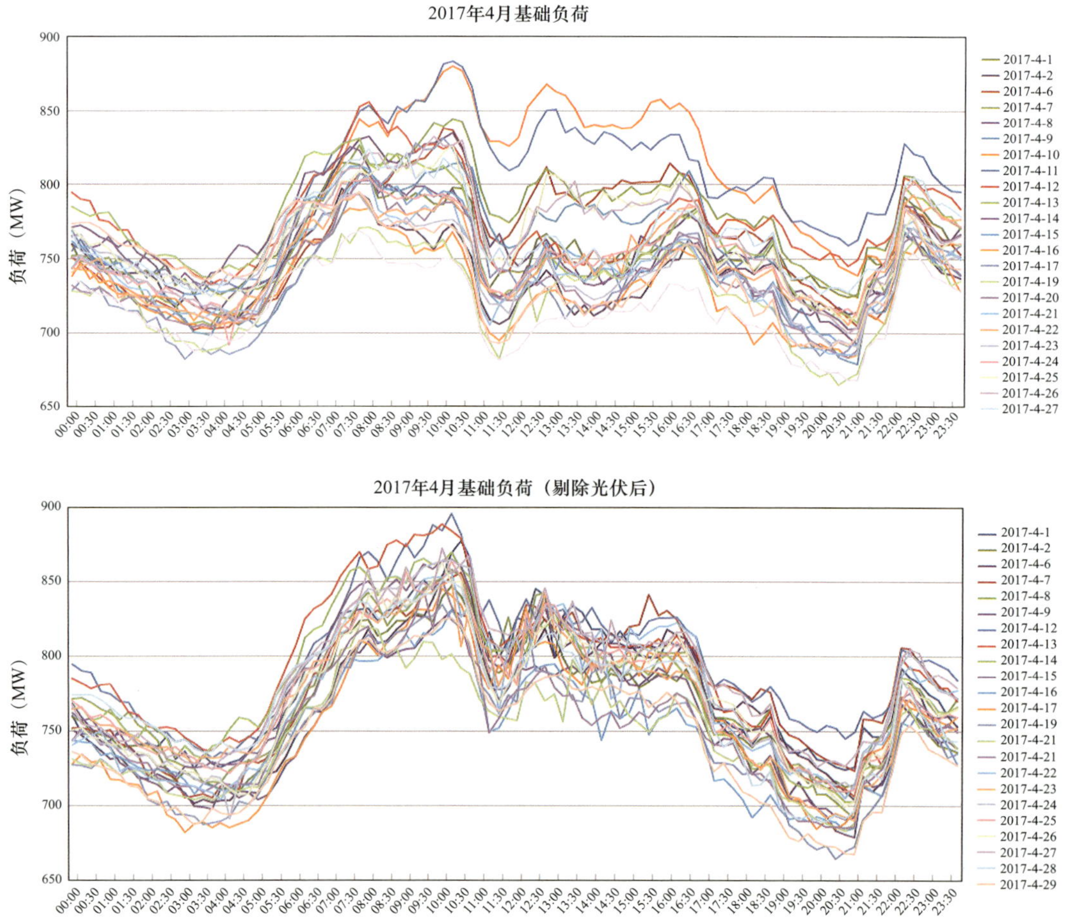

图 7-51　2017 年 4 月某县电网光伏影响对照图

图 7-52 ~图 7-54 中的蓝线代表剔除光伏影响前的负荷波动宽度，红线代表剔除光伏影响后的负荷波动宽度。对比可以看出，在 2015 年光伏装机容量仅 10MW 左右情况下，光伏出力对电网负荷实际影响不太大，但是随着装机容量的不断加大，光伏出力对电网的负荷波动影响逐年增加，影响的时间域度上也更加广泛。

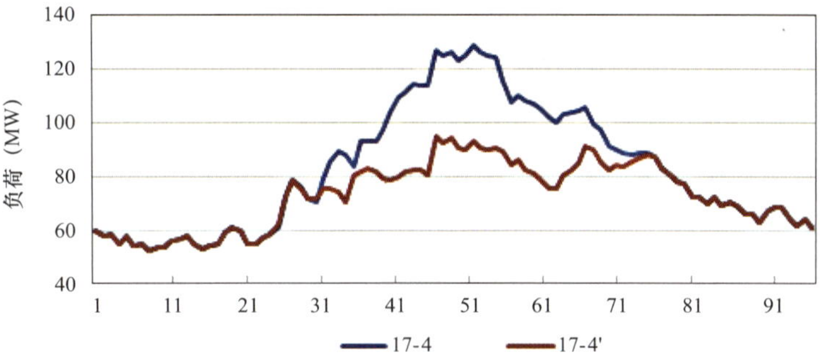

图 7-52 2017 年负荷波动宽度

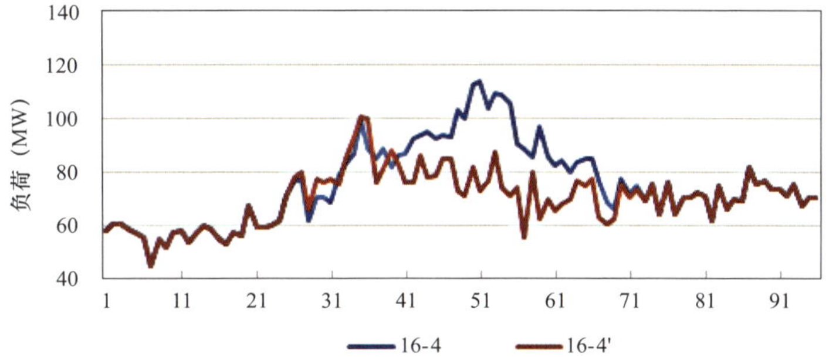

图 7-53 2016 年负荷波动宽度

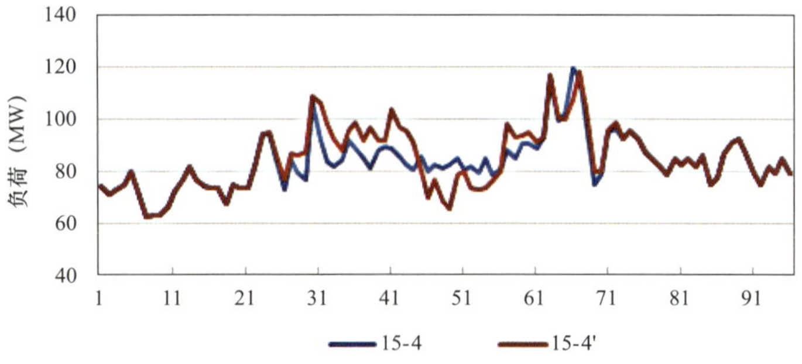

图 7-54 2015 年负荷波动宽度

通过提取 2015 年 4 月、2016 年 4 月、2017 年 4 月的实际负荷，以及上述月份的某县境内光伏实际出力负荷，对其进行剔除还原，得到光伏出力对负荷的真实影响。综合规则一、二、三可以得出初步结论：由于光伏并网容量的上升和光伏出力受天气影响大，电网负荷波动程度在增加，这导致了电网负荷预测准确率的下降。

4）规则四：光伏出力与季节关系分析。

本规则通过对 10kV 集中式并网光伏电站 2014 年 7 月 ~ 2017 年 5 月发电情况统计分析（图 7–55），得出光伏出力与季节的关联，其中益南光伏总装机容量为 6MW。

益南光伏冬季出力明显小于夏季出力，在春夏秋三季出力较大最大值可以达到 5.0MW 及以上，且相对波动较小，在冬季出力较小，且在季节更替期间平均波动率最大。光伏出力受季节性影响，这给后期建立负荷预测系统提供了重要的指导意义。

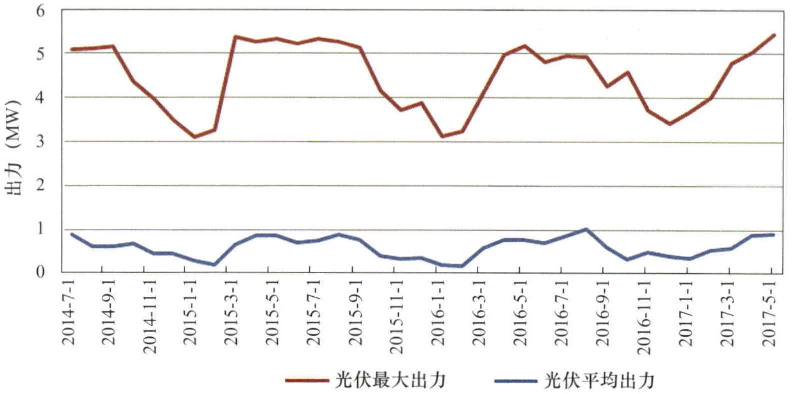

图 7–55　益南光伏出力分布图

7.2.6.3 预期成效总结

通过分析光伏发电对电网负荷预测准确率带来的影响，得出随着近年来光伏容量的上升，电网负荷波动程度上升，电网日负荷预测准确率随之下降，同时针对光伏特点，建立出力预测模型，有利于提高负荷预测准确率。

通过分析，提出供相关部门决策参考的决策建议如下：

（1）建立光伏出力预测模型。利用相似日选取原理，按照天气状况、季节、平均温度、平均风速四个因素在历史日中选取与次日天气情况最相近的几天的光伏出力平均值，并将其按照容量对比进行修正，作为次日的预测光伏出力。

1）气象特征向量的确定。光伏发电功率受多种因素的影响，光伏阵列的输出功率计算如下：

$$p_s = \eta S_I\left[1-0.005(t_0+25)\right]$$

其中，η 为光伏电池转换效率，%；S 为光伏阵列面积，m^2；I 为太阳辐照强度，kW/m^2；t_0 为工作环境温度，℃。

光伏发电系统在短期内的阵列面积 S 和转换效率 η 是不变的，因此发电功率主要受到太阳辐照强度和环境温度 2 个因素的影响。其中，太阳辐照强度一方面体现在季节和天气等因素对阵列输出功率的影响，另一方面体现在云量对阵列输出功率的影响。考虑到国内对云量的预测实现较困难，选取与云量关系较为密切的风速作为影响因素。综上，本模型在构建气象特征向量时主要考虑季节类型、天气类型、逐时温度和风速等主要影响因素。

根据预测日的季节和天气类型预报信息从历史数据中挑选出相同季节类型下晴天、多云天、阴天和雨天的发电日组成初步样本。考虑到光伏发电出力的集中时间，选取每天 08:00 ~ 17:00（夏季可扩展至 06:00 ~ 19:00）时间段内的 10 个整点时刻作为每日预测时刻。设第 i 日的气象特征向量 C_i 包括 08:00 ~ 17:00 逐时温度数据 T_{ij} 和风速数据 S_{ij} 共 20 个元素，即：

C_i=［T_{ij} S_{ij}］　j=1，2，3…10；

其中，T_{ij} 单位为℃；S_{ij} 单位为 m/s。为降低不同量纲对后续分析的影响，需对气象特征向量数据进行归一化。

2）相似日选取原理。为准确选取与预测日最相似的历史发电日，采用灰色关联分析法结合余弦相似度指标组成相似性综合指标 S_i。灰色关联分析法中，总关联度 R_i 反映第 i 个历史日的气象特征向量 C_i 和预测日的气象特征向量 C_0 间的总体相关性，其值越接近 1 代表越相关：

$$R_i = \frac{1}{L}\sum_{k=1}^{L}\xi_i(k)$$

其中，L 为气象特征向量的分量个数，此处 L = 20；ε_i（k）为预测日和第 i 个历史日第 k 个气象特征分量的关联系数，计算公式为

$$\xi_i(k) = \frac{\min_i \min_k \left|x'(k) - x_i'(k)\right| + \rho \max_i \max_k \left|x'(k) - x_i'(k)\right|}{\left|x'(k) - x_i'(k)\right| + \rho \max_i \max_k \left|x'(k) - x_i'(k)\right|}$$

其中，$x'(k)$、x'_i（k）分别为归一化后的预测日和第 i 个历史日第 k 个气象特征分量；ρ 为常数，此处 ρ=0.5。

余弦相似度 $D\cos i$ 反映第 i 个历史日的气象特征向量 C_i 和预测日的气象特征向量 C_0 的变化趋势间的相似性，其值越接近 1 代表越相似：

$$D_{\cos i} = \frac{\sum_{k=1}^{L} C_{ik} C_{0k}}{\sqrt{\sum_{k=1}^{L} C_{ik}^2 \sum_{k=1}^{L} C_{0k}^2}}$$

其中，C_{0k}、C_{ik} 分别为预测日和第 i 个历史日气象特征向量的第 k 个分量。

将总关联度 R_i 和余弦相似度 $D\cos i$ 这两个指标组合成一个相似性综合指标 S_i，表征总体相似性，其计算公式为：

$S_i=\alpha R_i+(1-\alpha)D\cos i$

其中，α 为经验权重系数，其取值应结合具体天气情况，若温度、风速在一天内变化明显，α 取值靠近 0，否则靠近 1。

3）预测日光伏出力。将 $S_i \geqslant 0.8$ 的历史发电日按日期顺序排列，选取靠近预测日的 b 天，此外设定 $b=5$。预测日光伏出力公式为：

$$p_0(t)=\sum_{i=1}^{b} a_i p_i(t)$$

其中：

$$a_i=\frac{s_i}{\sum_{i=1}^{b} s_i}$$

$$\sum_{i=1}^{b} a_i = 1$$

（2）建立负荷预测工具。

1）重要负荷剥离。应用海讯数据库数据叠加功能，对地区电网内不同类型的负荷进行分类总加（检修负荷、大用户负荷、光伏出力），将其从全网负荷中剥离出来，形成主要负荷曲线。

2）基准曲线生成。主要负荷曲线生成后，预测人员根据查阅历史数据和预测日各种相关数据选择历史数据中任意一天负荷曲线或两天、三天的平均曲线作为基准曲线，并对基准曲线中异常波动时段选择另一天相同时段曲线替换修改。也可将任意几天不同时间段的几段曲线合成为基准曲线。

3）预测负荷曲线生成。基准曲线生成后，可根据预测日期气象因数、是否节假日、计划检修负荷、大用户负荷情况进行分时段调整，最后再将光伏出力预测曲线叠加进来，形成预测负荷曲线。

7.2.7 运检类——基于配网实时数据的线、变、户对应关系识别与应用

7.2.7.1 案例背景

国家电网有限公司电力物联网建设大纲指出：要围绕营配调贯通业务主线，应用电网统一信息模型，实现“站—线—变—户”关系实时准确，提升电表数据共享即时性，构建电网一张图，重点实现信息深度采集，精准主动抢修、三相不平衡治理、营配稽查和区域能源自治水平提升。

线变、户变关系不对应会影响线损指标精益化管理和停电通知准确性，而三相不平衡则会影响台区线损和配电变压器经济运行；在日常营配贯通工作中，存在着线变户关系不对应发现难，对应关系人工排查成本高，三相不平衡改接治理凭经验、效果差等业务痛点。项目深度融合智能电网多维数据信息，从业务需求出发，应用大数据方法挖掘数据内含规律，开展“线—变—户”对应关系识别研究，对低压用户相位进行在线识别

并开展台区三相不平衡优化，实现基于配网实时数据驱动的线、变、户对应关系识别与应用。

7.2.7.2 模型算法介绍

（1）“线—变—户”对应关系异常识别。根据物理机理分析，同一台区下用户或同一线路下配变电压在大数据下具有相关性。本模型基于同台区用户（或同线路配变）历史电压测量数据进行分析，采用皮尔逊相关系数提取同台区用户（或同线路配变）电压测量数据之间的关联性，将相关性系数序列作为各个用户（或配变）的固有特征，使用异常检测算法中的孤立森林算法对用户（或配变）特征集进行检测，根据检测结果辨识不属于该台区的异常用户或不属于该线路的异常配变。

相对于传统的“线—变—户”纠错方法，本模型仅需采集系统中的历史电压数据即可实现错误用户的识别，为最终的现场校核提供参考，节省大量的人力物力成本。同时，本模型方便线上部署，实现在线分析，算法运行效率较高，速度较快，提高了线变关系及户变关系的校核效率。

具体模型算法描述如下：

1）数据获取准备。根据待分析对象选取连续的电压测量数据。若分析对象为线变关系，则选取线路下待分析台区配变的多个相同时刻电压测量数据；若分析对象为户变关系，则选取待分析台区下各用户的多个相同时刻电压测量数据。同时，完成取出数据补全等预处理工作。

2）关联特征提取。若分析对象为线变关系，则对线路下各配变间计算关联系数；若分析对象为户变关系，则对台区下各用户间计算关联系数。这里使用皮尔逊相关系数作为用户或配变间的关联系数。皮尔逊积矩相关系数又称简单相关系数，它描述了 2 个特征向量间联系的紧密程度，用于度量 2 个变量 X_i 和 X_j 之间的相关程度，其表达式为：

$$C_{ij}(X_i,X_j)=\frac{\sum_{i=1}^{n}(X_i-\overline{X}_i)(X_j-\overline{X}_j)}{[\sum_{i=1}^{n}(X_i-\overline{X}_i)^2\sum_{j=1}^{n}(X_j-\overline{X}_j)^2]^{\frac{1}{2}}}$$

式中，C_{ij} 表示配变 i 和配变 j（或用户 i 和用户 j）之间的相关系数，其值介于 1 与 -1 之间。X_i 和 X_j 分别代表某配变 i 和配变 j（或用户 i 和用户 j）的 96 点电压测量数据（$i, j=1, 2, 3, \cdots, 96$），$\overline{X}_i$ 和 $\overline{X}_j$ 表示 X_i 和 X_j 的均值。

3）特征集建立。基于用户间的关联系数 C_{ij}，即可得到各个用户的关联性特征向量 Q_i，从而建立待分析台区或待分析线路的特征集矩阵 Q，其表达式为：

$$\boldsymbol{Q}_i=[C_{i1},C_{i2},\cdots,C_{ij},\cdots,C_{in}]$$

$$\boldsymbol{Q}=[\boldsymbol{Q}_1,\boldsymbol{Q}_2,\cdots,\boldsymbol{Q}_n]$$

式中，Q_i 表示配变 i 和其他配变（或用户 i 和其他用户）之间的特征向量，Q 表示特征集矩阵。

4）异常检测。采用异常检测中的孤立森林算法对上述特征集 Q 中的特征向量 Q_i 进行异常检测，孤立森林算法借鉴了随机森林算法的思想，将其应用到异常点检测中。

（2）相位识别及三相不平衡度优化。同样根据物理机理分析，同一台区下不同相位用户电压在大数据下具有相关性，对于三相不平衡台区表现尤为明显。本模型基于同台区用户的历史电压、电流以及负荷测量数据进行分析。首先基于 K-Means 算法对用户电压测量数据进行聚类分析，从而辨别各用户的所属相位；接着建立三相不平衡优化调度模型，根据台区配电三相不平衡度指标和用户相位调整次数，建立目标函数进行求解。该模型通过历史数据确定最优用户相位分配方式，指导台区相位改接，具有需要数据简单，运算速度快，取数区间灵活选取的优点。具体模型算法描述如下：

1）数据获取准备。本模型基于同台区用户历史电压测量数据进行分析，在完成对台区内错误用户的剔除后，选取各用户的多个相同时刻电压测量数据。同时，完成取出数据补全等预处理工作，选取数据时避开光伏发电时段及高峰用电时段，利用 Python 缺失数据补全，如利用 sklearn.preprocessing 处理缺失数据。

2）用户相位识别。本模型使用 K-Means 聚类算法对用户进行相位识别。K-Means 算法的核心是聚类中心的迭代，先根据预设聚类数随机初始化聚类中心，对所有样本按照其距离各中心的远近进行归类，计算各类内样本到中心的误差和，并将类内样本均值作为新的聚类中心，不断迭代，直到类内误差和达到最小值范围内，完成聚类分析，其中误差准则函数如下：

$$E=\sum_{i=1}^{K}\sum_{Q_i\in C_i}\left\|Q_i-x_i\right\|^2$$

式中，K 表示预设聚类数量，这里对应三相相位，K=3；i 代表聚类样本序号，C_i 代表第 i 类用户集，x_i 表示第 i 类用户集的均值。

聚类完成后，归为一类的用户从属于同一相位，由此可以确定同一台区下各相位对应的具体用户。

3）三相不平衡调度优化模型。

①最小不平衡度下的调度优化模型。在识别用户相位的基础上，即可进行台区三相不平衡度的优化调度，建立最小化三相不平衡度目标函数：

$$obj.\min\beta_T$$

$$\begin{cases}\Delta P_{\text{phase}}=P_{\text{phase}}-\dfrac{P_A+P_B+P_C}{3}(\text{phase}=A,B,C)\\ \beta_T=\max(\Delta P_A,\Delta P_B,\Delta P_C)\end{cases}$$

式中，T 为总调度时间，P_A、P_B、P_C 为对应单位时间内 A、B、C 相对应产生的有功功率。β_T 为对应时间的三相不平衡度。

约束条件为：

st.

$$\begin{cases} alpha\_A + alpha\_B + alpha\_C = 1 \\ \sum_{x=1}^{i} g(x) \leqslant N_{\text{switch}} \end{cases}$$

式中，$alpha\_A$，$alpha\_B$，$alpha\_C$ 分别表示优化后对应用户所属的相位，$g(x)$ 表示优化前后用户改接次数，计算公式为：

$$g(x) = 0.5 \times (\text{sum}(\text{abs}(Phase\_A - alpha\_A)) + \text{sum}(\text{abs}(Phase\_B - alpha\_B)) + \text{sum}(\text{abs}(Phase\_C - alpha\_C)))$$

式中 $Phase\_A$，$Phase\_B$，$Phase\_C$ 分别表示优化前对应的用户相位。

该目标函数及其约束表达的具体目标，是在考虑改接次数条件少于设定上限的情况下，实现总三相不平衡度最小的目标，优化后得到的三相不平衡度最小优化结果，缺点是一般情况下改接次数较高。

②最小改接次数下的三相不平衡优化。在识别用户相位的基础上，即可进行台区三相不平衡度的优化调度，在保证最小不平衡度的前提下，建立最小化用户相位调整次数的目标函数：

$$\text{obj.min} \sum_{i=1}^{N} g(x)$$

$$g(x) = 0.5 \times (\text{sum}(\text{abs}(Phase\_A - alpha\_A)) + \text{sum}(\text{abs}(Phase\_B - alpha\_B)) + \text{sum}(\text{abs}(Phase\_C - alpha\_C)))$$

式中，$alpha\_A$，$alpha\_B$，$alpha\_C$ 分别表示优化后对应用户所属的相位，$Phase\_A$，$Phase\_B$，$Phase\_C$ 分别表示优化前对应的用户相位。$\sum_{i=1}^{N} g(x)$ 表示优化前后改接次数，约束条件为：

st.

$$\begin{cases} alpha\_A + alpha\_B + alpha\_C = 1 \\ \sum_{i=1}^{T} \beta_T \leqslant \beta_{\_\max} \end{cases}$$

式中，$alpha\_A$，$alpha\_B$，$alpha\_C$ 分别表示优化后对应用户所属的相位。

$$\Delta P_{phase} = P_{phase} - \frac{P_A + P_B + P_C}{3} (phase{=}A, B, C)$$

$$\beta_T = \max(\Delta P_A, \Delta P_B, \Delta P_C)$$

在实际生产中，改接的负荷数量是有限的，而对不平衡度的约束较为宽松，因此该目标函数及其约束表达的实际物理含义为在不平衡度达标的情况下，以最小的负荷改接次数完成不平衡度指标。

7.2.7.3 成效及前景

（1）应用成效。

1）形成数据模型并固化部署。通过提炼数据特征形成模型算法，同时，在内部云平台上将相关算法进行固部署，如图 7–56 所示。

图 7–56　算法图—界面图

2）实现线变户对应关系在线核查。对某公司 21 条线路进行核查，涉及配变 458 台，发现不对应配变 8 台，上半年对相应线路进行现场核查，8 台配变检测正确，确实存在系统台区不对应的情况，但算法遗漏配变 1 台，平均检出率 88.89%，准确率达到 100%。对 53 个高频采集台区进行台户关系识别，发现不对应用户 16 户，经现场核实，16 户不对应属实，遗漏不对应用户 1 户，平均检出率 94.12%，准确率达到 100%。

3）提供台区三相不平衡优化方案。对某供电所 3 个试点台区进行三相不平衡优化应用，提出改接方案 3 个，如表 7–34 所示。

表 7–34　部分台区改接方案优化后成效对比表

序号	台区名称	优化前三相不平衡度（%）	优化后三相不平衡度（%）
1	吴家机埠	25.76	10.58
2	北斗门	31.26	9.63
3	观音桥	21.32	5.42

（2）应用前景。目前线变户对应关系验证和三相不平衡模型已在某公司范围内开展了试点应用，并取得较好效果。本模型具有轻量化、快速性、查出率高等特点，目前已实现了云上在线部署，因此可以在公司系统范围内快速推广应用，具有较高的经济和社会价值。

7.2.8 发展类——基于季节调整的电量预测模型研究

7.2.8.1 案例背景

随着电力体制改革不断推进，供电企业内外环境发生深刻变化，其中地区电量是供电企业生产经营管理的核心经济指标，准确预测电量是供电企业进行经营决策的基础。目前电量预测方法有多种，最常用的有时间序列法、回归分析法等传统方法和神经网络预测模型、混沌理论预测、灰色预测等新兴方法，但是地区电量受多种因素共同作用，其影响因素之间存在不同程度的相关性，所选取输入变量越多，电量预测模型越复杂，但并不代表模型输出准确性就越高。

通过对月度电量时间序列数据的观察，很容易发现月度电量存在着明显的季节性波动，主要受气候、公众假期、社会风俗等因素影响，它往往遮盖或混淆电量发展中其他客观变化规律，以至于在预测电量增速和趋势判断时造成干扰。因此，在对地区电量分析时采用季节调整的方法将电量数据进行分解，剔除季节波动的影响，再对数据进行分析预测，能够简化模型的同时考虑更多具有直接影响的因素，更准确地寻找规律和判断趋势。

本次建模主要为预测中西部某区域电网公司 2018 年 8 ~ 12 月份各月电量情况，其基础数据为 2014 年 ~ 2018 年 7 月电量情况以及相关经济数据，如表 7–35、表 7–36 所示。

表 7–35　中西部某区域电网公司近年各月电量情况（亿 kWh）

年份	1 月	2 月	3 月	4 月	5 月	6 月	7 月	8 月	9 月	10 月	11 月	12 月	合计
2014	44.56	43.14	46.98	48.09	48.90	49.05	53.57	52.59	49.37	47.09	47.61	43.30	574.25
2015	54.60	42.43	50.23	54.19	51.10	55.65	59.20	61.25	56.78	54.38	54.77	56.05	650.63
2016	57.82	52.87	57.86	58.21	58.05	59.48	60.03	64.28	57.49	55.44	61.22	65.92	708.67
2017	61.40	62.60	64.97	64.57	61.28	63.42	68.99	68.97	64.70	63.00	62.11	60.38	766.39
2018	63.12	62.18	65.22	65.35	63.33	64.55	69.01						

表 7–36　中西部某区域相关经济数据（已脱敏处理）（亿元）

	2014 年		2015 年		2016 年		2017 年	
	1–6 月	1–12 月	1–6 月	1–12 月	1–6 月	1–12 月	1–6 月	1–12 月
规模以上工业增加值	2830	6188	3002	6625	2792	6430	2965	6383
固定资产投资	4844	10519	5782	12576	6340	13997	6795	15147
社会消费品零售总额	2841	5827	3186	6589	3532	7332	3933	8114
出口总值（美元）	205	533	259	625	221	634	266	691

通过将表 7-35 数据转换成半年度数据之后与表 7-36 数据进行相关性分析（采用 SPSS 软件，分析结果见表 7-37），可以发现表 7-37 中的固定资产投资和社会消费品零售总额数据与电量数据相关度最高，但由于本题目中未提供各项目 2018 年上半年的数据，所以本次建模中表 7-36 中的数据未参与建模，但可以明显发现固定资产投资、社会消费品零售总额、电量同比增幅均呈下降趋势（见表 7-38）。

表 7-37　电量与经济数据相关性分析结果

		规模以上工业增加值	固定资产投资	社会消费品零售总额	出口总值	电量
电量	Pearson 相关性	0.337	0.921**	0.989**	0.555	1
	显著性（双侧）	0.415	0.001	0.000	0.153	
	N	8	8	8	8	8
**. 在 .01 水平（双侧）上显著相关						
*. 在 0.05 水平（双侧）上显著相关						

表 7-38　中西部某区域相关经济、电量数据同比增速

年份	月度	规模以上工业增加值	固定资产投资	社会消费品零售总额	出口总值	电量
2015	1 ~ 6 月	6.08%	19.36%	12.14%	26.34%	9.79%
	1 ~ 12 月	7.89%	19.72%	13.97%	11.59%	16.66%
2016	1 ~ 6 月	-7.00%	9.65%	10.86%	-14.67%	11.71%
	1 ~ 12 月	0.41%	12.70%	11.67%	12.84%	6.41%
2017	1 ~ 6 月	6.20%	7.18%	11.35%	20.36%	9.86%
	1 ~ 12 月	-6.05%	9.08%	10.03%	2.91%	6.52%

7.2.8.2 模型与算法

目前，国际上比较成熟的季节调整模型主要有 X-11-ARIMA、X-12-ARIMA 和 TRAMO/SEATS 这 3 种，其中 X-11、X-12 是基于滤波器的方法实现季节调整，但对时间序列长度，数据准确性均有一定要求，TRAMO/SEATS 是基于模型的方法实现季节调整，能够很好地克服时间序列长度和异常值处理方面的限制，所以本课题选用 TRAMO/SEATS 模型进行季节调整。

先通过基于差分整合移动平均自回归规型的季节调整（Time Serise Regression whit ARIMA Noise，Missing Observation,and Outliers，TRAMO）模块进行预处理，对异常数

据、缺失数据进行修正、补全，之后用差分整合移动平均自回归模型信号提取（Signal Extraction in ARIMA Time Series, SEATS）模块通过 ARIMA 模型将修正后的时间序列数据分解并结合 Hodrick–Prescott 滤波法进行分解，最后得到趋势、循环、季节、不规则分量，然后分别对该四个分量进行分析、预测，最终得到最后的月度电量预测数据，模型算法的计算流程如图 7–57 所示。

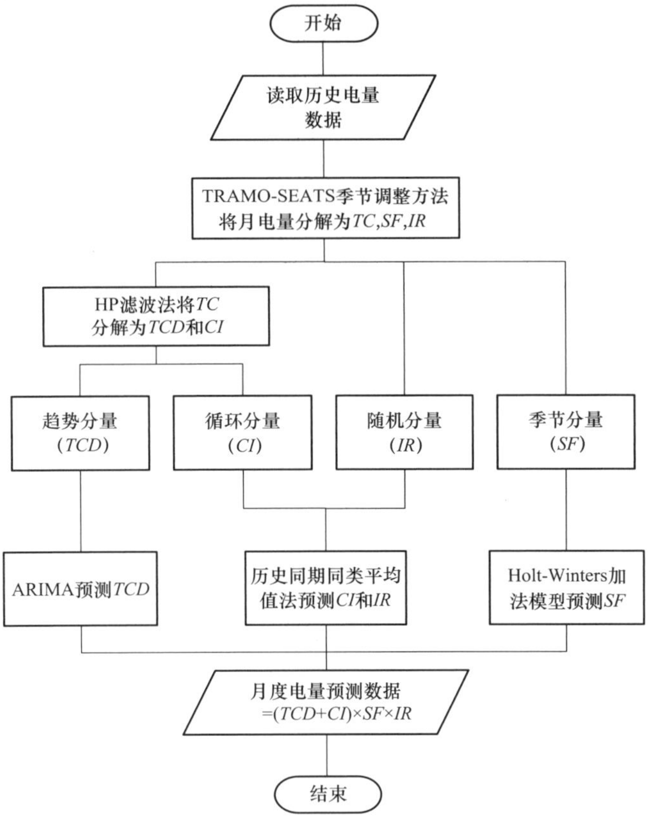

图 7–57　电量预测模型

（1）TRAMO－SEATS 季节调整方法。TRAMO－SEATS 模型是基于 ARIMA 模型，使用信号提取技术的一种季节调整方法。该模型由 TRAMO 和 SEATS 模块组成的，TRAMO 模块能够对原序列进行插值，自动识别 ARIMA 模型和异常值，并可以处理节假日等特殊回归因素以及 ARIMA 过程的误差项。SEATS 模块基于 ARIMA 模型来对时间序列中不可观测成分进行估计，并将时间序列分解为趋势－循环分量、季节分量和不规则分量。

1）TRAMO 模块。

对向量 $z=(z_{t1},z_{t2},z_{t3}\cdots, z_{tM})$，$0<t_1<\cdots<t_M$，TRAMO 模型可以表示为

$$z(t)=\sum^{n_{out}}\overline{\omega}_i\lambda_i(B)d_i(t)+\sum^{n_c}\alpha_i cal_i(t)+\sum^{n_{reg}}\beta_i reg_i(t)+v(t)$$

式中：

$\overline{\omega_i}$——第 i 个异常值的瞬时效应；

$\lambda_i(B)$——动态变量；表示第 i 个异常值的动态模式；

$d_i(t)$——虚拟变量，表示第 i 个异常值的位置；

α_i——日历效应的变量系数；

$cal_i(t)$——日历效应的类型；

β_i——回归干预变量的回归系数；

$reg_i(t)$——回归变量或者干预变量；

$v(t)$——ARIMA 的误差；

n_{out}、n_c、n_{reg}——异常值变量总数、日历效应变量总数和干预变量总数。

$v(t)$ 满足 ARIMA 模型：

$$\varphi(B)\delta(B)v(t)=\theta(B)a(t)$$

式中：

B——滞后算子；

$\varphi(B)$——具有平稳自回归 AR 根的多项式；

$\delta(B)$——规则差分和季节差分的多项式；

$\theta(B)$——可逆的移动平均 MA 多项式；

$a(t)$——独立分布的白噪声。

2）SEATS 模块。在标准情况下，SEATS 模块从 TRAMO 模块获得原始序列，假设原始序列为 x_i，令 $y_i=\delta(B)x_i$ 代表差分序列，其中 $\delta(B)$ 为滞后算子，且 $\delta(B)$ 是对 x_i 的差分得到的平稳序列，在 SEATS 模块中：

$$\delta(B)=\nabla^d\nabla_s^D=(1-B)^d(1-B^S)^D$$

式中：

∇、∇_s^D——期间 s 的季节差分。

对序列 y_i 进行差分的模型为：

$$\varphi_r(B)\varphi_S(B^S)(y_i-\overline{y})=\theta_r(B)\theta_s(B^S)\alpha(t)$$

式中：

$\overline{y}$——y_i 的平均数；

$\alpha(t)$——白噪声序列。

综上，SEATS 模型可以写为如下形式：

$$\varphi_r(B)\varphi_s(B^S)\nabla^{\mathrm{d}}\nabla_s^D x_i=\theta_r(B)\theta_s(B^S)\alpha(t)+c$$

月度电量经过 TRAMO / SEATS 季节调整后，得到月度电量与趋势—循环分量、季节分量和不规则分量的关系为：

$$Con=TC\times SF\times IR$$

式中：

Con——月度电量；

TC——月度电量的趋势—循环分量；

SF——季节分量；

IR——不规则分量。

3）分解结果。月电量原始数据曲线如图 7-58 所示。

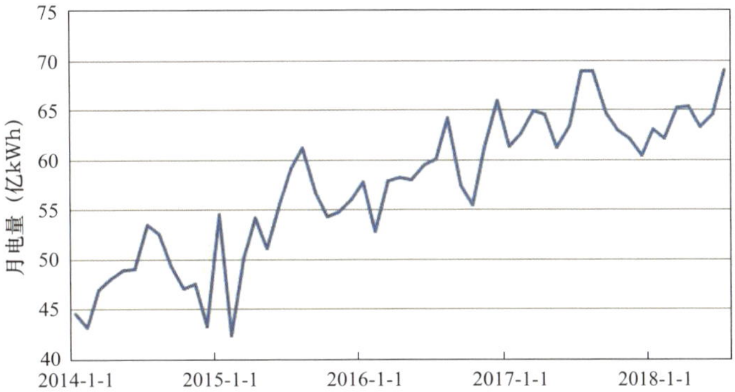

图 7-58　月电量原始数据

从图 7-58 中可以看出，月度电量存在明显的季节因素，夏季和冬季的月度电量高，春季和秋季的月度电量低，春节所在月份的月度电量最低。因此，有必要对历史月度电量进行季节调整，分解出相应的趋势—循环分量、季节分量和不规则分量。首先采用 TRAMO 模块进行数据的预处理，然后采用 SEATS 模块进行信号提取，完成序列的季节调整。

采用 TRAMO—SEATS 模型分解月电量得到的各分量如图 7-59 所示。

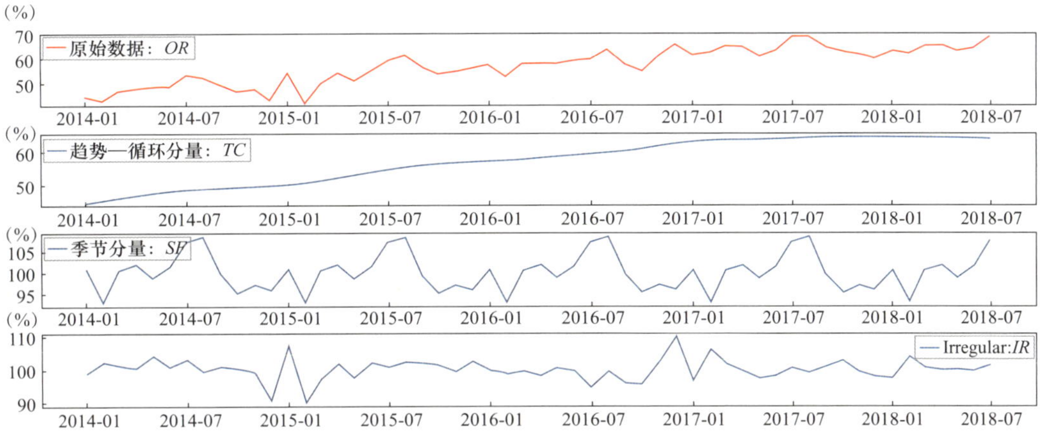

图 7-59　月电量分解结果

从拆分结果可以看出，在分解出季节分量和不规则分量后，趋势—循环分量所呈现的趋势更为明显，便于月电量的预测。趋势—循环分量曲线平滑度仍然较低，为更为精准预判月电量变化趋势，提升模型精度，需要对趋势—循环分量进行再度分解。

（2）Hodrick-Prescott 滤波。

1）算法原理。Hodrick-Prescott(HP) 滤波法是 Hodrick 和 Prescott 在分析战后美国经济周期的论文中时首先提出的。该方法目前被广泛地应用于对宏观经济趋势的研究分析中。模型中将 HP 滤波方法用于趋势—循环分量的分解中，得到历史月度电量的趋势分量和循环分量，下面对 HP 滤波方法进行简要介绍。

假设｛TC_t｝是包含趋势分量和循环分量的历史月度电量时间序列，｛TCD_t｝是其中的趋势分量序列，｛CI_t｝是其中的循环分量序列，则：

$$TC_t = TCD_t + CI_t t = 1,2,\cdots,T \qquad (7\text{-}7)$$

一般的，时间序列｛TC_t｝中的趋势序列｛TCD_t｝常被定义为下面最小化问题的解：

$$\min \sum_{t=1}^{T} \left\{ (TC_t - TCD_t)^2 + \lambda \sum_{t=1}^{T} [TCD_{t+1} - \mathrm{TCD}_t) - (TCD_t - TCD_{t-1})]^2 \right\} \qquad (7\text{-}8)$$

式中：

$(TC_t\text{-}TCD_t)^2$——对循环分量序列的度量；

λ——对趋势分量序列平滑程度的度量。

最小化问题的本质是用 $[c(L)TCD_t]^2$ 来调整趋势分量的变化。λ 越大，趋势分量越光滑。根据经验，在预测月电量时，λ 的最佳取值为 14400。

HP 滤波后，月度电量可以分解为趋势分量、循环分量、季节分量和不规则分量，表达式为：

$$Con = (TCD + CI) \times SF \times IR \qquad (7\text{-}8)$$

式中：

Con——月度电量；

TCD——趋势分量；

CI——循环分量；

SF——季节分量；

IR——不规则分量。

2）分解结果。采用 HP 滤波法趋势—循环分量得到的各分量如图 7-60 所示。

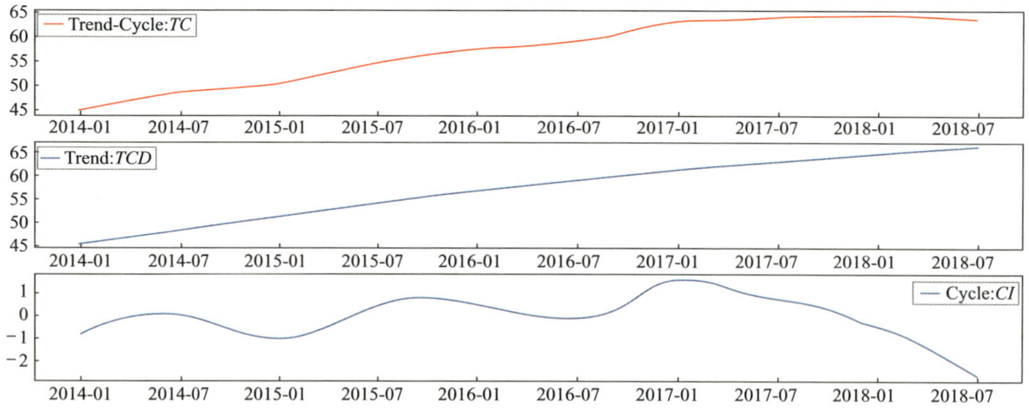

图 7-60 趋势—循环分量分解结果

通过对趋势—循环分量的分解，可以得到趋势更为明显，预测模型更为简单的趋势分量。

（3）月电量预测模型。

1）趋势分量的预测。对趋势分量 *TCD* 采用 ARIMA 模型（差分整合移动平均自回归模型）对趋势分量进行预测，由于 ARIMA 模型有 *p*（自回归项）、*d*（差分项）、*q*（移动平均项）三个参数需要确定，过程比较烦琐，所以采用 AUTO ARIAM 模型，通过程序多次计算自动调参，选择最优结果对趋势分量进行预测。

```
train_TCD=TCD[train_period]
test_TCD=TCD[test_period]
frompmdarima.arimaimportauto_arima
auto_arima_model=auto_arima(train_TCD,start_p=0,start_q=0,
max_p=6,max_q=6,
seasonal=False,
trace=True,
error_action='ignore',
suppress_warnings=True,
stepwise=True)
程序自动调参过程显示:
Fit ARIMA: order=(0, 2, 0); AIC=-348.467, BIC=-345.040, Fit time=0.009 seconds
Fit ARIMA: order=(1, 2, 0); AIC=-536.211, BIC=-531.071, Fit time=0.068 seconds
Fit ARIMA: order=(0, 2, 1); AIC=-398.167, BIC=-393.026, Fit time=0.086 seconds
Fit ARIMA: order=(2, 2, 0); AIC=nan, BIC=nan, Fit time=0.093 seconds
Fit ARIMA: order=(1, 2, 1); AIC=nan, BIC=nan, Fit time=nan seconds
Fit ARIMA: order=(2, 2, 1); AIC=nan, BIC=nan, Fit time=nan seconds
Total fit time: 0.295 seconds
```

经过拟合后最终确定模型及参数如下，该模型实质上就是 ARIMA 模型。

```
    auto_arima_model
    ARIMA(callback=None, disp=0, maxiter=None,
method=None, order=(1, 2, 0),
          out_of_sample_size=0, scoring='mse',
scoring_args={},
    seasonal_order=None,
        solver='lbfgs', start_params=None, suppress_
warnings=True,
          transparams=True, trend=None, with_
intercept=True)
```

采用选定的模型对趋势分量进行预测，预测结果见图 7-61。

```
    pred=auto_arima_model.predict(n_periods=len(test_
TCD))
    P_TCD=pd.DataFrame(pred,index=test_TCD.
index,columns=['P_TCD'])
    OR_VS_pred=pd.concat([train_TCD,test_TCD,P_
TCD],axis=1).plot(title='original data VS predicted
data',style=['^-','o-','v--'])
    OR_VS_pred.legend(["originalTCD-train","originalTCD-
test","predictedTCD"])
```

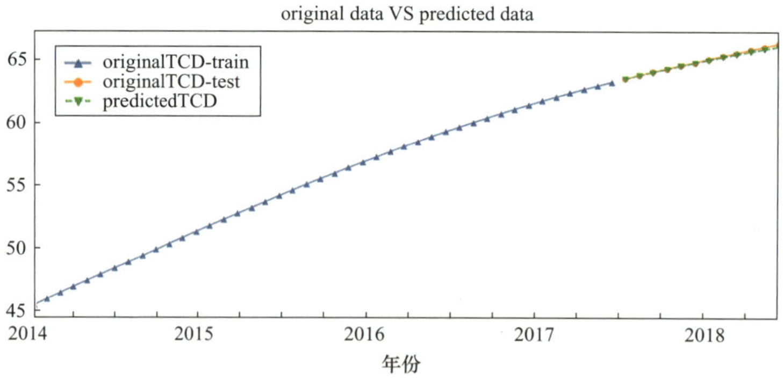

图 7-61　趋势分量预测结果

2）季节分量的预测。采用 Holt-winters 模型对季节分量（SF）进行预测，采用三参数加法模型进行预测，预测结果见图 7-62。

```
fromstatsmodels.tsa.holtwintersimportExponential
Smoothing,HoltWintersResults
train_SF=SF[train_period]
test_SF=SF[test_period]
hw=ExponentialSmoothing(train_SF,seasonal_periods=
12,trend=None,seasonal='add').fit(use_boxcox=True)
results=pd.DataFrame(index=[r"smoothing_level
$\alpha$",r"smoothing_slope $\beta$",r"damping_slope
$\phi$",r"smoothing_seasonal $\gamma$",r"initial_level
$l_0$","initial_slope $b_0$","SSE"])
params=['smoothing_level','smoothing_
slope','damping_slope','smoothing_seasonal','initial_
level','initial_slope']
results["Additive"]=[hw.params[p]
forpinparams]+[hw.sse]
train_SF.plot(marker='o',title="Holt-Winters fitted
result",label='origianSF data')
hw.fittedvalues.plot(style='--',label='holt-winters
fitted data')
plt.legend(loc='best')
plt.show()
```

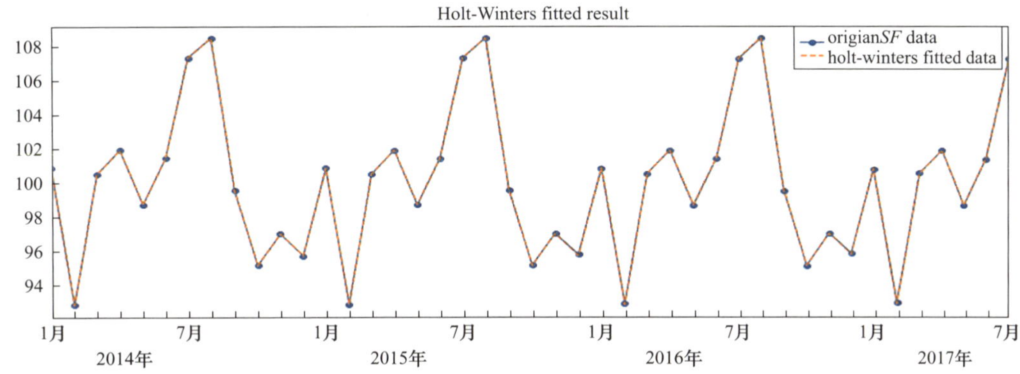

图 7-62 季节分量预测结果

3）循环分量和不规则分量的预测。对循环分量和不规则分量的预测，模型采用历史同期同类平均值方法。

$$CI_{i,j}=\frac{1}{n}\left[CI_{i-1,j}+CI_{i-2,j}+\cdots+CI_{i-n,j}\right]$$

$$IR_{i,j}=\frac{1}{n}\left[IR_{i-1,j}+IR_{i-2,j}+\cdots+IR_{i-n,j}\right]$$

式中：

$CI_{i,j}$——第 i 年第 j 月的月度电量循环分量；

$IR_{i,j}$——第 i 年第 j 月的月度电量不规则分量。

（4）最终预测结果。2018 年 8 ~ 12 月份电量预测结果见表 7-39。

$$Con=(TCD+CI)\times SF\times IR$$

表 7-39　2018 年 8 ~ 12 月电量预测结果

月份	趋势分量（亿千瓦时）	季节分量（%）	循环分量（亿千瓦时）	不规则分量（%）	预测结果（亿千瓦时）
8	66.57626	108.6457	0.270327	99.95308	72.59185
9	66.82033	99.6885	0.278682	99.97503	66.8733
10	67.06419	95.48733	0.274681	99.98265	64.28894
11	67.30784	96.96009	0.25696	99.95257	65.47982
12	67.55127	96.10863	0.218487	100.1899	65.25629

预测 2018 年全年电量 787.25 亿 kWh，同比增长 2.72%。

7.2.8.3 案例成效

（1）预测模型评估。本电量预测模型充分考虑了季节变化和不确定因素的影响，将月电量分解为趋势分量、季节分量、循环分量和不规则分量，根据各分量特点分别采用 ARIMA、Holt-Winters 等方法进行电量预测，避免了各分量之间的相互干扰，简化模型的同时考虑更多具有直接影响的因素，具有所需样本数据少、模型简单、预测准确度高的特点。

采用 2014 年 1 月 ~ 2017 年 7 月数据为输入，2017 年 8 月 ~ 2018 年 7 月共 12 个月电量数据为输出，对模型预测结果进行评价。2017 年 8 月 ~ 2018 年 7 月电量预测值及其精度如表 7-40 所示。

表 7-40 各月电量预测与误差比较（单位：亿 kWh）

月份	预测值					真实值（亿千瓦时）	误差（%）
	趋势分量（亿千瓦时）	季节分量（%）	循环分量（亿千瓦时）	不规则分量（%）	预测电量（亿千瓦时）		
2017-8	63.54844	108.5065	0.147805	100.2553	69.29099	68.97	0.465402
2017-9	63.81836	99.57637	0.197345	99.63654	63.51283	64.7	-1.83488
2017-10	64.08159	95.19017	0.254151	99.0676	60.67029	63	-3.69796
2017-11	64.33834	97.07455	0.325566	100.1479	62.86505	62.11	1.215658
2017-12	64.58886	95.90891	0.374146	100.9739	62.91208	60.38	4.19357
2018-1	64.83335	100.8175	0.070083	100.7061	65.89605	63.12	4.398045
2018-2	65.07202	93.02526	0.109131	99.21464	60.15873	62.18	-3.25067
2018-3	65.3051	100.5802	0.14601	99.77617	65.68349	65.22	0.71065
2018-4	65.53278	101.9111	0.181663	99.9934	66.96592	65.35	2.472716
2018-5	65.75526	98.68228	0.211138	99.93617	65.0556	63.33	2.72477
2018-6	65.97274	101.4124	0.234976	100.0386	67.16871	64.55	4.056872
2018-7	66.1854	107.3136	0.25427	99.73857	71.11244	69.01	3.046571
合计					781.2922	771.92	1.214136

从表 7-40 中可以看出，采用此方法得到的 2017 年 8 月 ~ 2018 年 7 月份电量预测值最大误差为 4.4%，12 个月累计电量误差为 1.21%，准确度较高。

（2）推广价值。为检验本模型具有广泛的适用性，采用浙江省以及各地市全社会用电量进行验证，验证结果见表 7-41（输入数据：2015 年 1 月 ~ 2018 年 6 月电量），全年累计电量的误差在 2% 以内。

表 7-41 各地月电量预测误差

时间	浙江	杭州	宁波	温州	嘉兴	湖州	绍兴	金华	衢州	舟山	台州	丽水
	误差（%）	误差（%）	误差（%）	误差（%）	误差（%）	误差（%）	误差（%）	误差（%）	误差（%）	误差（%）	误差（%）	误差（%）
2018 年 7 月	−0.13	−1.86	−3.37	0.58	−1.95	−1.87	−0.45	−0.22	−0.21	2.45	−1.02	4.54
2018 年 8 月	−1.17	−3.74	−1.70	−2.81	−1.27	0.80	−2.90	−1.25	−1.23	2.28	−1.90	−2.81
2018 年 9 月	−7.23	−13.90	−6.95	−5.39	−5.81	−10.07	−7.86	−7.55	−8.79	−6.22	−3.13	−15.68
2018 年 10 月	2.03	5.40	−0.24	1.66	1.75	−0.81	4.49	0.57	−0.37	0.23	1.57	−3.49
2018 年 11 月	5.20	7.31	5.45	6.77	3.74	4.36	7.27	1.91	3.21	8.20	3.94	−4.67
2018 年 12 月	−0.43	−5.96	−0.42	−0.61	2.41	0.17	1.16	−0.05	2.25	2.39	0.43	2.59
2019 年 1 月	1.92	−1.56	−0.66	6.35	1.60	1.36	3.07	3.47	−2.90	−0.94	6.18	−0.77
2019 年 2 月	0.40	−3.03	−1.07	0.62	−2.23	−5.52	0.14	−0.22	2.14	0.91	0.45	19.16
2019 年 3 月	−1.31	−0.88	−2.74	−3.14	−0.23	−1.36	−4.14	−3.28	−2.96	−2.71	−1.35	−14.60
2019 年 4 月	3.28	6.29	2.72	2.63	4.30	2.15	−0.07	2.47	−0.26	4.27	0.94	−0.99
2019 年 5 月	5.66	5.72	2.66	4.22	5.80	5.83	5.74	4.70	0.29	−1.39	7.10	−1.17
2019 年 6 月	5.50	4.78	3.41	7.41	4.39	4.16	3.93	4.78	2.40	−5.05	7.88	5.08
累计	1.01	−0.48	−0.36	1.28	0.97	0.02	0.75	0.38	−0.65	0.27	1.58	−2.09

（3）前景展望。采用季节调整的方式对月度电量进行拆分，剔除季节波动的影响，再对数据进行分析预测，能够简化模型的同时考虑更多具有直接影响的因素，更准确地寻找规律和判断趋势。

下阶段考虑以全省各市、县分行业月度电量数据为基础，进行拆分，用大数据的方法进行分析，寻找规律，完善模型，提升在电量拐点阶段的预测准确度。

参考文献

［1］王继业．电力大数据技术及其应用．北京：中国电力出版社，2017.

［2］赖征田．电力大数据：能源互联网时代的电力企业转型与价值创造．北京：机械工业出版社，2015.

［3］［英］迈尔舍恩伯格　维克托．大数据时代．盛杨燕．浙江：浙江人民出版社，2013.

［4］郭晓敏．面向智能电网应用的电力大数据关键技术［J］．企业科技与发展.2019（06）：84-85.

［5］杨佳．基于云计算的电力大数据分析与应用［J］．信息与电脑（理论版）．2019（08）：30-31.

［6］杨晶，廖嚣，妥建军．面向智能电网应用的电力大数据关键技术［J］．电子技术与软件工程，2018（04）：173.

［7］嘉程程，李超峰．论统计学的发展及就业前景分析［J］．西部皮革.2017，039（010）：220.

［8］王玉梅．统计学学科体系研究现状及发展趋势［J］．技术经济，2002，000（003）：53-54.

［9］胡志萍，王斌会．统计学在中国的发展与就业前景［J］．统计与预测，2003，000（006）：37-38.

［10］张海玲．统计学在大数据背景下的挑战［J］．中国新通信，2018，020（008）：70.

［11］柳再华，陈汇，刘建华．等效性研究的常用统计分析方法及其评价［J］．数理医药学杂志，2003（05）：391-394.

［12］张雪梅．衰减测试的误差分析及其对策［J］．电子质量，2007（05）：45-48.

［13］罗纳德·D·约克奇．SPSS 其实很简单［M］．刘超等译．北京：中国人民大学出版社，2010.

［14］苏扬．体育统计分析实务：SPSS 操作及应用［M］．南京：东南大学出版社，2019.

[15] 马克·卢茨 . Python 学习手册（套装上下册）[M] . 秦鹤等译 . 第五版 . 北京：机械工业出版社，2018.
[16] 韦斯·麦金尼 . 利用 Python 进行数据分析 [M] . 徐敬一译 . 第二版 . 北京：机械工业出版社，2018.
[17] 高云龙 . 大话数据分析 Tableau 数据可视化实战 [M] . 北京：人民邮电出版社，2019.